Key & Point

みるみる覚える

古文単語300+敬語30

三訂版

早稲田大学名誉教授
中野幸一＝監修

河合塾講師
池田修二／宮下拓三＝著

いいずな書店

はじめに

大学入試を目指す高校生のみなさんに、必要十分な実力が楽しく身につく古文単語集をお届けします。

「古文単語が覚えられない」「古文単語の勉強はつまらない」という嘆きをしばしば耳にします。最大の原因は古語と訳語を機械的にひたすら暗記する学習法にあるようです。古語も現代語と同様、実際の生活で使われた「生きた言葉」です。どんな場面で、どんな気持ちを込めて使われた単語なのか、いわばその語の持つ空気を全身でとらえてこそ、真の「わかる」に到達でき、学ぶ楽しさも実感できるにちがいありません。

そこで本書は単語にイラストをつけ、その語がどんな場面でどのように使われたのか、ひと目でわかるようにしました。さらに「KEY」・「POINT」・用例・入試情報など、少しずつ角度を変えて一つの単語を繰り返し学習することで、古語が立体的に生き生きととらえられるようにしました。

取り上げた300語＋敬語30語は高校の教科書と大学入試問題を徹底的に分析して選び抜いた「これぞ」という古語です。また、本書に挙げた用例は句点「。」で結ばれた完結した内容を持つもので、その語が使われる場面や意味合いがきちんと把握できるように配慮しました。

では、どうか「みるみる」実力をつけてください。

中野幸一／池田修二／宮下拓三

目次

本書の使い方

❶見出し語

上にあるのが見出し語番号です。

＊代表的な漢字表記を【 】内に示しました。

＊動詞・形容詞・形容動詞は［ ］内に活用の種類を示しました。

❷「KEY」「POINT」・イラスト

「KEY」「POINT」は、見出し語を理解するための重要な情報をまとめました。イラストを見ながら、読んでみましょう。

＊「KEY」は、語が持つイメージ・語感・働きです。

＊「POINT」は、各語の成り立ち、現代語との比較、記憶方法など、学習上の留意点です。

＊「イラスト」は各語のイメージを表しました。

❸訳語

古文を読み、訳すために覚えてほしい重要な訳語です。

＊訳語を意味ごとに分類し（❶・❷…）、意味の中で重要なものは**赤字**で示しました。

❹関連語

見出し語と関連している語を確認しましょう。

＊関は関連語、同は同義語・対は対義語・類は類義語です。

＊［ ］内は品詞名です。動詞は、四段活用↓［動四］のように活用の種類も示しています。

＊見出し語の場合は、「類86 **いとほし**［形］」のように見出し語番号を掲げています。

＊付録「まとめて覚える古文の表現」と関連するものは▼でページ数を示しています。

❺例文

見出し語の訳し方を実例によって確認しましょう。

＊❶・❷…の数字は、上の訳語と対応しています。

＊例文の後の（ ）内は出典の略称です。略称名については見返しの裏を参照してください。

＊例文・口語訳の見出し語部分は、**太字**で示しています。

＊口語訳の**赤字**はチェックシートで隠すことができます。

＊口語訳の後にある赤字（◉〜）部分は、例文の前後の文脈の補足、例文に含まれる古文常識や表現の解説などです。

＊……の語は既出語で、見出し語番号を示しています（第3章以降）。復習してみましょう。

❻クローズアップ

見出し語の補足説明や、関連する語との比較などの情報をまとめました。

❼入試情報

入試でどのように問われるかを確認しましょう。

＊入試で問われる確率を★の数（3つが上）で示しています。

＊出題のポイントを具体的に示しています。

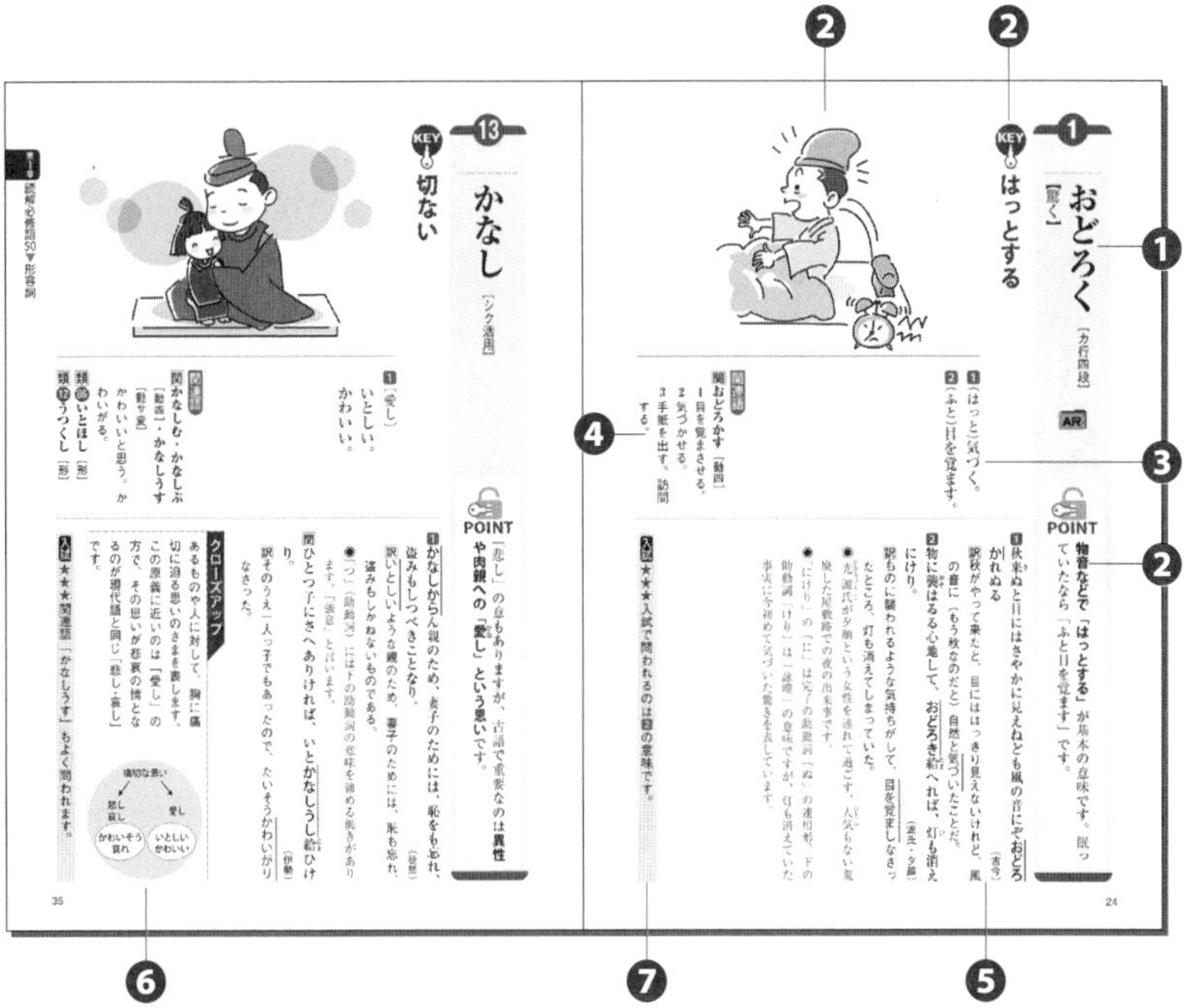

AR《エーアール》機能を使ってみよう

本書の新しい試みのひとつがAR（Augmented Reality／拡張現実）です。各単語について解説した動画を用意しました。スマートフォンやタブレット端末に専用アプリをインストールしてARマークのある見出し語部分にかざすと動画投稿サイトYou Tube経由で、解説動画を見ることができます。

＊二〇二二年四月上旬公開予定。

専用アプリケーション「CP Clicker」（無料）

App Store や Google Play から、「CP Clicker」を検索し、ダウンロードすることでARが利用できます（無料）。対応端末や具体的な操作方法については、いいずな書店のホームページ及びアプリ内の説明画面にてご確認ください。

＊解説動画はいいずな書店のホームページからも見ることができます。

索引 見出し語・関連語

＊配列は歴史的仮名遣いによった。
＊見出し語については、上に見出し語番号を付け、**太字**で示した。
＊各語の訳語のうち重要なものを取り上げ、左側に赤字で示した。

あ

い

さ

せ

そ

た

を

14 **をかし** [形] …… 36
趣がある・美しい

をかしげなり [形動] …… 36・207
かわいらしい・美しい

195 **をこがまし** [形] …… 188
愚かしい

をこなり [形動] …… 188
愚かだ

247 **をさをさ～打消** [副] …… 225
ほとんど～ない

をりから [副] …… 251
ちょうどその時

をりしもあれ [連語] …… 251
ほかに折もあろうに、ちょうどその時

281 **をりふし** [副] …… 250
ちょうどその時・季節

索引 古文常識語

＊配列は現代仮名遣いによった。

読解必修語 50

第 1 章

＊第1章の50語は、古文を正しく読解するためにどうしても覚えておきたい単語です。この50語から「古文単語」の学習を始めましょう。

＊この50語については、主に高校1年生用の教科書の出典を基準として選定しました。まずは、教科書に出てきた重要語を確実に身につけましょう。

＊入門の章ですが、「あやし」「おとなし」「としごろ」「やがて」など、入試最頻出の語を多数収録しています。

1 おどろく【驚く】

［カ行四段］ AR

KEY はっとする

1 （はっと）気づく。

2 （ふと）目を覚ます。

関連語

関 **おどろかす** ［動四］

1 目を覚まさせる。

2 気づかせる。

3 手紙を出す。訪問する。

POINT

物音などで「はっとする」が基本の意味です。眠っていたなら「ふと目を覚ます」です。

1 秋来《き》ぬと目にはさやかに見えねども風の音にぞ**おどろか**れぬる （古今）

訳 秋がやって来たと、目にははっきり見えないけれど、風の音に（もう秋なのだと）自然と**気づい**たことだ。

2 物に襲《おそ》はるる心地して、**おどろき**給《たま》へれば、灯《ひ》も消えにけり。 （源氏・夕顔）

訳 ものに襲われるような気持ちがして、**目を覚まし**なさったところ、灯も消えてしまっていた。

◉ 光源氏《ひかるげんじ》が夕顔という女性を連れて過ごす、人気《ひとけ》もない荒廃した屋敷跡での夜の出来事です。

◉「にけり」の「に」は完了の助動詞「ぬ」の連用形。下の助動詞「けり」は「詠嘆」の意味ですが、灯も消えていた事実に今初めて気づいた驚きを表しています。

入試 ★★★ 入試で問われるのは**2**の意味です。

2 ののしる

［ラ行四段］

KEY 大きな声・大きな音

1 **大騒ぎする。**
大声で騒ぐ。

2 **評判になる。**
うわさになる。

関連語

類 **らうがはし**［形］
1 乱雑だ。
2 騒がしい。
3 無作法だ。

POINT

基本の意味は**「大きな声を出して騒ぐ」**で、悪い意味合いはありません。世間が騒ぐことから**2**の意味も生じました。

1 とかくしつつ**ののしる**うちに、夜《よ》更けぬ。（土佐）

訳 あれこれしながら**大騒ぎする**うちに、夜が更けた。

2 この世に**ののしり**給ふ光源氏、かかるついでに見たてまつり給はむや。（源氏・若紫）

訳 世間で**評判になって**いらっしゃる光源氏を、このような機会に見申し上げなさったらどうか。

● 「給はむや」の助動詞「む」は「勧誘」の意味で、光源氏を見ることを相手に促しています。

類 みな同じく笑ひののしる、いと**らうがはし**。（徒然）

訳 皆同じように大騒ぎして笑うのは、非常に**騒がしい**。

● 「笑ひののしる」など、「ののしる」が他の動詞の下に付いて複合動詞になっている場合、「大騒ぎして〜する」と訳します。

入試 ★★★ **1**も**2**も大切です。とりわけ**1**の意味は頻出で、入試ではよく問われます。

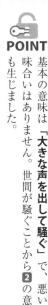

3 ねんず【念ず】

［サ行変格］

AR

KEY 我慢《がまん》！我慢

1 （心の中で）祈る。

2 がまんする。

POINT

「心で祈る」が基本の意味です。祈って願いをかなえるには忍耐が必要なことから、**「がまんする」**の意が生じました。

1 常に「天照《あまてる》御神《おほんかみ》を念じ申せ」といふ人あり。（更級）

訳 常に「天照御神をお祈り申し上げよ」という人がいる。

◉天照御神とは天照《あまてらす》大御神《おおみかみ》のこと。伊勢神宮の内宮《ないくう》に祭られている天皇家の祖神《おやがみ》です。ところが『更級日記』の作者はこの神のことを知りません。どこにおいでの神様だろうか？ それとも仏様？ などと思ってしまいます。文学好きの作者は神仏への関心が薄かったのです。

2 いみじく心憂《う》けれど、念じてものも言はず。（堤・はいずみ）

訳 ひどくつらいが、がまんしてものも言わない。

入試 ★★★入試で問われるのは**2**の意味です。ただし、**1**の意味は頻出なので読解上は大切です。

4 しのぶ

【忍ぶ】

［バ行上二段／バ行四段］

KEY 気づかれないように

1 〔耐え忍ぶ〕**がまんする。**恋心を包み隠す。

2 〔人目を忍ぶ〕**人目を避ける。**

関連語

関 **偲《しの》ぶ** ［動四／上二］ 思い慕う。懐かしむ。

POINT

恋心（1）や行動（2）などを「人に気づかれないようにする」ということです。本来は上二段活用でしたが、平安時代に「偲《しの》ぶ」（＝思い慕う）と混同され、四段にも活用するようになりました。

1 **しのぶれ**ど色に出《い》でにけり我《わ》が恋はものや思ふと人の問ふまで （拾遺）

訳（恋心を人に知られまいと）**がまんする**のだが顔色に表れてしまった、私の恋は。もの思いをしているのかと人が尋ねるほどに。

2 宮、例の、**しのび**ておはしまいたり。 （和泉式部）

訳 宮は、いつものように、**人目を避け**ていらっしゃった。

●「おはしまい」は「おはしまし」のイ音便です。

関 浅茅《あさぢ》が宿に昔を**しのぶ**こそ、色好むとは言はめ。 （徒然）

訳 茅《かや》の茂る荒れ果てた家で（恋人と過ごした）昔を**懐かし**むことこそ、恋の情趣を解すると言えよう。

入試★★ 入試では2の意味がよく問われます。また関連語の「偲ぶ」も問われます。「忍ぶ」も「偲ぶ」も問う際には「しのぶ」と平仮名で表記されます。どちらの語かは文脈から判断します。

5

おぼゆ【覚ゆ】

［ヤ行下二段］

AR

KEY 思ふ＋ゆ（自発・受身）

1 （自然に）思われる。
2 似る。似ている。
3 思い出される。
4 （人から）思われる。

POINT

「思ふ」の未然形に奈良時代の自発・受身の助動詞「ゆ」が付いた「思はゆ」が変化して生まれた語です。基本の意は1「**自然に思われる**」で、**そこから2・3・4の意も生じました。**

1 いと悲しく**おぼえ**けり。（大和）

訳 たいそう悲しく**思われ**た。

2 尼君《あまぎみ》の見上げたるに、少し**おぼえ**たるところあれば、子なめりと見給《たま》ふ。（源氏・若紫）

訳 尼君が見上げている顔立ちに、少し**似て**いるところがあるので、子どものようだとご覧になる。

◉ 光源氏《ひかるげんじ》が後の最愛の妻・紫《むらさき》の上《うえ》を初めて見た場面で、実際には紫の上は尼君の孫でした。

3 これに、ただ今**おぼえ**む古き言《こと》一つづつ書け。（枕）

訳 これに、今すぐ**思い出される**ような古歌を一首ずつ書け。

4 などさしも心にしみてあはれと**おぼえ**給ひけむ。（源氏・夕顔）

訳 どうして（あの人は）あんなにも心にしみてしみじみといとしいと（私から）**思われ**なさったのだろう。

◉ 「ゆ」が自発の意味から派生した受身の意味を表す場合です。光源氏が、亡くなった夕顔のことを回想して、夕顔の侍女であった右近《うこん》に語っている場面です。

6 ながむ【眺む】

［マ行下二段］

KEY もの思い

1 **もの思いに沈む。**（もの思いに沈んで）ぼんやり見る。

関連語
関 112 **おぼえ** ［名］

関連語
関 **詠《なが》む** ［動下二］ 詩歌を詠む。吟詠する。

入試 ★★ 入試では**2**・**3**の意味が問われます。また、「おぼえ給《たま》ふ」の形で「(人から)思われなさる」と**4**の受身の意味で使われるときがあります。これが問われて得点できると優位に立てます。

POINT

「**長目《ながめ》**」＝**長い間ぼんやり見ている**ことがもとの意です。そんな時には、多く「**もの思いにふける**」ものです。

1 暮れはつるまで、ながめ暮らしつ。（蜻蛉）

訳 日がすっかり暮れるまで、もの思いに沈んで過ごした。

1 明くるより暮るるまで、東《ひむがし》の山ぎはを**ながめ**て過ぐす。（更級）

訳 夜が明けてから暮れるまで、東の山際をぼんやり見て過ごす。

◉「東の山際」は東国に赴任する父の旅行く方向の空です。

入試 ★★★ 「詠む」もよく問われます。「ながむ」の前に詩歌があるかないかで見分けましょう。

7

みゆ【見ゆ】

［ヤ行下二段］

AR

KEY 見る＋ゆ（自発・受身）

1〔自発の意から〕
（自然と）**見える。**
思われる。

2 **姿を見せる。**
現れる。

3〔受身の意から〕
（人から）**見られる。**
見せる。結婚する。

関連語

関 **見る**［動上一］
1 見る。思う。
2 世話をする。
3 結婚する。

関 **見す**［動下二］
1 見せる。
2 結婚させる。

POINT

「**見る**」に**奈良時代の自発・受身の助動詞「ゆ」が付いて生まれた語**です。「ゆ」の表す意により意味が分かれます。

1 海の中にはつかに山**見ゆ**。（竹取）

訳 海の中にわずかに山が見える。

1 雲居《くもゐ》よりもはるかに**見ゆる**人ありけり。（平中）

訳 雲よりもはるかに（遠い存在と）思われる女性がいた。

2 時々も**見え**給《たま》へ。（源氏・早蕨）

訳 時々は姿を見せてください。

3 つかふ人にも**見え**で、いと長かりける髪をかい切りて、手づから尼になりにけり。（大和）

訳 召し使う人にも見られないで、たいそう長かった髪をぷっつり切って、自分の手で尼になってしまった。

◉「見えで」の「で」は打消《うちけし》の接続（〜ないで・〜ずに）を表す助詞です。

3 かかる異様《ことやう》の者、人に**見ゆ**べきにあらず。（徒然）

訳 このような変わり者は、人と結婚するべきではない。

入試 ★★ **3** の意味が大切です。

8

あふ《ウ》

［ハ行四段］

KEY 男女が結ばれる

1 結婚する。
男女が契《ちぎ》る。

関連語

関 **あはす**［動下二］
結婚させる。

関 **よばふ**［動四］
1 呼び続ける。
2 求婚する。

POINT

古語では**「結婚する」**の意が重要です。男女が「あふ」とは、多く契《ちぎ》りを交わすことで、単なる対面ではありません。

1 男、大和《やまと》にある女を見て、よばひて**あひ**にけり。（伊勢）

訳 ある男が、大和の国に住む女を見て、求婚して結婚した。

関 女はこの男をと思ひつつ、親の**あはすれ**ども聞かでなむありける。（伊勢）

訳 女はこの男を（夫にしよう）と思い続け、親が（他の男と）結婚させ（ようとす）るけれども聞き入れないでいた。

◉「思ひつつ」の「つつ」（接続助詞）は「継続」を表しています。

入試★★「あふ」は掛詞《かけことば》としても要注意です。（↓P332）

9 ゐ《イ》る 【居る】 ［ワ行上一段］

KEY じっとして「居る」

AR

1 座る。
動かずにいる。

2 〔他の動詞の連用形や助詞「て」に付いて〕〜ている。

関連語

関 **ついゐる**［動上二］
ひざまずく。

関 **率《ゐ》る**［動上一］連れる。

POINT

単に「居る」ことではなく、**「座る」**の意です。ワ行上一段動詞「ゐる」には、「居る」と「率《ゐ》る」があります。

1 立ちて見、ゐて見、見れど、去年《こぞ》に似るべくもあらず。（伊勢）

訳 立って見、座って見、（あたりを）見るけれども、去年（見た感じ）と似ているはずもない。

● 無理やり別れさせられた恋人との思い出の地での感慨です。

2 鳥獣《とりけだもの》もなき所にて一人食ひゐたり。（宇治）

訳 鳥や獣もいない所で一人食っていた。

関 見れば率て来《こ》し女もなし。（伊勢）

訳 見ると連れて来た女もいない。

● 「率る」は漢字の読みも重要です。

入試 ★★ 「ゐる」は漢字の書き取りでも問われます。

10 ありく 【歩く】 ［カ行四段］

KEY あちこち移動

1 動き回る。
出歩く。外出する。

POINT

注意点は、**移動の手段が歩行に限らない**こと。現代語「歩く」は古語では「歩《あゆ》む」です。

1 菰《こも》積みたる舟のありくこそ、いみじうをかしかりしか。（枕）

訳 まこも（＝水辺の植物名）を積んだ舟が動き回るのが、

2 〔動詞の連用形に付いて〕（空間的に）**（〜して）まわる。**（時間的に）**（〜し）続ける。**

関連語
▽P298・補助動詞
関 **ありき**［名］外出。

たいそう趣深かった。

2 ひたすらに家ごとに乞《こ》ひ**ありく**。（方丈）
訳 ひたすらに家ごとに物乞《ご》いして**まわる**。

2 わびしと思ひ**ありき**給《たま》ふ。（源氏・紅葉賀）
訳 困ったと思い**続け**ていらっしゃる。

入試 ★★記述式の現代語訳のときは、「動き回る」「歩き回る」と「回る」を添えて訳すことを心がけましょう。

11 あく【飽く】［カ行四段］

KEY **満足！**

1 **満足する。**

2 〔「飽《あ》かず」の形で〕**満ち足りない。**いやにならない。

関連語
関 **飽かぬ別れ**［連語］名残惜しい別れ。
関 **飽かなくに**［連語］満足していないのに。（＊和歌の用語。）

POINT
満ち足りた気持ちを肯定的に表します。程度が進み過ぎると否定的な2の意になります。

1 この法師ばら、美麗なる物具《もののぐ》**飽く**まで取りて、帰りけり。（平治）
訳 この法師どもは、きれいな武具を**満足する**まで取って、帰った。

2 **飽かず**惜《を》しと思はば、千年《ちとせ》を過ぐすとも一夜《ひとよ》の夢の心地こそせめ。（徒然）
訳 （いくら生きても）**満ち足りず**命が惜しいと思うなら、千年を過ごしても一夜の夢のような短い気持ちがするだろう。

入試 ★★★2の意味が大切です。

12 うつくし ［シク活用］

AR

KEY かわいい！

POINT

奈良時代には肉親への親愛の情を表し、平安時代には**小さくかわいらしい**の意が生じ、さらに美一般も表すようになりました。

❶ かわいらしい。
❷ 立派だ。

❶ 三寸ばかりなる人、いと**うつくしう**てゐたり。（竹取）

訳 三寸（＝約九センチメートル）ほどの人が、たいそうかわいらしい様子で座っている。

❷ かの木の道の匠《たくみ》の作れる、**うつくしき**器物《うつはもの》も、古代の姿こそをかしと見ゆれ。（徒然）

訳 あの木工の名人の作った、立派な器物も、昔風の形が趣深いと思われる。

関連語

関 **うつくしがる・うつくしむ** ［動四］ いとしく思う。かわいがる。

類 221 **らうたげなり** ［形動］

類 77 **うるはし** ［形］

類 100 **きよらなり** ［形動］

入試 ★★ ❶の意味がよく問われます。

13 かなし ［シク活用］

KEY 切ない

POINT

「悲し」の意もありますが、古語で重要なのは**異性や肉親への「愛《かな》し」という思い**です。

1 〔愛し〕

いとしい。かわいい。

関連語

関 **かなしむ・かなしぶ**［動四］・**かなしうす**［動サ変］

かわいいと思う。かわいがる。

類 86 **いとほし**［形］

類 12 **うつくし**［形］

1 **かなしから**ん親のため、妻子のためには、恥をも忘れ、盗みもしつべきことなり。（徒然）

訳 **いとしい**ような親のため、妻子のためには、恥も忘れ、盗みもしかねないものである。

◉「つ」（助動詞）には下の助動詞の意味を強める働きがあります。「強意」と言います。

関 ひとつ子にさへありければ、いと**かなしうし**給《たま》ひけり。（伊勢）

訳 そのうえ一人っ子でもあったので、たいそう**かわいがり**なさった。

クローズアップ

あるものや人に対して、胸に痛切に迫る思いのさまを表します。この原義に近いのは「愛し」の方で、その思いが悲哀の情となるのが現代語と同じ「悲し・哀し」です。

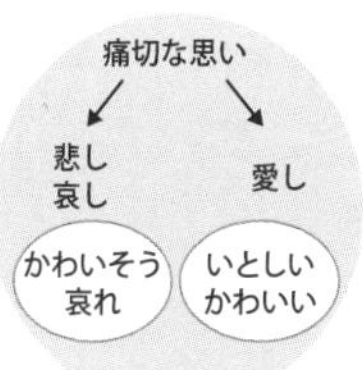

入試 ★★★ 関連語「かなしうす」もよく問われます。

14

を《オ》かし

［シク活用］

AR

POINT

普通や普段とは一味違った対象に興味・関心を抱き、「すばらしい」と肯定的な評価を表す語です。どういう点がすばらしいのかを考え、適切な訳語を当てることが大切です。

KEY **すてき！**

1 **趣がある。**
　おもしろい。

2 **美しい。**
　かわいい。

3 **滑稽《こっけい》だ。**

関連語

関 **をかしげなり**［形動］
　かわいらしい。美しい。

類 74 **おもしろし**［形］

---

1 雨など降るも**をかし**。（枕）
訳（夏の夜に）雨などが降るのも**趣がある**。

2 **をかしき**額《ひたひ》つきの透影《すきかげ》あまた見えてのぞく。（源氏・夕顔）
訳（すだれ越しに）**美しい**額のかっこうの（女の）人影が何人も見えて（こちらを）のぞいている。

3 そのほか**をかしき**ことども多かりけれども、恐れてこれを申さず。（平家）
訳そのほか**滑稽**なことが多かったが、（人々は）恐れてそれを申し上げない。

関 童《わらは》の**をかしげなる**、糸をぞよる。（源氏・浮舟）
訳少女の召使いで**かわいらしい**子が、糸を縫《よ》っている。
◉「の」（格助詞）は「同格」の意味を表しています。「同格」とは、上下の語句が同じものの説明となることです。

入試 ★★どの意味も大切です。意外なことに、入試では**3**の意味も結構問われます。現代語と同義だからきくはずがないと決めてかかってはいけません。

15 よし
［ク活用］

POINT

「よし」が**絶対的に良い評価を表す**のに対し、「よろし」は「欠点はあるが悪くはない」というほどの、そこそこの評価を表します。また、**2**の「よき人」という表現も重要です。

KEY よし↓よろし↓わろし↓あし

1 **よい。**
すぐれている。

2 ［「よき人」の形で］
身分が高く教養がある。

関連語

関 **よろし** ［形］
悪くはない。普通だ。
まあまあだ。

関 **わろし** ［形］
よくはない。

対 **あし** ［形］
悪い。

＋
よし …絶対評価
▼
よろし
▼
わろし　他と比べて「良い／悪い」
▼
あし …絶対評価
－

1 風も吹かず、**よき**日出《い》で来て、漕《こ》ぎ行く。（土佐）
訳 風も吹かず、よい日和になってきて、漕ぎ進む。

2 **よき人**はあやしきことを語らず。（徒然）
訳 **身分が高く教養がある人**は不思議なことを語らない（ものだ）。
◉『論語』の「子《し》は怪力乱神《かいりきらんしん》を語らず」に基づく言葉です。

関 春ごとに咲くとて、桜を**よろしう**思ふ人やはある。（枕）
訳 春が来るたびに咲くからといって、桜を**まあまあだ**と思う人がいるか（、いやいない）。
◉「やは」（係助詞）は「反語」の意味を表しています。「反語」とは、「〜か」と疑問の形で表現し、実際には反対の内容を強く述べることです。

関 友とするに**わろき**者、七つあり。（徒然）
訳 友とするのに**よくない**者が、七ついる。

入試 ★★入試で問われるのは**2**の意味です。関連語「よろし」もよく問われます。

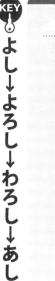

16

あやし

【奇し・怪し／賤し】［シク活用］

AR

KEY 理解を超えた不思議さ

1 〔奇し・怪し〕
不思議だ。変だ。

2 〔奇し・怪し〕
けしからん。よくない。

3 〔賤し〕
身分が低い。卑《いや》しい。

4 〔賤し〕
粗末だ。みすぼらしい。

関連語

関 **あやしむ・あやしがる**
〔動四〕不思議に思う。

同 **いやし** ［形］
身分が低い。

POINT

驚きを表す感動詞「あや」から生まれた語で、基本の意は**1**です。貴族の目には庶民の様子が不思議に見えるので**3**・**4**の意が生じました。**漢字で区別して覚えましょう。**

1 盗人《ぬすびと》**あやし**と思ひて、連子《れんじ》よりのぞきければ、若き女の死にて臥《ふ》したるあり。（今昔）

訳 盗人は不思議だと思って、連子窓からのぞいたところ、若い女で死んでよこたわっている女がいる。

◉ 場面は平安京の正門である羅城門《らじょうもん》の二階です。

2 遣戸《やりど》を荒くたてあくるも、いと**あやし**。（枕）

訳 引き戸を荒々しくあけたてするのも、とてもけしからん。

3 **あやしき**下臈《げらふ》なれども、（ソノ言葉ハ）聖人の戒《いまし》めにかなへり。（徒然）

訳 身分が低い下賤《げせん》の者であるが、（その言葉は）聖人の教訓に一致している。

4 水無月《みなづき》のころ、**あやしき**家に夕顔の白く見えて、蚊遣《かやり》火《び》ふすぶるもあはれなり。（徒然）

訳 六月の頃、粗末な家に夕顔の花が白く見えて、蚊遣火がくすぶっているのも趣深い。

入試 ★★★入試で問われるのは**2**・**3**・**4**の意味です。とりわけ**3**・**4**はよくきかれます。

17 おとなし【大人し】

［シク活用］

KEY 幼稚でない大人らしさ

1 **大人らしい。**
大人びている。

2 **年配だ。**
（年長で）主だっている。

3 （年配で）**思慮分別がある。**

関連語
関 **おとな**［名］
年長の者。主だった人。
対 **84** **いはけなし**［形］

POINT
「おとなしい」ことではありません。名詞「大人《おとな》」から生まれた形容詞で、**「大人の要素を持っている」（＝年長、中心的な存在、分別《ふんべつ》がある）**が基本の意です。漢字「大人」で理解しましょう。

1 今日よりは、**おとなしく**なり給《たま》へりや。（源氏・紅葉賀）
訳 今日からは、**大人らしく**なられたか。
◉ 光源氏《ひかるげんじ》が、将来の妻として自邸に迎えたまだ幼げな紫《むらさき》の上《うえ》に向かって、元日の朝に話しかけた言葉です。昔は数え年で年齢を数えていたため、正月一日が来ると一歳年をとることになりました。

2 心ばせある少将の尼、左衛門《さゑもん》とてある**おとなしき**人、童《わらは》ばかりぞとどめたりける。（源氏・手習）
訳 気がきく少将の尼と、左衛門といって仕えている**年配の**女房と、少女の召使いだけを残しておいた。

3 さるべく**おとなしき**人々、何がしかがしといふいみじき源氏の武者《むさ》たちをこそ、御送りに添へられたりけれ。（大鏡）
訳 しかるべく**思慮分別がある**人々で、何の誰それというすぐれた源氏の武者たちを、お見送りのために添えられた。

入試 ★★★どの意味も大切です。**2**は、実際の年齢はそれほど高くないときもあります。その集団の中で一番年長であるということです。

18

ゆかし

［シク活用］

AR

KEY

行ってみたいと心ひかれる

1 見たい。
知りたい。
聞きたい。

関連語

関 **ゆかしげなり**［形動］
見たそうだ。知りたそうだ。聞きたそうだ。

POINT

動詞「行《ゆ》く」が形容詞化した語で、**そちらへ行ってみたいと思うほど「心がひかれる」**が基本の意味です。対象に応じて、「見たい」「知りたい」「聞きたい」などと訳し分けます。

1 月かげ**ゆかしく**は、南面《みなみおもて》に池を掘れ。さてぞ見る。（梁塵）

訳 月明かりが見たいならば、屋敷の南正面に池を掘れ。そうして（池の水面に映る月を）見るのだ。

1 **ゆかしかり**しかど、神へ参るこそ本意《ほい》なれと思ひて、山までは見ず。（徒然）

訳 行ってみたかったけれど、神社へ参拝するのが本来の目的なのだと思って、山の上までは見ない。

関 人の目をもおどろかし、心をもよろこばせ給《たま》ふ昔の世、**ゆかしげなり**。（源氏・紅葉賀）

訳 人の目を見張らせ、心をもお喜ばせになる（光源氏《ひかるげんじ》の）前世《ぜんせ》（はどのようなものであったか）を、（人々は）知りたそうだ。

◉この現世でのありさまは、前世でどんな善行を積んだ結果なのか知りたいと述べて、光源氏のすばらしさを描いています。

入試 ★★★選択式のときは、「～たい」と訳されている選択肢を探しましょう。ただし、「心ひかれる」と訳されていることもあるので注意しましょう。

19 おぼつかなし

［ク活用］

KEY 気になる

1 **ぼんやりしている。**
はっきりしない。

2 **気がかりだ。**
不安だ。

3 **待ち遠しい。**
もどかしい。

関連語
類 89 **こころもとなし**［形］
類 191 **うしろめたし**［形］

POINT

「おぼ」は「おぼろ」から類推できるように、**ぼんやりしていてつかみどころがない状態**を表します。そこから、2の不安な気持ちや、3の期待する気持ちも生じてきます。

1 明けぐれの空に、雪の光見えて**おぼつかなし**。（源氏・若菜上）

訳 夜明けの薄暗い空に、雪明かりが（白く）見えて、（あたりが）**ぼんやりしている**。

2 **おぼつかなき**もの。十二年の山籠《ごも》りの法師の女親《めおや》。（枕）

訳 **気がかりな**もの。十二年間の山籠りをしている僧の母親（の心）。

◉「山」は比叡山《ひえいざん》。比叡山延暦寺《えんりゃくじ》では、出家後十二年間、下山を許さず修行させたといいます（→P312）。

3 いかでもの越しに対面して、**おぼつかなく**思ひつめたること、少しはるかさむ。（伊勢）

訳 なんとかして物隔てにでも会って、**待ち遠しく**思い重ねた心の中を、少し晴れやかにしたい。

◉「もの越し」とは几帳《きちょう》や簾《すだれ》を隔ててということで、平安貴族の男女はそういう姿で語り合いました。

入試 ★★★ 入試では2の意味がよく問われます。選択式で意訳されているときは、気になってどういう思いなのかを考えて、適切な訳語を選びます。

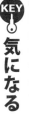

ありがたし

【有り難し】

［ク活用］

AR

KEY 有り＋難《かた》し

1 めったにない。

2 （めったにないほど）立派だ。すぐれている。

POINT

感謝の「ありがとう」ではありません。「有り」＋「難し」で、**「存在することが難しい」**が古語の基本の意味です。

1 **ありがたき**もの。舅《しうと》にほめらるる婿《むこ》。また、姑《しうとめ》に思はるる嫁《よめ》の君《きみ》。（枕）

訳 **めったにない**もの。舅《しゅうと》（＝妻の父親）にほめられる婿。また、姑《しゅうとめ》に愛されるお嫁さん。

2 「物は、破れたる所ばかりを修理《しゅり》して用ゐる事ぞと、若き人に見ならはせて、心づけんためなり」と申されける、いと**ありがたかり**けり。（徒然）

訳 「物は、壊れた所だけを修理して使用するものだと、若い人に見習わせて、気づかせようとするためだ」と言われたのは、まことに**（めったにないほど）立派で**あった。

◉例文の中の会話は、障子の破れた所だけを別の紙に張り替えていた尼僧の言葉です。全部張り替えましょうと進言した人に対する返事です。

入試 ★★★訳語は「めったにない」を覚えておけば大丈夫です。内容説明で問われたときは「めったにない」ほどどうなのかを考えます。

21

めでたし

［ク活用］

KEY 思いっきりほめたい！

POINT

「愛《め》づ」（＝賞賛する）＋「甚《いた》し」（＝はなはだしい）→「めでいたし」から生じ、**「大いに賞賛すべき様子だ」**の意です。

1 すばらしい。立派だ。

関連語

関 56 **めづ**［動下二］

関 **めづらし**［形］（めったになく）すばらしい。目新しい。

1 秋の月は、限りなくめでたきものなり。（徒然）

訳 秋の月は、この上なくすばらしいものである。

◉「雪月花《せつげつか》」（＝冬の雪・秋の月・春の桜）は日本の四季を彩る代表的な美です（→P305・304・302）。旧暦では秋は七月・八月・九月。八月十五夜の月は「中秋の名月」として賞美されます。九月十三夜の月も名月です。

関 人の顔に、とり分きてよしと見ゆる所は、度《たび》ごとに見れども、あなをかし、めづらしとこそおぼゆれ。（枕）

訳 人の顔で、特によいと見える所は、（顔を合わせる）たびごとに見ても、ああ美しい、すばらしいと思われる。

入試 ★★★基本的な重要古語です。得点源の一つです。

22

いみじ

［シク活用］

AR

POINT

良くも悪くも、忌《い》み避けなければならないほど、**程度が並外れていること**を表します。

KEY 並外れてすごい

1 〔連用形「いみじく」「いみじう」の形で〕
とても。
たいそう。

2 〔好ましい場合〕
とてもすばらしい。
とてもうれしい。

3 〔好ましくない場合〕
とても悲しい。
ひどい。大変だ。

関連語
類 78 **ゆゆし**［形］

1 **いみじく**うれしきにも涙落ちぬ。（源氏・紅葉賀）
訳 **とても**うれしいと思うにつけても涙が落ちた。

2 し得たりし心地は、**いみじかりし**ものかな。（大鏡）
訳 うまくし遂げた気持ちは、**とてもすばらしかった**ものだよ。
◉「し得たりし心地」から、好ましい場合と判断します。
◉「かな」は詠嘆の終助詞です。「詠嘆」とは、声に出すほどの感動を言います。

3 死にけりと聞きて、いと**いみじかりけり**。（大和）
訳 死んだと聞いて、実に**とても悲しかった**。
◉「死にけり」から、好ましくない場合と判断します。

入試★ 2・3の意味が大切です。文脈から、とても、「すばらしい」のか「悲しい」のか考えなければなりません。

23 くちを《オ》し

【口惜し】

［シク活用］

KEY がっかり

1 残念だ。
期待はずれだ。

関連語
類 177 **あたらし** ［形］
類 264 **くやし** ［形］

POINT

漢字「口惜し」の「口」は当て字です。**期待や予想がはずれて残念な気持ち**を表します。

1 見すべきことありて、呼びにやりたる人の来《こ》ぬ、いと**くちをし**。（枕）

訳 見せようというものがあって、呼びにやった人が来ないのは、とても**残念だ**。

◉「見す」の「す」は動詞「見す」の語尾です。

クローズアップ

類義語「264 くやし」が自分の行為を悔やむ気持ちを表すのに対し、「くちをし」は恨みがましさを伴わず期待はずれでがっかりする気持ちを表します。

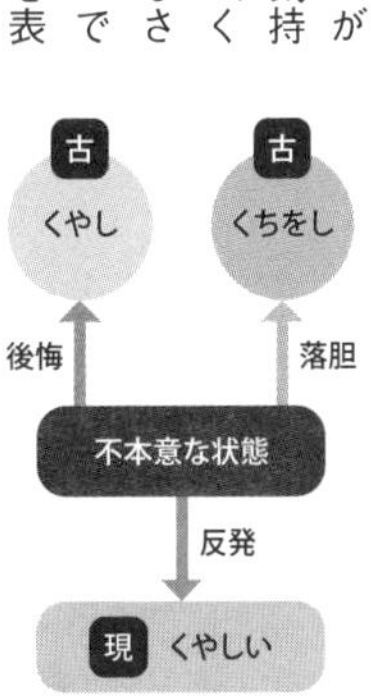

入試 ★★★ 心情説明でもよく問われます。「がっかり」「落《らく》胆《たん》」がKEYです。

24

うし【憂し】［ク活用］

AR

KEY 憂鬱《ゆううつ》な気分

1 つらい。いやだ。

関連語

同 **心憂《う》し** ［形］ つらい。いやだ。

類 **つらし** ［形］ 薄情だ。むごい。

POINT

物事が思いどおりにならず、憂鬱《ゆううつ》な気持ちを表します。類義語「つらし」が相手の仕打ちに対する気持ちを表すのに対し、「うし」は自分自身の晴れない気持ちを表します。

1 世を捨てて山に入《い》る人山にてもなほ**憂き**時はいづちゆくらむ （古今）

訳 俗世間を捨てて（出家し）山に入る人は、山においてもやはり**つらい**ときは（今度は）どこへ行くのだろう。

●「山に入る」は山の奥で仏道の修行をすることです。

同 忠見《ただみ》、**心憂く**おぼえて、胸ふさがりて、不食の病つきてけり。 （沙石）

訳 忠見は、**つらく**思われて、胸がつまって、食べ物がのどを通らない病気になってしまった。

● 壬生《みぶの》忠見が歌合《うたあわせ》（→P319）で負けた後の様子です。平安時代の歌人の和歌への執着ぶりがうかがえます。

類 いとは**つらく**見ゆれど、志《こころざし》はせむとす。 （土佐）

訳 ひどく**薄情**に思われるが、謝礼はしようと思う。

●「つらし」は「つらい」「堪え難い」の意もありますが、「（つらくなるほど相手が）薄情だ」と相手の冷酷さを「むごい」と非難する気持ちを表す意が重要です。

入試 ★★★現代語訳だけでなく、心情説明でも問われます。同義語「心憂し」も入試ではよく問われます。

25

わびし 【侘びし】 ［シク活用］

KEY **やりきれない**

1 つらい。困ったことだ。

2 興《きょう》ざめだ。もの足りない。

関連語

関 **わぶ** ［動上二］

1 やりきれなく思う。困る。

2 （つらいと）嘆く。

3 ［動詞の連用形に付いて］～しかねる。

▼P299・補助動詞

POINT

現代語「わびしい」の落ちぶれたイメージにとらわれてはいけません。動詞「侘《わ》ぶ」（＝思うようにならず落胆し、嘆く）が形容詞化した語で、**物事が思うようにならず「やりきれない」**が基本の意です。

1 すべてかれに**わびしき**めな見せそ。（大和）

訳 万事この女につらい目を見させないでくれ。

2 前栽《せんざい》の草木まで、心のままならず作りなせるは、見る目も苦しく、いと**わびし**。（徒然）

訳 庭の植え込みの草や木までも、その自然の趣のままの姿でなく意図的に作り上げているのは、見た目にも不愉快で、たいへん興ざめだ。

◉「興《きょう》ざめ」とは、それまで感じていた面白みや愉快さが消えることを言います。

関 つれづれ**わぶる**人は、いかなる心ならん。まぎるる方なく、ただ一人あるのみこそよけれ。（徒然）

訳 することのない状態を（つらいと）嘆く人は、どのような心なのだろう。（事にも人にも）まぎれることなく、たった一人でいることこそよいのだ。

◉自己の本心を見失わず直視して自己を確立するために、「ただ一人ある境地」が必要だと説いています。

入試 ★★★ 現代語訳でも心情説明でも「やりきれない」と押さえれば大丈夫。選択式ではその言い換えを探します。

26

あはれ《ワ》なり

［ナリ活用］

AR

POINT

現代語の「あわれ」が持つかわいそうだという響きにとらわれないことが大切です。**感動詞「あはれ」（＝アア）から生まれた語で、そういう声が思わず出てしまうとき、**みな「あはれなり」と言いました。

KEY じーんとした感動

1 心底しみじみと感じられる。

（＊場面に合わせて口語訳する。）

関連語

関 **あはれ**［感動］
ああ。

関 **あはれ**［名］
情趣。感動。愛情。

関 **あはれがる・あはれむ（あはれぶ）**［動四］
感心する。

類 **14** **をかし**

1 梁塵秘抄《りやうぢんひせう》の郢曲《えいきよく》の言葉こそ、また、**あはれなる**ことは多かめれ。（徒然）

訳 梁塵秘抄の謡《うた》い物の歌詞は、また、**しみじみと心打たれる**ことが多いようだ。

◉『梁塵秘抄』は平安時代末期の歌謡集です。

1 滝の音水の声、**あはれに**聞こゆる所なり。（宇津保）

訳 滝の音や川の音が、**趣深く**聞こえる所だ。

1 **あはれなる**人を見つるかな。（源氏・若紫）

訳 **かわいらしい**人を見たものだ。

◉ 光源氏《ひかるげんじ》が、後に最愛の妻となる紫《むらさき》の上《うえ》（当時十歳ほど）を最初に目にしたときの感想です。

関 **あはれ**、いと寒しや。（源氏・夕顔）

訳 **ああ**、ひどく寒いなあ。

関 この歌をこれかれ**あはれがれ**ども、一人も返しせず。（土佐）

訳 この歌を一同皆**感心する**が、一人も返歌をしない。

入試 ★入試でよく問われるのは動詞形の「あはれがる」です。

27 おろかなり【疎かなり】［ナリ活用］

KEY いい加減

1 **おろそかだ。**
いい加減だ。

2 ［「言ふも」「言へば」に続けて］（～という）**言葉では言い尽くせない。**

関連語
▽P296・言葉では言い尽くせない
類 101 **さらなり**［形動］
類 **なほざりなり**［形動］
いい加減だ。かりそめだ。ほどほどだ。

POINT
「愚かなり」ではありません。漢字で書くと「疎かなり」で、**現代語の「おろそかだ」に当たります。**「不十分だ」が基本の意です。2は「表現が不十分だ」という意味の慣用表現です。

1 わづかに二つの矢、師の前にて一つを**おろかに**せんと思はんや。（徒然）
訳 たった二本の矢である、師匠の前で（そのうちの）一本を**おろそかに**しようと思うだろうか（、いや思わない）。

2 口惜《くちを》しと**いふもおろかなり。**（増鏡）
訳 残念だという**言葉では言い尽くせない。**

2 おそろしなんども**おろかなり。**（平家）
訳 恐ろしいなどという**言葉では言い尽くせない。**
●「言ふも」「言へば」が省略されている用例です。

類 後《のち》の矢を頼みて、初めの矢に**なほざり**の心あり。（徒然）
訳 （弓を射るときに矢を二本持つと）後の矢をあてにして、初めの矢（を射ること）において**いい加減**な気持ちがある。
●「なほざりの」は「形容動詞の語幹＋の」で、連体修飾語になります。

入試 ★★★ 1も2も大切です。1は、人と人との関係で使われているときは、愛情や思いやりが不十分なことを言っています。

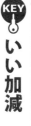

28 ねんごろなり

【懇ろなり】［ナリ活用］ AR

KEY 心を込めた熱心さ

1 熱心だ。丁寧だ。

2 親しい。親密だ。

関連語
類 222 **こまやかなり**［形動］

POINT 漢字で書くと「懇談会」の「懇」で、**心を込めて親しく熱心にする様子**を表します。「ねむごろなり」とも書きます。

1 狩りは**ねんごろに**もせで、酒をのみ飲みつつ、やまと歌にかかれりけり。（伊勢）

訳 鷹狩《たかが》りは熱心にもしないで、酒ばかり飲んでは、和歌を詠むのに熱中していた。

◉「鷹狩り」はタカを使った狩猟です（→P319）。

2 それ、人の友とあるものは、富めるをたふとみ、**ねんごろなる**を先とす。（方丈）

訳 そもそも、世間の友人というものは、金のある者を尊び、親しい者を（重んじて）第一にする。

入試 ★★入試では**1**の意味がよく問われます。江戸時代の文章では「ねもころなり」と記されることがあります。

29 つれづれなり

【徒然なり】［ナリ活用］

KEY 単調で退屈だ

1（することもなく）退屈だ。所在ない。手持ちぶさただ。

POINT 語源は「連れ連れ」＝同じ状態の連続です。**単調な時間が長く続くさまや、その時の晴れ晴れとしない心情**を表します。

1 **つれづれなる**時は、これを友として遊行《ゆぎやう》す。（方丈）

訳（することもなく）退屈なときは、これ（＝子ども）を友としてぶらぶら歩く。

2（一人もの思いに沈み）**しんみりともの寂しい。**

関連語
- 関 **つれづれ**［名］所在ないこと。もの寂しい気持ち。
- 関 **つれづれと**［副］しんみりと寂しく。

2 **つれづれに**思ひつづくるも、うち返しいとあぢきなし。（源氏・柏木）

訳 **しんみりともの寂しく**思い続けているのだが、考えれば考えるほどまったく情けない。

入試 ★★★選択肢では「所在ない」と訳されることもよくあります。

30 いたづ《ズ》らなり【徒らなり】

［ナリ活用］

KEY むなしい

1 **むだだ。**役に立たない。

2 **手持ちぶさたで暇だ。**

関連語
- ▽P293・死ぬ
- 類 105 **あだなり**［形動］
- 類 82 **はかなし**［形］
- 類 **むなし**［形］ 1 空《から》である。 2 死んでいる。 3 むだだ。

POINT **努力・価値・才能などに見合った結果が得られず、失望するさま**を表します。人が「いたづらになる」は「死ぬ」意です。

1 少しの地をも、**いたづらに**おかんことは、益《やく》なきことなり。食ふ物・薬種《やくしゆ》などを植ゑおくべし。（徒然）

訳 少しの土地も、**むだに**（空けて）おくようなことは、無益なことだ。食物や薬になる草木を植えておくべきだ。

2 船も出《い》ださで**いたづらなれ**ば、ある人の詠める。（土佐）

訳 船も出さず**手持ちぶさたで暇な**ので、ある人が詠んだ（歌）。

入試 ★★ **1** も **2** も大切です。

31 としごろ【年ごろ】

KEY 「年」の流れ

1 長年。数年（の間）。

関連語
関 **日ごろ**［名］何日もの間。
関 **月ごろ**［名］何か月もの間。

POINT
「お年ごろ（結婚適齢期）」ではありません。**「―ごろ」は「年」「月」「日」の下に付いて、（長い）時間の経過**を表します。

1 **年ごろ**思ひつること、果たし侍《はべ》りぬ。（徒然）
訳 長年思ってきたことを、果たしました。
関 **日ごろ**経て、宮に帰り給《たま》うけり。（伊勢）
訳（惟喬親王《これたかのみこ》は）数日経《た》って、御殿にお帰りになった。
◉「給う」は「給ひ」のウ音便です。

入試★★★「ここ何年来」と訳されるときもあります。

32 かたち【形・容貌】

KEY 人の顔の形

POINT
「（物の）外形」の意もありますが、古語では**「顔かたち＝容貌」**の意が大切です。

1 その人、**かたち**よりは心なむまさりたりける。（伊勢）
訳 その人は、容貌よりは心がすぐれていた。
関 **かたちを変へ**て、世を思ひはなるやと、試みむ。（蜻蛉）

1 **容貌《ようぼう》。**
人の姿。

関連語
関 **かたちを変ふ**［連語］
出家する。
▽P292・出家する
同 **見目《みめ》**［名］容貌。

訳 出家して、この世のつらさから思いが離れるかと、試してみよう。

● 出家は剃髪《ていはつ》して僧侶《そうりょ》姿になることから「かたちを変ふ」と言います。女性の場合は、髪を肩のあたりで短く切りそろえました。それを「尼削《あまそ》ぎ」と言います（→P292）。

同 **見目も心ざまも、昔見し都鳥に似たることなし。**（源氏・手習）

訳 容貌も性格も、以前都で見た女たちに似ている者はいない。

● 都の女を「都鳥」にたとえています。

入試 ★★★「容貌」と訳しましょう。「容姿」は避けた方が無難です。

33 かげ【影】

KEY **光り輝くもの**

1 **光。**
2 **姿。**
形。

POINT
太陽・月・灯火などの「光」が基本の意で、光で見える姿や、鏡・水に映る姿も表します。

1 **御灯明《みあかし》の影ほのかに透きて見ゆ。**（源氏・夕顔）

訳 お灯明の光がほのかに（御簾《みす》を）透けて見える。

2 **鏡には色・かたちなきゆゑに、よろづの影来《きた》りて映る。**（徒然）

訳 鏡には色も形もないので、さまざまな姿が来て映る。

入試 ★ **1**も**2**も大切です。「陰」の意味も「おかげ・庇護《ひご》」の意味で使われているときは問われます。

34 ほい 【本意】

KEY 本来の意志

1 かねてからの願い。
本来の目的。
宿願《しゅくがん》。

関連語
関 **本意なし** ［形］
残念だ。不本意だ。

POINT
「本来の意志」 が基本の意で、宗教的な出家の望みから恋や宮仕えなどの世俗的望みまでみな「本意」と言いました。

1 つひに**本意**のごとくあひにけり。（伊勢）
訳 しまいにかねてからの願いどおり結婚した。
関 過ぎ別れぬること、かへすがへす**本意なく**こそおぼえ侍《はべ》れ。（竹取）
訳 お別れして行ってしまうことは、本当に残念に思われます。

入試 ★★記述式で「本心」と訳してはいけません。「本心」とは「今の正直な心」の意味です。

35 ものがたり 【物語】

KEY おしゃべり

POINT
「物語などして」の「物語」は **「話（雑談）」** の意で、物語作品のことではありません。

1 話。雑談。世間話。
2 (『竹取物語』『源氏物語』などの)物語。

1 暮るるまで御物語し給《たま》ひて、大宮も渡り給ひぬ。(宇津保)
訳 暮れるまでお話をなさって、大宮もお帰りになった。
2 この源氏の物語、一の巻よりしてみな見せ給へ。(更級)
訳 この源氏の物語を、一の巻から(終わりまで)全部お見せください。

入試 ★主に記述式の現代語訳で問われる語です。きかれるのはもちろん 1 の意味です。

36 ふみ【文・書】

KEY 恋文《ぶみ》&書《ふみ》読む月日

1 手紙。
2 漢詩。漢籍。学問。

POINT
「手紙」の意が多いのですが、2 の意も重要です。「文作り」とは「漢詩作り」の意です。

1 その人の御もとにとて、文書きてつく。(伊勢)
訳 あの人のお所へと思って、手紙を書いてことづける。
2 世の中に長恨歌《ちやうごんか》といふ文を、物語にかきてある所あんなり。(更級)
訳 この世間に「長恨歌」という漢詩を、(仮名《かな》の)物語に書き直して持っている人がいるそうだ。
◉「長恨歌」は唐の玄宗《げんそう》皇帝が、愛する楊貴妃《ようきひ》を失った悲しみを歌った白居易《はくきよい》の長編の漢詩です。

入試 ★★読解上は頻出する 1 の意味が大切ですが、入試でよく意味が問われるのは 2。和歌では「踏み」が掛けられます。

37

ほど【程】

POINT
時間、空間、人間など、その程度やおおよその範囲をいう語です。現代の用法よりはるかに広く、さまざまな事柄に関して、訳語はさまざまです。

KEY いろいろな「ほど」

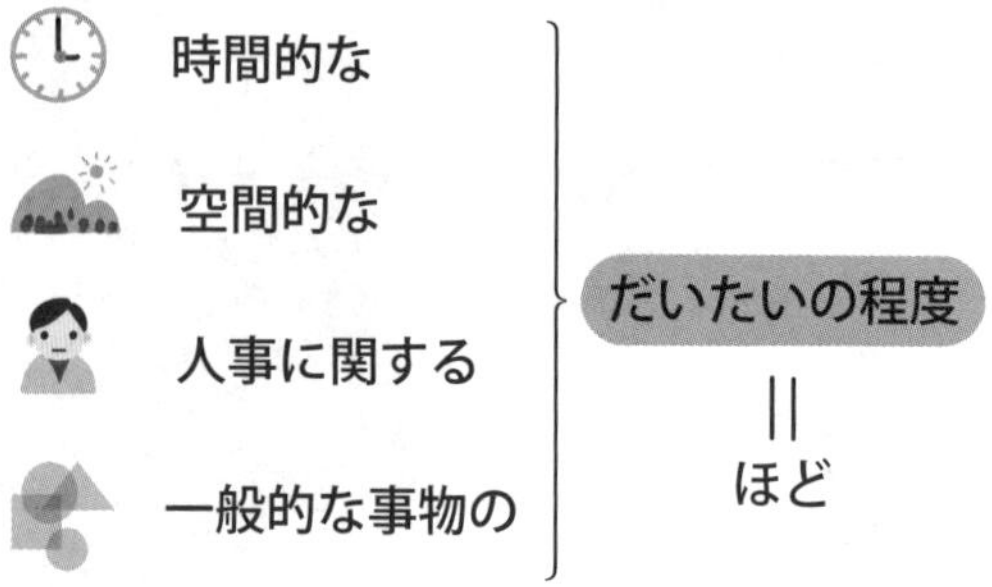

1〔時間の場合〕時。時分。間。

2〔空間の場合〕あたり。距離（道のり）。長さ。広さ。

3〔人間の場合〕身分。身のほど（分際）。年齢。間柄。

4〔広く一般に〕様子。程度。ほど。

関連語

関 **ほどに**［連語］
1 〜（している）うちに。
2〔原因・理由〕〜ので。

関 **ほどほど**［名］それぞれの身分。

---

1 ほど経《へ》にければ便《びん》なし。（蜻蛉）
訳 時がたってしまったので具合が悪い。

2 足もとへふと寄り来て、やがてかきつくままに、首のほどを食はんとす。（徒然）
訳 足もとへさっと寄って来て、すぐに飛びつくと同時に、首のあたりに食いつこうとする。

3 同じほど、それより下臈《げらふ》の更衣《かうい》たちは、ましてやすからず。（源氏・桐壺）
訳 同じ身分、（あるいは）それより低い地位の更衣たちは、なおさら気持ちが穏やかでない。

4 （光源氏《ひかるげんじ》ガ）出《い》で給《たま》ふほどを、人々のぞきて見たてまつる。（源氏・須磨）
訳 光源氏がご出発なさる様子を、女房たちはのぞいてお見送りする。

関 さぶらふ人々、ほどほどにつけてはよろこび思ふ。（源氏・明石）
訳 お仕えする人々も、それぞれの身分に応じて喜んでいる。

入試★★「ほど」そのものの語義に注目して入試で問うのは3の「身分」の意味です。

38

けしき【気色】

目に見えるものの様子

1 様子。そぶり。
2 機嫌。顔色。
3 思い。意向。

関連語

関 **けしきばかり**［連語］
ほんの形だけ。

関 **けしきだつ・けしきばむ**［動四］
きざしが見える。思いがそぶりに表れる。

類 **けはひ**［名］
〔音や雰囲気からとらえられる〕様子。（＊「ケワイ」と読みます。）

POINT

現代語「景色」（＝風景）と違い、古語では**「気色」**で、**自然に限らず、視覚でとらえた物や人の様子**を表します。人の外面から内面もうかがえるので、2や3の意が生じました。

1 せちにもの思へる**気色**なり。（竹取）
訳 ひどくもの思いにふけっている**様子**である。

2 かぢとり、**気色**悪《あ》しからず。（土佐）
訳 船頭は、**機嫌**が悪くない。

3 いかなるたよりして、**気色**見せむ。（平中）
訳 どのような方法で、**思い**を知らせようか。
◉「して」は「手段」の意味を表しています。

関 **けしきばかり**舞ひ給へるに、似るべきものなく見ゆ。（源氏・花宴）
訳（光源氏が）**ほんの形だけ**お舞いになったが、たとえようもなく（みごとに）見える。

関 梅は**気色ばみ**ほほ笑みわたれる、とりわきて見ゆ。（源氏・末摘花）
訳 梅はみな（ふくらんで）ほころびそうな**きざしが見える**のが、特に目立っている。

入試 ★★ 3 の意味が大切です。

39

ちぎり【契り】

AR

KEY 固い約束

POINT

動詞「契《ちぎ》る」（＝約束する）の連用形が名詞化した語です。特に、**男女間の愛情に関する約束や、前世《ぜんせ》からの約束である宿縁《しゅくえん》・因縁《いんねん》**の意で用いられる場合に注意しましょう。

1 約束。
2 前世からの因縁《いんねん》。宿縁《しゅくえん》。
3 男女の仲。逢瀬《おうせ》。

関連語
関 **ちぎる**［動四］（夫婦の）約束をする。夫婦の縁を結ぶ。
同 **宿世《すくせ》**［名］前世からの因縁。宿縁。

1 日ごろの**ちぎり**を変ぜず、一所《いっしょ》にて死ににけるこそ無慚《むざん》なれ。（平家）
訳 常々の約束をたがえず、同じ所で死んでしまったのは痛ましい。

2 前《さき》の世にも御**契り**や深かりけむ、世になく清らなる玉の男皇子《をのこみこ》さへ生まれ給《たま》ひぬ。（源氏・桐壺）
訳（帝と桐壺《きりつぼ》の更衣《こうい》は）前世でもご宿縁が深かったのだろうか、世にまたとなく美しい玉のような皇子までがお生まれになった。
◉『源氏物語』の主人公「光源氏《ひかるげんじ》」の誕生です。

3 月に二度《ふたたび》ばかりの御**契り**なめり。（源氏・松風）
訳 月に二度ほどの逢瀬であるようだ。
◉「逢瀬」とは、恋愛関係にある男女が人目を忍んで会うことを言います。

入試 ★★★ 2と3の意味が大切です。2は「さるべきちぎりにや（ありけむ）」「さるべきにや」の形でよく使われます（→P155）。

40

なさけ【情け】

KEY すてきな心

1 **思いやり。**
人情。

2 **男女間の情愛。**
恋情。

3 **情趣を解する心。**
風流心。

関連語

関 **情けなし** [形]
1 思いやりがない。
2 情趣がない。

POINT

あるものに対し敏感に反応する心の動き（情感）のことです。**人一般に対する「思いやり」**が基本の意で、異性に対しては「恋情」、自然に対しては「風流心」の意になります。

1 よろづのことよりも**情け**あるこそ、男はさらなり、女もめでたくおぼゆれ。（枕）

訳 何事よりも思いやりがあるのが、男はもちろん、女でもすばらしく思われる。

2 男《をとこ》女《をんな》の**情け**も、ひとへに逢《あ》ひ見るをばいふものかは。（徒然）

訳 男女の情愛も、ひたすら逢って契《ちぎ》りを結ぶことだけをいうものか（、いやそうではない）。

◉「かは」（係助詞）は、「〜か、いやそうではない」と「反語」の意味を表しています。

◉思うように逢えないつらさ、もどかしさをも味わってはじめて恋の情趣を理解したと言えるというのです。

3 **なさけ**ある人にて、瓶《かめ》に花をさせり。（伊勢）

訳 **情趣を解する心**のある人で、瓶に花を挿してある。

入試★2と3の意味が大切です。とりわけ3の意味はよくきかれます。和歌に関する説話の終わりで「人はなさけあるべし」などと言っているときの「なさけ」は3の意味です。

41 いと

KEY とても〜

1 **とても。**
たいそう。
実に。

2〔下に打消を伴って〕
たいして（〜ない）。
それほど（〜ない）。

関連語
関131 **いとど**［副］
類81 **いたし**［形］

AR

POINT
程度がはなはだしいことを表します。類義語「いたく」（形容詞「いたし」の連用形）は動詞を、「いと」は主に形容詞・形容動詞を修飾します。

1 月明《あか》ければ、**いと**よくありさま見ゆ。（土佐）
訳 月が明るいので、**とても**はっきりとありさまが見える。
◉ 紀貫之《きのつらゆき》が京の自邸に戻った場面です。当時は旅疲れした姿を見せないように夜間に京へ戻ったといわれます。

2 つた・くず・朝顔、いづれも**いと**高からず、ささやかなる墻《かき》に、繁《しげ》からぬ、よし。（徒然）
訳（秋草として）蔦《つた》・葛《くず》・朝顔は、どれも**たいして**高くなく、小さな垣根に、密生していないのが、よい。
◉「いと」は打消の助動詞「ず」（連用形）と呼応しています。

入試★「いと」自体に注目して入試で問うのは2の意です。

42 あまた

KEY あまるほどたくさん

POINT
数や量が「あまる」ほど多い、という意味を表します。

1 大門《だいもん》のかたに、馬のいななく声して、人の**あまた**あるけはひしたり。（蜻蛉）
訳 大門の方に、馬のいななく声がして、人が**たくさん**いる

43 げに

KEY 納得した気持ち

1 たくさん。
数多く。

関連語
同 241 **ここら・そこら** [副]
同 **そこばく** [副]
多く。たくさん。

1 なるほど。
本当に。

関連語
類 **むべ** [副]
なるほど。まことに。

様子がした。

同 人にまされりと思へる人は、たとひ言葉に出《い》でてこそ言はねども、内心に**そこばく**の咎《とが》あり。（徒然）

訳 人にまさっていると思っている人は、たとえ言葉に出して言わなくても、心の中に**たくさん**の欠点がある。

入試 ★「たくさん」と覚えておけば、大丈夫です。

POINT
以前からの知識や他人の言動に対して、**「なるほどそのとおりだ」と納得したり、同調したりする気持ち**を表します。

1 **げに**ただ人《びと》にはあらざりけり。（竹取）

訳 **なるほど**（かぐや姫は）普通の人ではなかったのだ。

◉強引な求婚に対し、かぐや姫がふっと姿を消してしまうのを目のあたりにした帝の感想です。

類 吹くからに秋の草木のしをるれば**むべ**山風をあらしと言ふらむ（古今）

訳 吹くとたちまち秋の草木がしおれるので、**なるほど**それで山から吹き下ろす風を「あらし」と言うのだろう。

◉「あらし」は「嵐」と「荒し」の掛詞《かけことば》。また、「山」と「風」を合わせると「嵐」になるという機知が込められています。

入試 ★★内容説明で問われます。「なるほど〜の言うとおり」と訳して、「〜」は文脈から具体化します。

44

なほ《オ》

AR

KEY やっぱり

1 やはり。

関連語
類 141 さすがに［副］

POINT

現代語同様「さらに」「いっそう」の意もありますが、古語では**「やはり」**の意が重要です。

1 和歌こそ、なほをかしきものなれ。（徒然）

訳 和歌は、**やはり**趣深いものである。

◉ 一般的に支持されている考え方を改めて確認して、「なんといってもやはり」和歌はよいものだと述べています。

クローズアップ

「なほ」の訳語「やはり」は、ニュアンスに幅があります。そのニュアンスの違いを文脈によってとらえましょう。

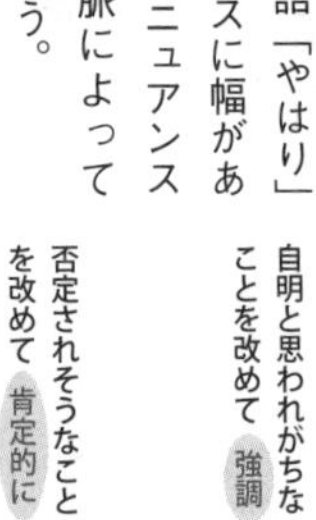

入試 ★入試では記述式の現代語訳で問われます。「なほ」をきちんと「やはり」と訳すようにしましょう。

45

やがて

POINT

同じ状態が続く意の「そのまま」と、**即座に起こる**意の「すぐに」をまとめて「そのまますぐに」と覚えましょう。

KEY 即

1 そのまま。
2 すぐに。

関連語
同 126 すなはち［副］

1 薬も食はず。やがて起きもあがらで、病み臥《ふ》せり。（竹取）
訳 薬も飲まない。そのまま起き上がらないで、病気になって臥せっている。

2 門《かど》をほとほとと叩《たた》けば、やがて弾きやみ給《たま》ひぬ。（平家）
訳 門をとんとんとたたくと、（小督《こごう》は）すぐに（琴を）弾くのをやめなさった。

入試★★★「やがて」＝「即」と押さえます。「即刻」「即座」の「即」です。基本的な重要古語です。得点源の一つです。

46 やう《ヨ》やう《ヨ》

POINT
「漸《やうや》く」のウ音便です。**時間が進むにつれて物事が少しずつ変化していくさま**を表します。

KEY ちょっとずつ、少しずつ

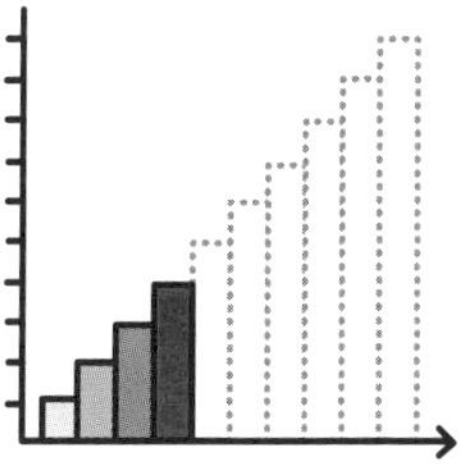

1 だんだん。しだいに。

関連語
同 やや［副］
1 だんだん。しだいに。
2 ちょっと。

1 かくて、翁《おきな》やうやう豊かになりゆく。（竹取）
訳 こうして、（竹取の）翁はだんだん豊かになっていく。

同 四十《よそぢ》あまりの春秋をおくれるあひだに、世の不思議を見る事、ややたびたびになりぬ。（方丈）
訳 四十余年の年月を送ってくる間に、世の中の思いがけない出来事を見ることが、だんだん度重なってきた。
◉「春秋」は春と秋の意から「一年間」。また、転じて「年月」「年齢」の意です。

入試★★★基本的な重要古語です。問われたら確実に得点しましょう。

47

え～打消

AR

KEY 不可能

1 ～できない。

関連語

関 **えさらず**［連語］
避けられない。やむをえない。

関 **えならず**［連語］
何とも言えないほどすばらしい。

関 **えも言はず**［連語］
何とも言いようがない。（＊すばらしい場合も、ひどい場合もある。）

POINT

呼応の副詞「え」は下に打消の語を伴い、全体で**不可能（～できない）**の意を表します。

1 女、いと悲しくて、しりに立ちて追ひ行けど、**え**追ひつかで、清水《しみづ》のある所に伏《ふ》しにけり。（伊勢）

訳 女は、ひどく悲しくて、（男の）あとを追って行ったが、追いつくことができず、清水のある所に倒れてしまった。

◉「え」は「で」（打消の接続助詞）と呼応しています。

関 **えさらぬ**ことのみいとど重なりて、事の尽くる限りもなく、思ひ立つ日もあるべからず。（徒然）

訳 **やむをえない**用事ばかりがますます重なって、用事がなくなる際限もなく、（出家を）決心する日もあるはずがない。

クローズアップ

「え」の下に来る打消の語は、「ず」だけではありません。打消の接続助詞「で」、打消推量の助動詞「じ」「まじ」も伴い、不可能を表します。

え ＋ ず で じ まじ ＝ 不可能

入試 ★★★呼応の副詞中、最頻出語です。

48 さらに〜打消

KEY 全部否定

1 まったく〜ない。
決して〜ない。

関連語
同 138 つゆ〜打消［副］
同 286 おほかた〜打消［副］

POINT
呼応の副詞「さらに」は、下に打消の語を伴って**「全然〜ない」**の意を表す用法が重要です。

1 **さらに**人に交《まじ》はることな**し**。（徒然）
訳 **まったく**人とつき合うことが**ない**。
◉「さらに」は形容詞「なし」と呼応しています。

クローズアップ
「全部否定」には、ほかに次のような表現があります。
138 つゆ〜打消
246 ゆめ・ゆめゆめ〜打消
286 おほかた〜打消
・かけて（も）〜打消
・すべて〜打消
・たえて〜打消
・つやつや〜打消
｝「まったく〜ない」「少しも〜ない」

入試 ★★★ 入試では全部否定の表現はよく問われます。空欄補充でもきかれます。

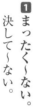

49

な〜そ

AR

POINT

「な＋…連用形（カ変・サ変動詞は未然形）＋そ」の形で**禁止（〜するな）**の意を表します。

1 や、**な**起こしたてまつり**そ**。幼き人は寝入り給《たま》ひにけり。（宇治）

訳 おい、お起こし申し上げるな。幼い人は眠ってしまわれた。

◉「あやまちすな（＝けがをするな）」（徒然）のように禁止の終助詞「な」を用いた表現よりも、「な〜そ」の方がやや柔らかい言い方だったといわれます。

KEY **禁止**

1 〜（する）な。
〜（し）てくれるな。

クローズアップ

「禁止」の呼応表現には、ほかに次のようなものがあります。

246「あなかしこ〜禁止」
246「ゆめ・ゆめゆめ〜禁止」　強い禁止
285「かまへて〜禁止」　「決して・断じて〜してはいけない」

入試★★★「え〜打消」「な〜そ」の「え」「な」は品詞が問われることもあります。接頭語ではなく、「副詞」です。覚えておきましょう。

50

いかで いかでか

KEY 疑問・反語と願望

1〔疑問〕どうして（〜か）。

2〔反語〕どうして（〜か、いや〜ない）。

3〔願望〕どうにかして（〜たい・〜てほしい・〜よう）。

関連語

同 **いかでかは**〔連語〕

類 **いかにして**〔連語〕

1〔疑問〕どのようにして。2〔願望〕なんとかして。

POINT

「いかにして（か）」から生まれた語で、下に来る助動詞・助詞により、**疑問・反語か、願望**かに分かれます。助動詞「む・べし」が来る場合は、文脈からの判断が必要です。

1 **いかで**さることは知りしぞ。（枕）

訳 **どうして**そのようなことを知っていたのか。

2 命を奪はん事、**いかでか**いたましからざらん。（徒然）

訳 命を奪うようなことが、**どうして**かわいそうでないだろうか（、いやかわいそうだ）。

● 「命を奪はん事」＝「かわいそうだ」という内容から反語と判断します。

3 **いかで**このかぐや姫を得てしがな、見てしがな。（竹取）

訳 **どうにかして**このかぐや姫を手に入れたい、妻としたい。

● 「てしがな」は希望の終助詞で「〜たい」という意味を表します。

入試 ★★★入試で問われるのは2・3の意味です。きかれているときは、まず2・3の意味で解釈しましょう。

Column

古語の世界へ①

古語のふところ

かなし／おどろく／うつくし／をかし

古語はふところが深いと言われています。どういうことかと言うと、一般に現代語が一語一義であるのに比べ、古語は一つの語がいろいろな意味を持っているということです。

たとえば、⑬「**かなし**」という形容詞があります。この語は、漢字で「愛し」と書くように、どうしようもなく切なくいとしい気持ちが基本で、かわいい、つらい、悲しいなどとも訳されます。つまり「愛し」にかかわるいろいろな感情を表すと考えてよいでしょう。その中の悲しいという意味だけが、現代語の「かなしい」に残っているわけです。

❶「**おどろく**」という動詞も、はっとする、気がつく、目を覚ます、驚く、などいろいろな意味を持っていますが、そのうち現代語に残っているのは、驚く、びっくりするという意味だけです。

⑫「**うつくし**」も、古語では外観的に小さくかわいらしいものに対してかわいらしく思う感情が基本で、かわいい、立派だ、美しいなど幅広い意味を持っていますが、現代語の「うつくしい」は、その中のきれいな意味のうつくしいだけで、かわいいという意味はありません。

以上。三つの例をあげましたが、古文が不得手だという人の多くは、この古語のふところの深さ、つまり、多様な意味を持つ言葉に幻惑されているのです。それを防ぐには、本書のKEYやPOINTの解説にあるような、その語の基本的な意味やニュアンスをしっかりと理解しておくことです。その点を第1章の古語を例にあげて確認しておきましょう。

たとえば、⑭「**をかし**」について見ると、KEYに「すてき！」とあり、POINTには「普通や普段とは一味違った対象に興味・関心を抱き、『すばらしい』と肯定的な評価を表す語です」と詳しく説明されています。この基本を理解していれば、その前後の文章によって、趣深い、美しい、おもしろいなど、その場に適した解釈ができるはずです。

それにしても、「かなし」といえば悲しいだけ、「おどろく」は驚く、「うつくし」は美しい、「をかし」はおもしろいだけしか意味のない一語一義の現代語は、ふところの深い古語に比して、意味が狭く、ニュアンスの貧しい言葉と言わざるをえません。

（中野幸一）

入試必修語 100

第2章

＊第2章の100語は、入試の問題文を正しく読解し、単語の意味や現代語訳の設問を解くために欠かすことのできない単語です。

＊入試問題を分析してみると、毎年同じような単語がくり返し出題されているのがわかります。「ゆゆし」「あさまし」「すずろなり」など、出題者が好きな単語に強くなりましょう。

＊この100語については、高校1～3年生用の教科書に出てくる重要語も重視して選定しました。

51

にほ《オ》ふ《ウ》

【匂ふ】

［八行四段］

AR

KEY 視覚的に美しい

POINT

本来「丹《に》」（＝赤）が映える**視覚的な美しさ**を表す語です。平安時代に嗅覚《きゅうかく》的な香りのよさも表すようになりました。

1 **美しく照り映える。**
美しく輝く。

関連語

関 **にほひ** ［名］
つややかな美しさ。

1 春は藤波《ふぢなみ》を見る。紫雲《しうん》のごとくして、西方《さいはう》に**にほふ**。（方丈）

訳 春は藤の花房が波のようになびくさまを見る。（阿弥陀《あみだ》仏が乗って来るという）紫雲のようで、西方に**美しく照り映える**。

● 「西方」は極楽浄土の方角です。極楽往生の際には、阿弥陀仏が菩薩《ぼさつ》らと紫雲に乗って迎えに来るといわれます。

関 絵に描《か》ける楊貴妃《やうきひ》の容貌《かたち》は、いみじき絵師《ゑし》といへども、筆限りありければ、いと**にほひ**少なし。（源氏・桐壺）

訳 絵に描いた楊貴妃の容貌《ようぼう》は、優れた絵師でも、筆に限界があったので、じつに**つややかな美しさ**が少ない。

● 楊貴妃とは中国唐《とう》の玄宗《げんそう》皇帝の妃《きさき》のことです。玄宗の寵《ちょう》愛《あい》を一身に集めました。美しい人だったのです。

入試 ★★★ 視覚的な美しさを表す意味が大切です。嗅覚の場合も「芳香」の意味です。

52 うつろふ《ウ》【移ろふ】

【ハ行四段】

KEY 色の変化・心の変化

1 **色が変わる。**（色が変わり）紅葉する。（葉や花が）散る。

2 （心が）**移る。**心変わりする。

POINT

「移りゆく（変化する）」の意です。**1は主に花の色**の、**2は人の心の変化**を言います。

1 例よりはひきつくろひて書きて、**うつろひ**たる菊にさしたり。（蜻蛉）

訳 いつもより（筆跡に）気を配って書いて、（その手紙を）色が変わった菊の花にさした。

◉手紙には季節の草木などを添えるのが習慣でした。この例文では、作者である藤原道綱《ふじわらのみちつな》の母が、色が変わった白菊で夫兼家《かねいえ》の心変わりをチクリと刺そうとしています。

2 おのづから御心**移ろひ**て、こよなう思《おぼ》し慰むやうなるも、あはれなるわざなりけり。（源氏・桐壺）

訳 （桐壺《きりつぼ》の更衣《こうい》が亡くなり沈んでいた帝は）自然とお心が（藤壺《ふじつぼ》へ）移って、格段にお気持ちが慰められておいでのようなのも、しみじみとしたことであった。

入試 ★★ 1も2も大切です。秋、人の心にも「飽き」風が吹き、草木の色も心も変わり、やがて「かれ（枯れ・離れ）」てゆく、それが「うつろふ」です。

53

かしづ《ズ》く

［カ行四段］

AR

KEY 大切

1 大切に養育する。
2 大切に世話をする。

関連語
類 いつく ［動四］
大切に世話をする。

POINT
大切な者として守り育てる、の意です。親が子を愛育する 1 のほか、下位者や動物を大事に世話する 2 もあります。

1 親たち**かしづき**給《たま》ふこと限りなし。（堤・虫めづる姫君）

訳 親たちが（姫君を）**大切に養育し**なさることはこの上もない。

◉ 親たちが大切に養育している姫君は虫が大好き。いろいろな虫を虫籠で飼っています。とりわけ毛虫がお気に入りです。

2 この猫を北面《きたおもて》にも出《い》ださず、思ひ**かしづく**。（更級）

訳 この猫を北向きの部屋（＝使用人の部屋）にも出さず、心にかけて**大切に世話をする**。

◉ 猫はもとから日本にいた動物ではありません。奈良時代に中国から渡来した動物です。猫は珍しく貴重な動物だったのです。

入試 ★★読解上の重要古語です。古語では上位者が下位者に対して「かしづく」のです。

54

なら《（ロ）》ふ《ウ》

【慣らふ・馴らふ】［ハ行四段］

KEY 慣れ親しむ

1 慣れる。習慣となる。

2 親しむ。なじむ。

関連語

関 **ならひ**［名］ 習慣。定め。

類 **なる**（**慣る・馴る**）［動下二］
1 慣れる。
2 打ち解ける。

POINT

物事に繰り返し接して「**習慣となる**」が基本の意で、「なれ親しむ」の意も生じました。

1 **ならは**ぬ鄙《ひな》の住まひこそ、かねて思ふも悲しけれ。（平家）

訳 慣れないい田舎の生活は、あらかじめ想像するのも悲しいことだ。

◉「悲しけれ」はシク活用形容詞「悲し」の已然形です。係助詞「こそ」を受けて已然形になっています。「悲しけれ」で一語です。「悲し＋けれ」ではありません。

2 ここは、かく久しく遊びきこえて、**慣らひ**たてまつれり。（竹取）

訳 ここ（地上の世界）では、このように長い間楽しく過ごし申し上げて、（育ててくれた竹取の翁《おきな》や嫗《おうな》にも）親しみ申し上げた。

入試★「慣れる」と覚えておけば大丈夫です。

55 あそぶ【遊ぶ】［バ行四段］

AR

KEY 音楽の演奏

1 **管絃《かんげん》を楽しむ。**
管絃の遊びをする。

関連語
関 **遊び**［名］
管絃の遊び。

POINT
古語では多く**管絃《かんげん》の遊び**（＝**楽器の演奏**）をする意で用いられる点に注意が必要です。

1 とりどりに物の音《ね》ども調べあはせて遊び給《たま》ふ、いとおもしろし。（源氏・花宴）
訳 それぞれ思い思いに楽器の音色を整えて**管絃を楽しみ**なさるのは、とても興趣《きょうしゅ》がある。
◉管絃の遊びで演奏される楽器には笛《ふえ》・鼓《つづみ》・琴《こと》・琵琶《びわ》などがあります。

関 物も聞こし召さず、御遊びなどもなかりけり。（竹取）
訳 何も召し上がらず、**管絃の遊び**などもなさらなかった。
◉かぐや姫が月の世界へ帰ってしまった後の帝の様子です。

入試★★ 動詞「あそぶ」とともに、関連語の名詞「あそび」も入試ではよく問われます。

56 めづ【愛づ】

［ダ行下二段］

KEY 賞賛！

1 **感嘆する。**ほめる。たたえる。

2 **愛する。**かわいがる。好む。

関連語

関 21 **めでたし**［形］

関 **めづらし**［形］（めったになく）すばらしい。目新しい。

POINT

漢字で覚えましょう。**対象のすばらしさやかわいらしさに心ひかれること**を表します。

1 良秀《よしひで》がよぢり不動とて、今に人々めで合へり。（宇治）

訳「良秀のよじり不動」といって、今でも人々が感嘆し合っている。

◉「不動」は煩悩《ぼんのう》を打破して修行者を守る「不動明王《ふどうみょうおう》」のこと。その像は怒りの相《そう》を表し、大火炎を背負っています。

2 人々の、花、蝶《てふ》やとめづるこそ、はかなくあやしけれ。（堤・虫めづる姫君）

訳（世の）人々が、花よ、蝶よと愛するのは、あさはかで奇妙なことだ。

◉「こそ」は「強意」の係助詞です。上の語や語句を強調する働きがあります。この例文では「人々の、花、蝶やとめづる」ことを強調して、これこそ「はかなくあやしけれ」なのだと言っているのです。「こそ」を受けて結びは「あやしけれ」と已然形になっています。

入試★「めづ」の派生語「めでたし」もよく問われます。

57

かづ《ズ》く

【被く】

［カ行四段／カ行下二段］

AR

KEY ほうびをもらう・与える

POINT

活用の種類によって、「いただく」のか、「与える」のか、授受の方向が逆になります。

1［四段活用］（ほうびを）いただく。かぶる。

2［下二段活用］（ほうびを）与える。かぶせる。

関連語

関 **かづけもの**［名］ ほうびの品物。

関 **潜《かづ》く**［動四］ 水に潜《もぐ》る。

1 **大将も物かづき、忠岑《ただみね》も禄《ろく》賜《たま》はりなどしけり。**（大和）

訳 大将も物をいただき、忠岑もほうびをいただくなどした。

◉「かづき」はここでいったん文を中止しているので、活用形は連用形だとわかります。そこからこの「かづく」は四段に活用していることがわかります。

◉いただいたほうびの品は、左肩にかけて退出するのが作法でした。当時、衣服は高価でした。

2 **郎等《らうどう》までに物かづけたり。**（土佐）

訳 従者にいたるまでに物を与えた。

◉「かづけ」は下に助動詞「たり」があるので、活用形は連用形だとわかります。そこからこの「かづく」は下二段に活用していることがわかります。

入試 ★★★ 入試ではほうびの授受の意が問われます。

58

たのむ【頼む】

［マ行四段／マ行下二段］

KEY あてに「する」のか「させる」のか

1〔四段活用〕
あてにする。
期待する。

2〔下二段活用〕
あてにさせる。
期待させる。

関連語
関 **たのもし**［形］
1 あてにできる。
2 裕福だ。

POINT
活用の種類により、あてに「する」のか「させる」のか、立場が変わる点が要注意です。

1 初心の人、二つの矢を持つことなかれ。後《のち》の矢を**頼み**て、初めの矢になほざりの心あり。（徒然）

訳（弓の）初心者は、二本の矢を持ってはならない。後の矢を**あてにして**、初めの矢（を射ること）においていい加減な気持ちがある。

◉弓を習う際の心得です。「頼み」は四段活用の連用形。

2 我を**頼め**て来ぬ男、角三《み》つ生《お》ひたる鬼になれ。（梁塵）

訳（逢《あ》いに来ると）私を**あてにさせて**（おきながら）やって来ない男よ、角が三本生えた鬼になれ。

◉裏切られた女の恨みです。「頼め」は下二段活用の連用形。

関 さてまことに**頼もしき**人にぞなりにける。（宇治）

訳 そうして実に**裕福な**人になった。

入試 ★★入試で問われたら、まず活用の種類をチェック。
2の意味なら★★★です。

59 ■■■

まもる【守る】

［ラ行四段］

AR

KEY 目守《まも》る

1 見つめる。見守る。

POINT

「目守る」（＝見る状態を保つ）ということで、**「目を離さずじっと見つめる」**の意です。**「まぼる」**とも言います。

1 下簾《したすだれ》の狭間《はさま》の開きたるより、この男まもれば、わが妻《め》に似たり。（大和）

訳（牛車《ぎっしゃ》の）下簾のすきまの開いている所から、この男が（車の中を）見つめると、自分の妻に似ている。

◉貴族は牛車で外出します（→P317）。牛車には目隠しとして簾《すだれ》と、その内側に「下簾」という細長い布を垂らしました。

クローズアップ

「ま」は「目《め》」の古い形です。古くは「目」を「ま」と言いました。「まなこ」「まぶた」「まつげ」「まゆげ」「まなざし」などでそのことがわかります。196「まばゆし」も元々は「目映ゆし」。「まばゆい」が原義です。

目《ま》 ― まなこ／まぶた／まつげ／まゆげ／まなざし／まばゆし

入試★★「まもる」はつい「守る」の意味と読んでしまいます。現代語と同義なら、入試で問われることはありません。注意しましょう。

60 ま《モ》うく 【設く】

【カ行下二段】

KEY あらかじめ設ける

1 **準備する。用意する。**

関連語
関 **まうけ**［名］
1 準備。用意。
2 ごちそう。

POINT 現代語「もうける」の古い形です。古語では「**将来のために前もって準備する**」の意が重要です。

1 大傘《おほがさ》一つ**まうけ**よ。（落窪）

訳 大きな傘を一つ**準備しろ**。

◉ 男が、豪雨の中、姫君のもとへ行こうとして従者に命じている言葉です。「大傘」とは文字どおり「大きな傘」のこと。柄《え》が長く広く開く傘です。「かさ」には「笠《かさ》」もあります。頭にかぶる笠です。雨の日には笠をかぶり、蓑《みの》を着て、藁《わら》で作った長靴を履いて出かけることもありました。

関 雨露《あめつゆ》をふせぐ**まうけ**もあり。（雨月）

訳 雨露を防ぐ**用意**もしてある。

入試 ★「準備」「用意」と押さえておけば大丈夫です。関連語「まうけ」もよく問われます。

61

きこゆ【聞こゆ】

【ヤ行下二段】

AR

POINT

自然に耳に入る1の意が基本です。人の耳に入ることから2の意、耳に入ればわかることから3の意が生じました。

KEY **聞く＋ゆ（自発・受身）**

1 **聞こえる。**
（自然に）耳に入る。

2 **世間に知られる。**
うわさされる。
評判になる。

3 **理解できる。**
意味がわかる。

関連語

関 **きこえ**［名］
うわさ。評判。

関 305 **きこゆ**［謙譲語］

1 沖より舟どものうたひののしりて漕《こ》ぎ行くなども**聞こゆ**。（源氏・須磨）

訳 沖を通っていくつもの舟が大声で歌いながら漕いで行くのなども聞こえる。

2 これ、昔、名高く**聞こえ**たる所なり。（土佐）

訳 ここは、昔、有名で世間に知られた所である。

3 **聞こえ**ぬことども言ひつつよろめきたる、いとかはゆし。（徒然）

訳（酒に酔って）理解できないことをいろいろ言いながらよろめいているのは、とても見るにたえない。

入試 ★★★入試では2と3の意味が問われます。敬語の「きこゆ」（→P268）も重要。

62

おこす

［サ行下二段］

KEY こちらへよこす

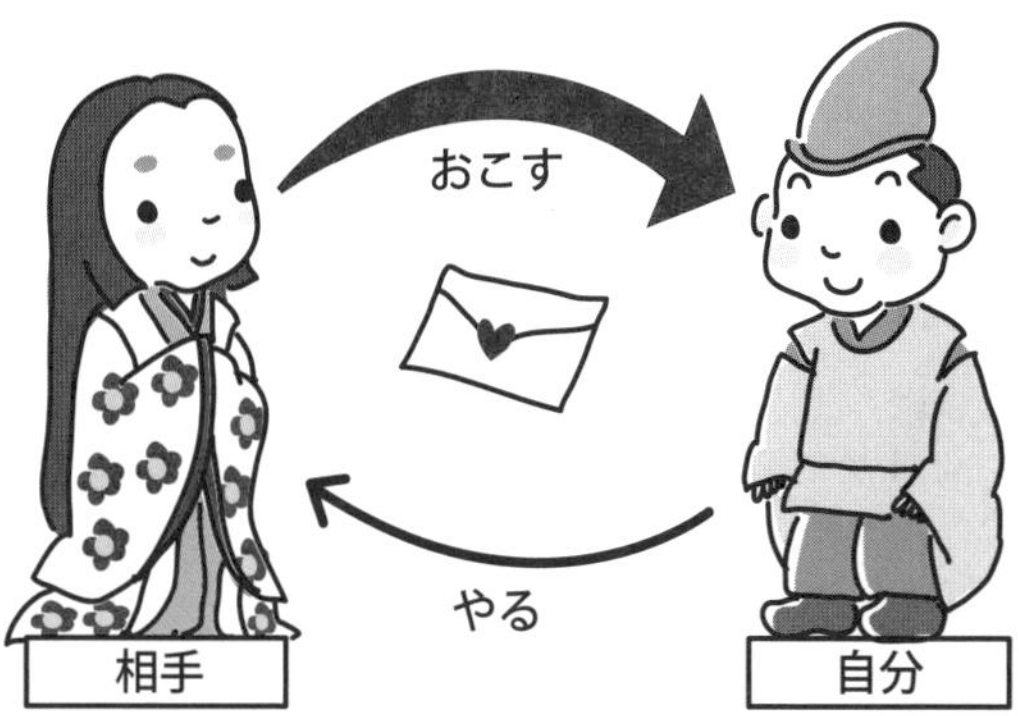

1 **よこす。**
送ってくる。

関連語

関 **言ひおこす**［動下二］
言ってよこす。

関 **見おこす**［動下二］
こちらの方を見る。

対 **やる**［動四］
（送って）やる。

POINT

「おこす」と「やる」を対《つい》にして覚えましょう。現代語の「よこす」と「やる」の関係です。

1 せちによばひければあひにけり。その朝《あした》に文《ふみ》も**おこせ**ず。夜まで音もせず。（大和）

訳（平中《へいちゅう》が）しきりに言い寄ったので契《ちぎ》った。その翌朝に手紙も**よこさ**ない。夜になるまで音沙《さ》汰《た》もない。

◉男女が契りを結んで別れた翌朝には、男から女のもとへ手紙を贈るのが習慣で、それを「後朝《きぬぎぬ》の文」（→P307）と言いました。例文は何らかの異常を暗示しているようです。

関 月の出《い》でたらむ夜《よ》は、**見おこせ**給《たま》へ。（竹取）

訳 月が出ているような夜は、**こちら**（＝私のいる月の都）**の方を見て**ください。

対 歌を書きて**やる**。（伊勢）

訳 歌を書いて**（送って）やる**。

入試 ★訳語は「よこす」で大丈夫です。

63

わたる【渡る】

〔ラ行四段〕

AR

POINT

古語「わたる」は**移動すること**を広く表します。2補助動詞・3敬語の用法も要注意です。

KEY 移動する

1 行く。来る。通る。

2 〔補助動詞として〕（時間的に）ずっと〜する。（空間的に）一面に〜する。

3 〔「わたらせたまふ」の形で、「あり」「をり」の尊敬語〕いらっしゃる。

関連語 ▼P299・補助動詞

1 今日は、宮の御方に昼渡り給《たま》ふ。（源氏・若菜上）

訳 今日は、女三の宮のお部屋へ昼間に行きなさる。

2 おぼつかなく思《おぼ》し**わたる**ことの筋を聞こゆれば、いと奥ゆかしけれど、げに人目もしげし。（源氏・橋姫）

訳 （薫《かおる》が）ずっと不審にお思いになっていたこと（＝薫自身の出生の秘密）の方面を（老女が）申し上げるので、もっと聞きたかったが、いかにも人目も多い。

2 霧いと深くたち**わたれ**り。（源氏・橋姫）

訳 霧がたいそう深く一面に立ちこめている。

3 この宮は腹々《はらばら》に御子《おんこ》の宮たちあまた**わたらせ給ひ**けり。（平家）

訳 この宮は奥様方に御子の宮たちが大勢いらっしゃった。

● 「わたらせたまふ」は、軍記物などに見られる鎌倉時代以降の表現で、尊敬の意「いらっしゃる」を表します。

入試 ★★入試では2の意味が問われます。読解上は1と3が大切です。1を「横断する」、3を「移動なさる」と読むと、文脈がずれてしまいます。

64 ぐす【具す】［サ行変格］

KEY 一緒に

1 （引き）連れる。つき従える。
2 つき従う。連れ立つ。
3 添える。備える。備わる。

関連語
類 率《ゐ》る［動上二］連れる。

POINT
漢字「具」の持つ「そなえる」「そなわる」の意が生きていて、**あるべき人や物が「一緒にある」こと**を表します。

1 我をばいづちへ具して行かむとするぞ。（平家）
訳 私をどこに連れて行こうとするのか。

2 我は一門に具して西国《さいごく》の方へ落ちゆくなり。（平家）
訳 私は（平家）一門につき従って（＝一緒に）西国へ逃げていくのだ。

◉ 源氏との合戦に敗れた平氏の人々は都落ちして行きます。最後の戦いは壇ノ浦《だんのうら》で行われました。海戦です。この決戦に敗れた平氏は滅亡してしまいます。

3 不死の薬壺《くすりつぼ》に文《ふみ》具して、御使ひに賜《たま》はす。（竹取）
訳 不死の薬の壺に手紙を添えて、御使いにお与えになる。

入試 ★★ 1と2の意味が大切です。1は主従の「主」が主語のとき、2は「従」が主語のときの訳です。

65

とぶら(ロ)ふ(ウ)

【訪ふ・弔ふ】

[ハ行四段]

AR

KEY 訪問・弔問

1 **訪《おとず》れる。**訪《たず》ねる。

2 **見舞う。**安否を尋ねる。

3 **弔問《ちょうもん》する。**供養《くよう》する。

関連語

類 **おとづる** [動下二]

1 音を立てる。
2 訪問する。
3 手紙を送る。

類 159 **おとなふ** [動四]

POINT 動詞「問ふ」と関係の深い語で、1 **「訪ねる」の意と、**2 **「安否を尋ねて見舞う」の意があります。**ほかに、3「死者の魂や遺族を慰める」意もあります。

1 心ざし深かりける人、行き**とぶらひ**けるを、正月《むつき》の十日ばかりのほどに、ほかに隠れにけり。（伊勢）

訳（ある女への）愛情が深かった男が、（女の所へ）行って訪れたのだが、正月十日あたりのころに、（女は）よそに姿をかくしてしまった。

2 大弐《だいに》の乳母《めのと》のいたくわづらひて尼になりにける、**とぶらはむ**とて、五条なる家訪ねておはしたり。（源氏・夕顔）

訳 大弐の乳母（＝光源氏《ひかるげんじ》の乳母）がひどく患って尼になってしまったのを、見舞おうと思って、五条にある家を訪ねていらっしゃった。

3 かの御法事などし給《たま》ふにもいかめしう**とぶらひ**きこえ給へり。（源氏・紅葉賀）

訳 あの方（＝若紫《わかむらさき》の祖母）のご法事などなさるときにも（光源氏は）丁重に弔問し申し上げなさった。

3 維盛《これもり》が後生《ごしやう》をも**とぶらへ**かし。（平家）

訳 維盛の来世（の幸せ）を（祈って）供養してくれよ。

● 「かし」は念押しの終助詞です。文を言い切った後で「かし」を添えて、「〜よ・〜ね」と念を押すのです。

66 いら《（ロ）》ふ《ウ》 【答ふ】

［ハ行下二段］

KEY 返答

1 答える。
返事をする。

関連語
関 いらへ ［名］
返事。

入試★1と2の意味が大切です。「とぶらふ」は、1のときも2のときも、慰めの言葉だけでなく、物品を相手に渡すことが伴う場合があります。

POINT
受け答えをすることです。質問に正面から答えることとは「こたふ」と言います。和歌の場合は「返《かへ》す」です。

1 子三人《みたり》を呼びて語りけり。二人の子は、情けなく**いらへ**てやみぬ。（伊勢）

訳 子三人を呼んで話をした。二人の子は、そっけなく**答え**て終わった（＝とりあわなかった）。

◉ある老女が男と逢《あ》いたいと思いました。三人の息子を呼んで「こんな夢を見たのだが、どういう意味だろう」と作り話をします。長男・次男はそっけなく答えるばかりです。三男だけが「男が現れる夢だ」と占います。老女は三男の計らいで男と逢うことができました。

入試★入試では名詞「いらへ」もよく問われます。

67

ものす 【物す】

［サ行変格］

AR

POINT

いろいろな動詞の代わりに用いられる語です。具体的に何をするのか文脈から考えて訳す必要がありますが、多くは「あり」「行く」「来」の代わりに用いられます。

KEY 「あり」「行く」「来」の代わり

1 いる。ある。

2 行く。来る。

3 何かをする。（＊文脈に応じて具体的に口語訳する。）

4 ［「〜ものしたまふ」の形で］〜（て）いらっしゃる。

1 日ごろ**ものし**つる人、今日ぞ帰りぬる。（蜻蛉）

訳 数日来（私と一緒に）いた人が、今日帰ってしまう。

2 馬にて**ものせ**む。（源氏・夕顔）

訳 馬で行こう。

2 中将はいづこより**ものし**つるぞ。（源氏・野分）

訳 中将はどこから来たのか。

3 魚《いを》など**ものせよ**。（蜻蛉）

訳 魚などを食べよ。

4 梅の香《か》をかしきを見出《い》だして**ものしたまふ**。（源氏・末摘花）

訳 梅がよい匂いで咲いているのを部屋の中から眺めていらっしゃる。

◉「見出だす」は「内から外を見る」の意です。

入試 ★★ 1と2と3が大切です。現代語訳のほか、意味の識別をきかれます。本文中の「ものす」と同じ「ものす」を選ぶ問題です。「ものす」をまず「あり」「行く」「来」に代え、文意が通らなければ「食ふ」「言ふ」に代えてみましょう。

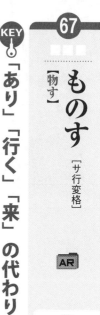

68

わななく

［カ行四段］

KEY ぶるぶる・わなわな

1 ふるえる。

関連語

関 **わななき声** ［名］
ふるえ声。

関 **はたらく** ［動四］
動く。

POINT

寒さや恐れで体や手足がぶるぶる震えることを表します。震えは体に限らず、声や楽器などの音声の場合もあります。

1 帝《みかど》の御前と思ふに臆して、**わななき**てえ吹かざりけり。（十訓）

訳（男は）天皇の御前と思うと怖《お》じ気《け》づいて、（体がぶるぶる）**ふるえ**て（笛を）吹くことができなかった。

◉「帝」とは堀河天皇のことです。堀河天皇は笛が上手な男を御前に呼んで、その演奏を聴こうとしました。ところが男は体がふるえて笛を吹くことができません。単に天皇の御前だからではありません。堀河天皇は笛の名手なのです。

関 何《なに》といふにか、唇**はたらく**。（宇治）

訳 何と言っているのだろうか、唇が**動く**。

入試★★「ざわめく」という意味もありますが、入試で問われるのは**1**の意味です。

69

わづらふ《ズ（ロ）ウ》

［八行四段］

AR

KEY 心身の苦痛

POINT
肉体的だけでなく、精神的なつらさも表し、補助動詞の用法もあります。

1 思い悩む。
病気になる。
2 苦労する。
難儀《なんぎ》する。
3 〔補助動詞として〕
〜するのに困る。
〜しかねる。

関連語
▽P299・補助動詞
類 173 なやむ［動四］

1 寛大にして極まらざる時は、喜怒これにさはらずして、物のためにわづらはず。（徒然）
訳 心が広く大らかで狭く限ることがないときは、喜怒の感情が邪魔となることなく、物事のために思い悩まない。
2 漕《こ》ぎ上《のぼ》るに、川の水干《ひ》て、悩みわづらふ。（土佐）
訳（都に向けて淀川《よどがわ》を船で）こぎ上るが、川の水が少なくなって、難儀し苦労する。
◉「悩む」と「わづらふ」は同じ意味を表し、重ねて用いて大変苦労したことを表現しています。
3 勢多《せた》の橋みな崩れて、渡りわづらふ。（更級）
訳 勢多の橋がみな崩れて、渡るのに困る。

入試 ★★ 入試で問われるのは「心」が苦しんでいるときです。逆に、類義語「なやむ」は「体」が苦しんでいるときにきかれます。

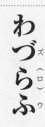

まどふ《ウ》

【惑ふ】

［ハ行四段］

KEY パニック

1 **心が乱れる。途方に暮れる。**あわてる。

2〔動詞の連用形に付いて〕**ひどく（〜する）。**

関連語 ▽P299・補助動詞

関 **まどはす**［動四］

1 見失う。

2 心を乱れさせる。

POINT

道に迷う意もありますが、**心が乱れ迷う**場合が重要です。場面に合う訳語を選びます。

1 心地**惑ひ**にけり。（伊勢）

訳 気持ちが乱れてしまった。

1 宮の御前《おまへ》、母北の方、帥殿《そちどの》、一つに手を取りかはして**惑はせ**給《たま》ふ。（栄花）

訳 宮の御前（＝中宮定子《ていし》）、（帥殿たちの）母である北の方、帥殿（の三人）は、手を取り合って途方に暮れなさる。

● 帥殿（＝定子の兄伊周《これちか》）が左遷されるときのありさまです。

●「せたまふ」の「せ」は助動詞「す」の連用形です。「尊敬」の意味を表しています。

2 風の吹き**まどひ**たるさま、恐ろしげなること、命かぎりつと思ひまどはる。（更級）

訳 風がひどく吹いている様子の、恐ろしそうなことは、命もおしまいだと気が動転してしまう。

入試 ★★ **1**も**2**も大切です。選択式問題なら、心の「パニック」と押さえれば大丈夫です。

71 いぬ【往ぬ・去ぬ】［ナ行変格］

AR

KEY 行ってしまう

1 行く。去る。

2 （時が）過ぎ去る。

POINT **その場を立ち去ること**が基本の意で、空間的にだけでなく、時間的にも使われます。

1 男、「みやこへ**いなむ**」といふ。（伊勢）

訳 男は、「都へ行くつもりだ」と言う。

2 あはれ今年の秋も**いぬ**めり（千載）

訳 ああ今年の秋も（むなしく）過ぎ去るようだ。

入試★終止形のとき平仮名にしてきかれます。下二段動詞「寝《い》ぬ」と間違うからです。注意しましょう。

72 うす【失す】［サ行下二段］

KEY なくなる

POINT **人が「死ぬ」ことの婉曲《えんきょく》表現（＝遠回しに、穏やかに表現すること）**が特に重要です。

1 翁《おきな》を、いとほし、かなしと思《おぼ》しつることも**失せ**ぬ。（竹取）

1 消える。無《な》くなる。

2 亡《な》くなる。死ぬ。

関連語

▽P293・死ぬ

類 かくる［動下二］・みまかる［動四］

亡くなる。死ぬ。

訳（かぐや姫は、天《あま》の羽衣《はごろも》を着ると）翁を、気の毒だ、かわいそうだとお思いになっていたことも（心から）消えてしまった。

2 その人、ほどなく失せにけりと聞き侍《はべ》りし。（徒然）

訳 その人は、間もなく亡くなったと聞きました。

入試 ★★ 入試で問われるのは2の意味です。ただし、文中には1の意味も頻出します。

73

おこなふ《（ノ）ウ》【行ふ】

［ハ行四段］

KEY

仏道修行

1 仏道の修行をする。勤行《ごんぎょう》する。

関連語

関 行ひ［名］

仏道の修行。勤行。

類 つとむ［動下二］

仏道の修行に励む。

POINT

仏教の盛んだった平安時代では、自動詞「行ふ」＝「仏道の修行をする」と理解することが重要です。

1 持仏《ぢぶつ》据ゑたてまつりて行ふ尼なりけり。（源氏・若紫）

訳 持仏を安置申し上げて仏道の修行をする尼であった。

◉「持仏」は常に身近に置いて信仰する仏像のことです。

関 行ひをだにせむ。（大和）

訳 せめて仏道の修行だけでもしよう。

入試 ★★★「勤行する」と訳されることも結構あります。

74 おもしろし ［ク活用］

AR

KEY 明るい・晴れやか

1 （景色などが）**すばらしい。**趣がある。

2 **興趣《きょうしゅ》がある。**興味深い。

関連語

類 14 をかし ［形］

類 26 あはれなり ［形動］

POINT

「面《おも》＋白し」が語源です。**眼前が明るくなるような見事な光景や、心が晴れやかになるような芸のさま**を表します。

1 その沢にかきつばたいと**おもしろく**咲きたり。（伊勢）

訳 その沢にかきつばたがたいそう**すばらしく**咲いている。

◉ ある人がこのかきつばたを見て、一緒にいた人に対して、かきつばたという五文字を句の頭に置いて、歌を詠むようにいいます。歌が詠まれます。「からごろも　きつつなれにし　つましあれば　はるばるきぬる　たびをしぞおもふ」。こういう歌を「折句《おりく》」と言います（→P332）。

2 神楽《かぐら》こそ、なまめかしく、**おもしろけれ。**（徒然）

訳 神楽こそ、（世俗じみず）優雅であり、**興趣がある。**

入試 ★歌論ではほめ言葉ではありません。「こけおどし」ということです。

75 あらまほし

［シク活用］

KEY 理想的！

1 **理想的だ。**
好ましい。

関連語

関 **あらまほし**［連語］
ありたい。あってほしい。

関 274 **あらまし**［名］

POINT

動詞「あり」に願望の助動詞「まほし」が付いてできた語で、**「そうありたいと願う状態＝理想的だ」**が基本の意です。

1 墨染めの御姿**あらまほしう**清らなるも、うらやましく見たてまつり給《たま》ふ。（源氏・柏木）

訳 黒い僧衣のお姿が**理想的に**上品で美しいのも、うらやましく見申し上げなさる。

◉「墨染めの衣」は黒か灰色に染めた僧衣や喪服のことで、出家以前の貴族の華麗な衣服と対照的に描写されることがあります。

関 少しのことにも、先達《せんだつ》は**あらまほしき**ことなり。（徒然）

訳 ちょっとしたことにも、案内者は**あってほしい**ものだ。

◉「先達」の存在を願っているので、「あら＋まほし」の連語と判断します。

入試 ★★形容詞「あらまほし」も連語「あら＋まほし」も大切です。文脈から見分けます。

76

やむ《ン》ごとなし

［ク活用］ AR

POINT

漢字は「止む事無し」です。「これでよしとは済ませない＝放っておけない」の意から、**「最上級」**の意が生じました。

KEY **最高だ**

1 高貴だ。尊い。大切だ。
2 この上ない。並々でない。

関連語
類 99 **あてなり** ［形動］

1 この山に籠《こも》りゐて後、**やむごとなき**人のかくれ給《たま》へるもあまた聞こゆ。 （方丈）
訳（私が）この山に（庵《いおり》を作って）こもってからあと、高貴な方々がお亡くなりになったことも数多く耳に入る。

2 身の才《ざえ》**やむごとなく**して、公《おおやけ》につかまつりけるほどに、道心をおこして出家せるなり。 （今昔）
訳 学才がこの上なくて、朝廷にお仕えしていたときに、信仰心を起こして出家したのである。

入試 ★★★文脈に応じていろいろと訳されるので注意しましょう。いずれにしろ「最高」「一流」「一番」を表しています。

77 うるは《ワ》し

［シク活用］

KEY 端正な美

1 端正だ。きちんとしている。立派だ。

2 親しい。

関連語 類 12 うつくし ［形］

POINT

類義語「うつくし」が愛すべき美しさを表すのに対し、「うるはし」は**欠点のない整った美しさ**、**立派さ**を表します。

1 その日の、髪上げ**うるはしき**姿、唐絵《からゑ》をかしげに描《か》きたるやうなり。（紫式部）

訳 その日の、（内侍《ないし》の）髪を結いあげた**端正な**姿は、まるで中国風の絵を美しく描いたようだ。

◉ 平安時代の女房の髪型は垂髪《すいはつ》です。髪を後ろに垂らしているのです。しかし、儀式などの改まった場では正装して髪を結い上げます。結い上げるといっても、前髪を束ねて頭上に小さな丸い髷《まげ》を結うのです。

2 昔、男、いと**うるはしき**友ありけり。（伊勢）

訳 昔、男が、たいそう親しい友人を持っていた。

入試 ★★ 1 は容姿にかぎらず態度や物言いなど、さまざまなものを表しますが、「整っている」と押さえておけば大丈夫です。

78

ゆゆし

［シク活用］

AR

KEY **普通とかけ離れている**

1 不吉だ。恐ろしい。

2 すばらしい。立派だ。

3 はなはだしい。重大だ。大変だ。

関連語

類 22 いみじ［形］

類 79 かしこし［形］

類 いまいまし［形］ 不吉だ。縁起が悪い。

類 まがまがし［形］ 1 不吉だ。縁起が悪い。 2 憎らしい。いまいましい。

POINT

「神聖で触れてはならない」という原義から、そういうものの様子＝「不吉だ」や、それへの心情＝「恐ろしい」を表し、さらに、**よくも悪くも、普通とかけ離れたさま**も表すようになりました。

1 **ゆゆしき**身に侍《はべ》れば、（若宮ガ）かくておはしますも、いまいましう、かたじけなくなむ。（源氏・桐壺）

訳（私は娘に先立たれた）不吉な身ですので、（若宮が）こうして（私と一緒に）いらっしゃるのも、縁起でもなく、おそれ多いことです。

2 ただ人《びと》も、舎人《とねり》など賜《たま》はるきはは、**ゆゆし**と見ゆ。（徒然）

訳 普通の貴族（で）も、警護の官人などを（朝廷から）いただく身分の人は、すばらしいと思われる。

◉「舎人」は天皇や皇族の雑事や警護にあたる下級官人ですが、貴族にも与えられる場合がありました。現代のSP（要人警護の警官）が思い合わせられます。

3 おのおの拝みて、**ゆゆしく**信おこしたり。（徒然）

訳 それぞれ拝んで、はなはだしく信心をおこした。

入試 ★★★どの意味も大切です。「不吉なほどすばらしい」という意味で使われるときもあります。

79 かしこし【畏し・恐し／賢し】〔ク活用〕

KEY **おそれ多いほどすごい**

1 〔畏し・恐し〕
おそれ多い。
もったいない。

2 〔賢し〕
すばらしい。
立派だ。
好都合だ。

3 〔連用形「かしこく」の形で〕
非常に。

関連語
類 178 **かたじけなし**［形］
類 78 **ゆゆし**［形］

POINT

本来は、**古代の人が自然の威力や霊力に対して抱いたおそれ多いという心情**を表し、おそれ敬うべき対象の様子を表す 2 の意が生じました。連用形「かしこく」の 3 の用法も重要です。

1 帝《みかど》の御位《おほんくらゐ》は、いともかしこし。（徒然）
訳 帝の御位は、とてもおそれ多い。

2 寺をこそ、いとかしこく造りたなれ。（源氏・浮舟）
訳 寺を、実にすばらしく造ったそうだ。

3 風吹き、波荒ければ、船出《い》ださず。これかれ、かしこく嘆く。（土佐）
訳 風が吹き、波が荒いので、船を出さない。だれもかれも、非常に嘆息する。

◉『土佐日記』には、天候不良で航海できないことを嘆く記事が多く見られます。

クローズアップ

「ゆゆし」と「いみじ」「かしこし」の共通点を確認しましょう。

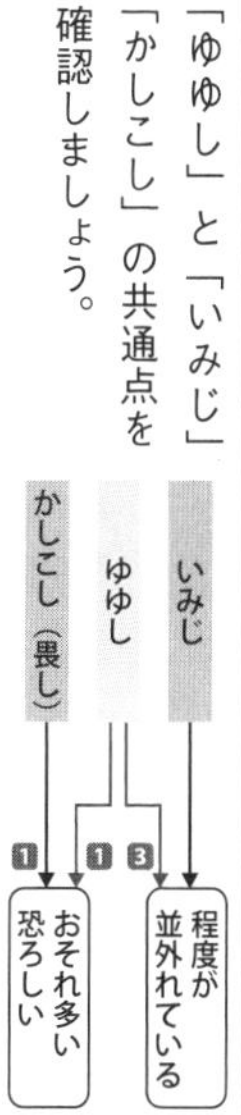

入試 ★★★ どの意味も大切です。入試ではとりわけ 2 の意味がよく問われます。2 が「運」のすばらしさを表し、「かしこく」の形で「幸運にも」の意味のときもよくきかれます。

80

やさし

［シク活用］

AR

KEY 優雅・けなげ

1 優美だ。
上品だ。

風流だ。

2 けなげだ。
殊勝《しゅしょう》だ。

感心だ。

関連語
類 183 なまめかし ［形］

POINT
身がやせ細るほど「つらい」「恥ずかしい」が原義で、そこから **「こちらが恥じ入るほど優美だ」** の意を生じました。

1 **いみじうやさしかりける人の妻に成りにけり。**（古本）
訳 たいそう優美だった人の妻になった。
◉「いみじう」はシク活用形容詞「いみじ」の連用形「いみじく」のウ音便です。

2 **やさしう申したるものかな。**（平家）
訳 けなげに申したことよ。

◉「やさしう」は連用形「やさしく」のウ音便です。鎌倉時代の軍記物では、「やさし」は武骨《ぶこつ》さに対するけなげさを表しました。

◉「かな」は詠嘆の終助詞です。「詠嘆」とは、声に出すほどの感動を言います。

入試 ★★★古文では和歌や音楽などの教養がある人を「やさし」と言い表します。

81 いたし

【ク活用】

KEY 痛いほど激しい

1 〔連用形「いたく」「いたう」の形で〕とても。たいそう。

2 〔打消を伴って〕たいして（〜ない）。それほど（〜ない）。

3 すばらしい。

関連語

類 41 いと 〔副〕

POINT

痛いと感じるほど程度がはなはだしいことを表すのが基本です。多くは連用形の形で登場し、さらに、下に打消を伴って「それほど〜ない」の意でもよく用いられます。

1 夕暮れのいたう霞《かす》みたるにまぎれて、かの小柴垣《こしばがき》のもとに立ち出で給《たま》ふ。（源氏・若紫）

訳 夕暮れのとてもかすんでいるのに紛れて、例の小柴垣のそばへお出かけになる。

2 我がため面目あるやうに言はれぬる虚言《そらごと》は、人いたくあらがはず。（徒然）

訳 自分にとって名誉になるように（他人から）言われた嘘は、人はたいして言い争って否定しないものだ。

3 造れるさま木深《こぶか》く、いたき所まさりて見どころある住まひなり。（源氏・明石）

訳 （家の）造り具合は木立が深く、すばらしい所が多くて見る価値のある住まいである。

入試 ★どの意味も大切です。特に 2 と 3 は入試でよく問われます。2 の意味は、つい 1 の意味で訳しがちです。注意しましょう。3 の意味が問われて得点できると優位に立てます。

82

はかなし

［ク活用］

AR

KEY ちょっとで頼りない

1 頼りない。あっけない。むなしい。

2 ちょっとした。とるに足りない。

関連語

関 **はかなくなる** ［連語］ 亡くなる。死ぬ

▽P293・死ぬ

対 **83** **はかばかし** ［形］

POINT

「はか」は「はかる」に値する量を言い、それが「無し」なので、**頼りにできるものがなく**、**心細い気持ち**を表します。

1 鳥《とり》辺《べ》山《やま》谷に煙《けぶり》の燃え立たば**はかなく**見えし我と知らなむ （更級）

訳 鳥辺山の谷間に煙が燃え立ったならば、**頼りなく見えた**私（を火葬する煙）だと知ってほしい。

● 訳語「頼りなく」は、信頼できないと非難する意はなく、今にも倒れそうで「弱々しい」「もろい」の意味合いです。「鳥辺山」は京都東山にあった火葬場です（→P309・312図）。

2 梨《なし》の花、世にすさまじきものにして、近うもてなさず、**はかなき**文《ふみ》付けなどだにせず。 （枕）

訳 梨の花は、実に興ざめなものとして、身近にもてはやさず、**ちょっとした**手紙を結びつけたりさえしない。

● 手紙は、季節の草木などに添えて送るのが習慣でした。

入試 ★★ **1**も**2**も大切です。次の対義語「はかばかし」もよく問われます。

83

はかばかし

［シク活用］

POINT

はかるに値する量があることから、**きちんとしたものの様子**を表します。多くは打消とともに用いられます。

KEY しっかり、ちゃんと

1 しっかりしている。頼もしい。

2 はっきりしている。際だっている。

関連語

対 82 はかなし [形]

1 取りたてて、はかばかしき後見《うしろみ》しなければ、事ある時は、なほ拠《よ》りどころなく心細げなり。（源氏・桐壺）

訳 格別に、しっかりした後ろ盾がないので、何かあらたまったことがあるときは、やはり頼るあてもなく心細そうだ。

2 はかばかしくも身の上をえ知り侍《はべ》らず。（宇津保）

訳 はっきりとも身の上を知ることができません。

入試 ★入試で問われるのは 1 の意味です。1 は価値が高くて存在がしっかりしていることを言っています。

84 いは《ワ》けなし

[ク活用]

KEY 幼い

1 幼い。あどけない。

関連語

同 いときなし・いとけなし [形]

対 17 おとなし [形]

POINT

動詞「幼《いは》く」（＝子どもじみている）＋形容詞化の接尾語「なし」から生まれました。「なし」は「無し」ではありません。

1 いといはけなき御ありさまなれば、乳母《めのと》たち近く候《さぶら》ひけり。（源氏・若菜上）

訳（女三の宮は）ひどく幼いご様子なので、乳母たちがおそば近くに控えていた。

●「乳母」は貴族の子を養育する係の女性です（→P309）。

入試 ★★同義語「いときなし」「いとけなし」も問われます。

85

かたは《ワ》らいたし

［ク活用］ AR

POINT 漢字は「傍ら痛し」です。**そこに居続けられないほど「見苦しい」様子や「気の毒」「恥ずかしい」思い**を表します。

KEY **いたたまれない**

ママ〜
恥ずかしいよ
SALE

1 **見苦しい。**
苦々しい。

2 **気の毒だ。**
心苦しい。

3 **恥ずかしい。**
きまりが悪い。

関連語
類 190 こころぐるし［形］

1 すべて、いとも知らぬ道の物語したる、**かたはらいたく**聞きにくし。（徒然）

訳 何事でも、たいして知らない方面の話をしているのは、（はたで聞いていて）**見苦しく**聞き苦しいものだ。

2 簀子《すのこ》は**かたはらいたければ**、南の廂《ひさし》に入れたてまつる。（源氏・朝顔）

訳 縁側は**気の毒な**ので、（姫君は光源氏《ひかるげんじ》を）南の廂の間《ま》にお入れする。

◉「廂の間」は寝殿造りにおいて、母屋《もや》の外側の細長い部屋のことです（→P315）。

3 うちとけて**かたはらいたし**と思《おぼ》されむこそゆかしけれ。（源氏・帚木）

訳 うちとけて（書いてあって、見られたら）**恥ずかしい**とお思いになるようなもの（＝手紙）こそ見たいものだ。

入試 ★★★ 入試ではどの意味も問われます。「みっともなくていたたまれない」と押さえましょう。

86 いとほ《オ》し

［シク活用］

KEY 気の毒

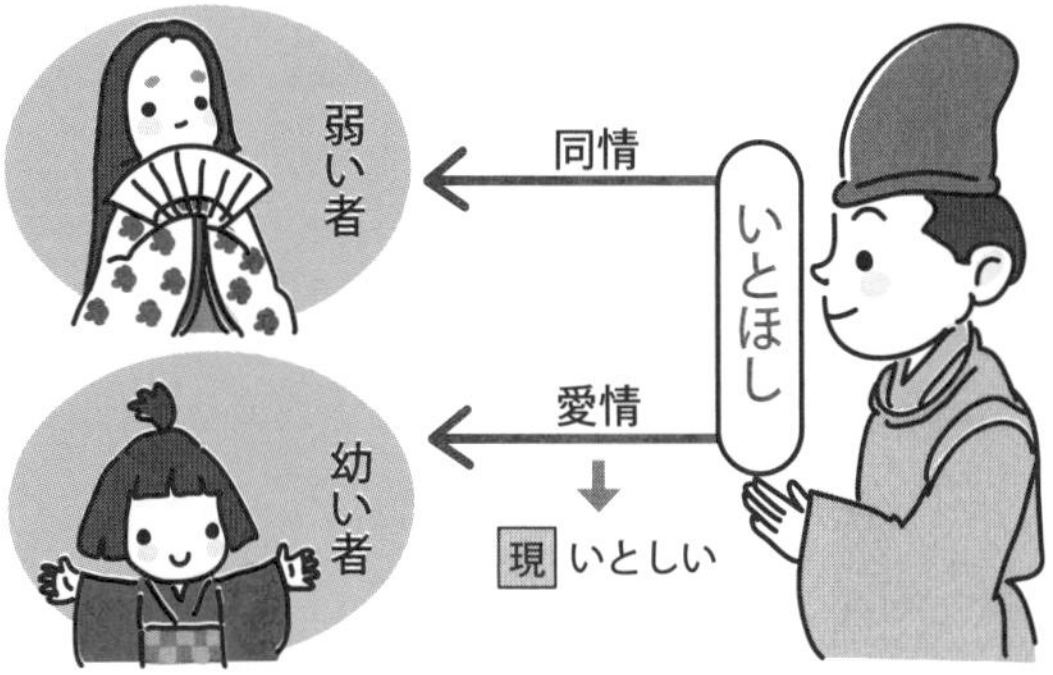

1 かわいそうだ。気の毒だ。

2 かわいい。いとしい。

関連語

関 **いとほしがる**［動四］
かわいそうに思う。気の毒に思う。

類 **13** **かなし**［形］

POINT

動詞「厭《いと》ふ」が形容詞化した語といわれ、**「見ていてつらく、目をそむけたい」**が基本の意。そこから、弱い者に「気の毒」だと同情する **1** の意や、幼い者・かよわい者を「いじらしい」と思う **2** の意が生じました。

1 熊谷《くまがへ》、あまりに**いとほしく**て、いづくに刀を立つべしともおぼえず。（平家）

訳 熊谷は、あまりにかわいそうで、どこに刀を突き立てたらよいかもわからない。

◉熊谷次郎直実《くまがえのじろうなおざね》が、組み伏せた敵の首を掻《か》こうという場面です。熊谷の目に我が子ほどと映った敵の若武者は平清盛《たいらのきよもり》の甥《おい》である敦盛《あつもり》、十七歳でした。

2 これは故殿《ことの》の**いとほしく**し給《たま》ひし者なり。（宇治）

訳 これは亡くなった殿がかわいく思いなさった者である。

関 家焼けたなりとて、**いとほしがり**て給ふなり。（枕）

訳（おまえの）家が焼けたと聞いたというので、かわいそうに思って、（給与する米塩の数量を記した短冊《たんざく》を）くださるそうだ。

入試 ★★ 入試では **1** が問われます。関連語も重要です。

87

あいなし

［ク活用］

AR

POINT

「あい」は「合ひ」とも「愛」ともいわれ、それが「無し」です。いずれにせよ、**理に合わないことや不調和などからくる受け入れがたい気持ち＝違和感**を表します。1は強い違和感、2は弱い違和感です。

KEY 違和感がある

1 **筋違いだ。**
具合が悪い。

2 **つまらない。**
おもしろくない。

3 〔連用形「あいなく」「あいなう」の形で〕
むやみに。
わけもなく。

関連語

類 90 **あぢきなし**［形］

類 **あやなし**［形］
道理に合わない。

1 まだきに騒ぎて、**あいなき**もの恨みし給ふな。（源氏・若菜上）

訳 まだそのときにならないうちに騒ぎ立てて、筋違いな恨みごとをなさいますな。

2 あまりに興《きょう》あらんとすることは、必ず**あいなき**ものなり。（徒然）

訳 あまりにおもしろくしようとすることは、必ずつまらないものである。

3 あさましきまで**あいなう**、面《おもて》ぞ赤むや。（枕）

訳 あきれるほどむやみに、顔が赤らむことよ。

類 春の夜の闇《やみ》は**あやなし**梅の花色こそ見えね香《か》やは隠るる（古今）

訳 春の夜の闇は道理に合わない。梅の花は、（闇に隠れて、確かに）色は見えないが、香りは隠れるだろうか（いや、隠れはしない）。

入試 ★入試ではどの意味も問われます。いずれも「まともではない」ことを言い表していると押さえて、文脈に合う否定的な訳語を選びます。

88 あさまし ［シク活用］

KEY あ然！

1 驚きあきれるほどだ。
2 あきれるほどひどい。
3 情けない。嘆かわしい。

関連語
関 あさましがる・あさむ ［動四］
驚きあきれる。
類 あきる ［動下二］
驚いて途方に暮れる。呆然《ぼうぜん》とする。

POINT
「あさましい」ことではありません。**よくも悪くも思いがけなく驚きあきれ、「えっ、ウソでしょ」と思う**意が基本です。3は好ましくない場合に対する不快な心情です。

1 かかる人も世に出《い》でおはするものなりけりと、**あさましき**まで目を驚かし給ふ。（源氏・桐壺）
訳 このような人もこの世に生まれておいでになるものだったのだなと、驚きあきれるほどまでに目をみはりなさる。
◉ 三歳の光源氏《ひかるげんじ》のすぐれたさまを見た賢人たちの感想で、良否の判断なしの意外さの表現です。

2 まこと蓬萊《ほうらい》の木かとこそ思ひつれ。かく**あさましき**虚《そら》言《ごと》にてありければ、はや返し給へ。（竹取）
訳 本当に蓬萊の木かと思った。このようにあきれるほどひどい嘘《うそ》であったのだから、早くお返しください。
◉ この例文の「あさまし」は悪い場合を述べた例です。

3 ひたすら世をむさぼる心のみ深く、もののあはれも知らずなりゆくなん、**あさましき**。（徒然）
訳 むやみに名誉や富をむさぼる心ばかりが深くなり、物事の情趣も解さなくなってゆくのは、情けない。

入試 ★★★どの意味も大切です。入試では現代語訳だけでなく、内容説明や心情説明でも問われます。

89

こころもとなし
【心もとなし】
［ク活用］

AR

KEY 気持ちばかりが先走る

1 待ち遠しい。
じれったい。

2 不安だ。
心配だ。

3 はっきりしない。
ぼんやりしている。

関連語

関 **こころもとながる**
［動四］
じれったがる。

POINT

「もとな」は「むやみに」の意を表す奈良時代の語で、「心がむやみに～する」がもとの意です。**気持ちばかりが先走り、じれったい気持ちや、気がかりで不安な気持ち**を表します。

1 心地の悪《あ》しく、ものの恐ろしきをり、夜の明くるほど、いと**心もとなし**。 （枕）

訳 気分が悪く、何となく恐ろしい感じがするとき、夜が明けるときが、ひどく待ち遠しい。

2 **心もとなき**日数《ひかず》重なるままに、白河《しらかは》の関にかかりて、旅心《たびごころ》定まりぬ。 （奥の細道）

訳 不安な日数が重なるうちに、白河の関にさしかかって、（やっと）旅に徹する心が定まった。

◉「白河の関」（＝今の福島県白河市にあった関所）は和歌で詠まれる名所「歌枕《うたまくら》」（→P331）。歌枕紀行ともいえる『奥の細道』の旅の本格的な始まりです。

3 花びらの端《はし》に、をかしき匂《にほ》ひこそ、**心もとなう**つきためれ。 （枕）

訳 （梨《なし》の花は）花びらの端に、趣深い色つやが、はっきりしないほど（＝ほのかに）ついているようだ。

関 天人、「遅し」と**心もとながり**給《たま》ふ。 （竹取）

訳 天人が、「遅い」と言ってじれったがりなさる。

類 191 うしろめたし［形］
類 19 おぼつかなし［形］

入試★★★ 1 の意味が大切です。「早く早く」とイライラしているのです。

90 あぢ《ジ》きなし

［ク活用］

POINT

理不尽で、人の力や自分の心ではどうしようもない状態を表します。2 はそうした状態に対する苦々しい心情です。

KEY どうにもならないつまらなさ

1 どうにもならない。無益だ。
2 つまらない。苦々しい。

1 **あぢきなき**ことに心を占めて、生ける限りこれを思ひ悩むべきなめり。（源氏・若紫）

訳 **どうにもならない**ことに心を奪われて、生きている間はこれを悩まなければならないようだ。

◉ 光源氏《ひかるげんじ》は父帝の妻（＝藤壺《ふじつぼ》の宮）を愛してしまったのです。「なめり」の「な」は断定の助動詞「なり」の連体形「なる」の撥《はつ》音便「なん」ですが、「ん」が表記されていません。「めり」は「ようだ」という意味で、目で見たことを根拠に推定する助動詞です。

2 愚かなる人の目を喜ばしむる楽しみ、また**あぢきなし**。（徒然）

訳 愚かな人の目を喜ばせる快楽も、また**つまらない**。

入試★入試では 2 の意味が問われます。訳語は「つまらない」と覚えておけば大丈夫です。

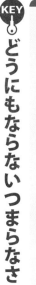

91

つれなし
［ク活用］

AR

KEY 平然・冷淡

1 平然としている。 そ知らぬふりをしている。

2 冷淡だ。 薄情だ。

3 何の変化もない。 もとのままだ。

関連語
関 **つれなしづくる**［動四］
そ知らぬふりをする。

POINT

語源は「連れ無し」です。**周囲と連動した反応が無いこと**、具体的には、1 感情が表に表れない、2 こちらの気持ちや働きかけに関心を示さない、3 予想に反して無変化だ、を表します。

1 やすからず思《おぼ》されけれど、なほ**つれなく**同じさまにて過ぐし給《たま》ふ。（源氏・若菜下）

訳 穏やかでなくお思いになったけれど、やはり平然として（いつもと）同じ様子でお過ごしになる。

2 昔、男、**つれなかり**ける女にいひやりける。（伊勢）

訳 昔、ある男が、（自分に）冷淡だった女に詠んで贈った（歌）。

3 雪の山、**つれなく**て年も返りぬ。（枕）

訳 （年の暮れに作った）雪の山は、何の変化もないまま年も改まった。

◉ 十二月に大雪が降り、中宮定子《ていし》付きの女房たちは積もった雪で作った山がいつまでもつか賭《か》けをしました。一人年明けまでと言った清少納言《せいしょうなごん》が賭けに勝ちそうになったとき、定子は雪山を壊します。いじわるではなく、清少納言の孤立を心配したのでした。

関 **つれなしづくれ**ど、おのづから見知りぬ。（源氏・葵）

訳 （六条の御息所《みやすどころ》は）そ知らぬふりをしているが、（相手は）自然とわかってしまった。

92

すさまじ

［シク活用］

KEY 不調和でしらける

1 興《きょう》ざめだ。

2 殺風景だ。
荒涼としている。

関連語
対 164 きょうず ［動サ変］

入試 ★★入試では1と3がよく問われます。2は「つれなき命」（＝薄情な命）が大切です。愛する者に死なれても生きなければならない自分の「命」は「薄情」なのです。

POINT

時機のずれ、場違い、期待はずれなど、**不調和なことから受けるしらけた不快感や、殺風景な様子**を表します。

1 遅桜《おそざくら》、また**すさまじ**。（徒然）

訳 遅咲きの桜は、これまた**興ざめだ**。

◉ 訳語の「興ざめ」とは、それまで感じていたおもしろみや愉快さが消えることを言います。

2 **すさまじき**ものにして見る人もなき月の、寒けく澄める二十日《はつか》あまりの空こそ、心細きものなれ。（徒然）

訳 **殺風景な**ものとして眺める人もない月が、寒そうに澄みわたっている二十日過ぎの夜空は、もの寂しい（風情が感じられる）ものである。

◉ 秋の月がよいという一般的な考え方に対して、作者は冬のもの寂しい月にも趣があると言っています。

入試 ★★★入試では1も2も問われます。「冷めてシラッとしている」と押さえておけば大丈夫です。

93 さがなし

［ク活用］

AR

POINT

「さが」は「性質」の意です。「さがなし」は**思いやりや控え目の美徳を欠き、意地悪なさま**です。

KEY 性悪《しょうわる》

1 性質がよくない。
意地が悪い。

2 いたずらだ。

関連語

関 さが［名］
1 性質。
2 習慣。
3 宿命。

類 216 あやにくなり［形動］

1 さるさがなきえびす心を見ては、いかがはせむは。（伊勢）

訳 そんな性質がよくない野蛮な心を見たって、どうしようか（、いやどうしようもないよ）。

2 さがなき童《わらは》べどものつかまつりける、奇怪にさうらふことなり。（徒然）

訳 いたずらな子どもらがいたした、けしからぬことでございます。

入試 ★★ 1も2も大切です。2は子どもの性質を言うときの訳語です。

94 むつかし

［シク活用］

POINT

「むずかる」の古い形「むつかる」と同源の語で、**不快感や、その原因となったわずらわしいさま**を表します。

KEY 不快

1 **うっとうしい。**
不快だ。

2 **わずらわしい。**
面倒だ。

3 **むさくるしい。**
見苦しい。

4 **気味が悪い。**
恐ろしい。

関連語

関 **むつかる** [動四]
不快に思う。ぶつぶつ文句を言う。

1 女君《をんなぎみ》は、暑く**むつかし**とて、御髪《みぐし》すまして、少しさはやかにもてなし給《たま》へり。（源氏・若菜下）

訳 女君（＝紫《むらさき》の上《うえ》）は、暑くうっとうしいといって、御髪を洗って、少しさわやかに振る舞っておられる。

2 用ありて行きたりとも、そのこと果てなば、とく帰るべし。久しくゐたる、いと**むつかし**。（徒然）

訳 用事があって（人の所へ）行ったとしても、その用事が終わったならば、早く帰るのがよい。長居をしているのは、（相手にとって）とてもわずらわしい。

3 行く先多かるに、大津のいとものむつかしき屋《や》どもの中に、引き入りにけり。（蜻蛉）

訳 行き先はまだ遠いが、（牛車《ぎっしゃ》は）大津のひどくむさくるしい家並みの中に、入って行った。

4 奥の方《かた》は暗うもの**むつかし**と、女は思ひたれば、端《はし》の簾《すだれ》を上げて添ひ臥《ふ》したまへり。（源氏・夕顔）

訳 （建物の）奥の方は暗く何となく気味が悪いと、女が思っているので、（光源氏《ひかるげんじ》は）簀子《すのこ》に近い簾を上げて添い寝をしていらっしゃる。

入試 ★★★どの意味も大切です。KEYを踏まえ、文脈に合う否定的な訳語を探します。

95

よしなし

［ク活用］

AR

KEY 「由《よし》」が無い

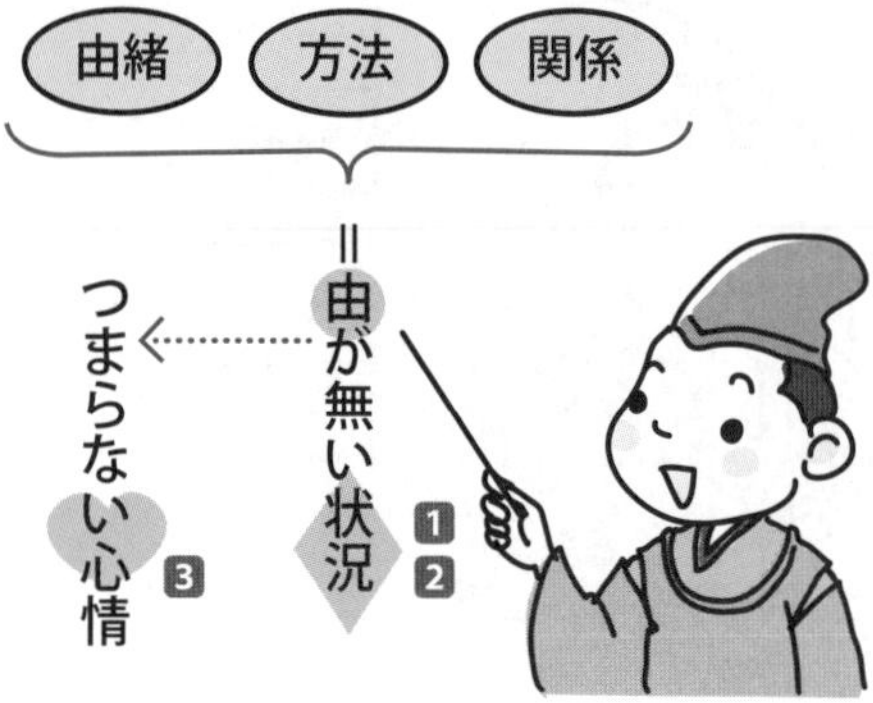

1 関係がない。いわれがない。理由がない。

2 方法がない。しかたがない。

3 つまらない。かいがない。

関連語

関 121 よし ［名］

POINT

「由」（＝物事の拠《よ》り所）＋「無し」です。**「由」の表す意である「関係」「方法」「由緒」などがないこと**＝「関係がない」「方法がない」「由緒がない」などの意を表します。

1 あらぬ**よしなき**者の名のりして来たるも、返す返すもすさまじといふはおろかなり。（枕）

訳 （来るのを待っていた恋人とは）別の**関係がない**人が名のってやって来たのも、本当に興ざめだという言葉では言い尽くせない。

2 男、血の涙を流せども、とどむる**よしなし**。（伊勢）

訳 男は、血の涙を流すけれど、（女を）引き留める**方法がない**。

3 おろかなる人は、「用なき歩《あり》きは、**よしなかりけり**」とて来ずなりにけり。（竹取）

訳 （かぐや姫への思いが）いい加減な人は、「無用な出歩きは**つまらないことだった**」と言って来なくなった。

◉「よしなかりけり」の「けり」は「詠嘆」の意味です。今初めて気づいたことを表しています。

入試 ★★ 入試で問われるのは1と3の意味です。特に3はよくきかれます。対義語の「よしあり」（風情がある・品がある）もきかれます。名詞「よし」の意味をしっかり押さえて覚えることが、記憶のコツです。

96

びんなし【便無し】［ク活用］

KEY まずい

1 **都合が悪い。** 不都合だ。

2 **困ったことだ。** 感心しない。

関連語

関 **不便《ふびん》なり**［形動］

1 都合が悪い。

2 困ったことだ。

3 気の毒だ。

POINT

「便」（＝都合）＋「無し」で、**客観的に「都合が悪い」**が基本の意です。2 はそうしたときの感情です。

1 今日はいと便なくなむ侍《はべ》るべき。（源氏・若紫）

訳（姫を連れ出すには）今日は本当に都合が悪いでしょう。

◉「なむ」（係助詞）は上の「便なく」を強調しています。その結びとして文末が推量の助動詞「べし」の連体形「べき」となっています。

2 月見るとて上げたる格子《かうし》下ろすは、何者のするぞ。いと便なし。（大鏡）

訳 月を見るといって上げてある格子を下ろすのは、何者がするのか。実に困ったことだ。

◉寝殿造りの建物では、四面の柱と柱の間に、上下二枚の格子の戸をはめていました。風よけに裏に板を張った格子を特に蔀《しとみ》と言い、多くはこの形で用いました（→P315図）。

入試 ★★ 1 の意味が大切です。「便」は読みもきかれます。「びん」と読みます。

97

さう《ソ》ざう《ゾ》し

［シク活用］

AR

KEY ぽっかりあいた心の穴

1 物足りない。心寂しい。

POINT

漢語「索々《さくさく》」（＝楽しくない）から生じた語で、**あるべきものがない空虚感**を表します。

1 この酒をひとり食《た》べんが**さうざうしけれ**ば、申しつるなり。（徒然）

訳 この酒を一人で飲むようなのが物足りないので、お呼びしたのです。

◉「食《た》ぶ」は「食ふ」「飲む」を改まって言う丁寧語です。

入試 ★★★入試でよく問われる単語です。現代語訳ばかりでなく、内容説明や心情説明でもきかれます。

98

いふ《ウ》かひ《イ》なし

【言ふ甲斐無し】

［ク活用］

KEY 話にならない

POINT

漢字で書けば「言ふ甲斐無し」で、**「言うだけの価値がない」が原義**です。そこから、言ったところでどうにもならないという**1**の意、価値が低くてお話にならないという**2**や**3**の意が生じました。

1 聞きしよりもまして、**言ふかひなく**ぞこぼれ破れたる。（土佐）

訳（家は）聞いていた以上に、どうしようもなく壊れ損じている。

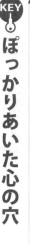

1 **どうしようもない。**言ってもしかたがない。

2 **取るに足りない。**たわいない。

3 **ひどい。**ふがいない。

関連語

関 **いふかひなくなる** ［連語］死ぬ。

▽P293・死ぬ

◉紀貫之《きのつらゆき》が土佐の国司として四年の任期を終え、京の自邸に戻って目にしたショッキングな光景です。

2 「飽《あ》かず口惜《を》し」と、**言ふかひなき**法師、童《わらは》べも、涙を落としあへり。（源氏・若紫）

訳「心残りで残念だ」と、取るに足りない（＝身分の低い）法師や、子どもの召使いも、涙を流し合っている。

◉「いふかひなし」が人を形容している場合、「身分が低い」と訳すとよい場合があります。

3 年ごろ、仏・神にいみじうつかうまつりつれば、何事もさりともとこそ頼み侍《はべ》りつれど、かく**いふかひなき**死《し》をさへせむことのかなしさ。（大鏡）

訳長年、神仏に熱心にお勤め申してきたので、何事もそうはいっても（末々悪いことはあるまい）と頼みにしてきましたが、このようにひどい死に方までするということの悲しいことよ。

◉ライバル藤原道長《ふじわらのみちなが》との政争に敗れた藤原伊周《これちか》（＝中宮定《てい》子《し》の兄）が、死を間近にした場面です。

入試 ★★★入試ではどの意味も問われますが、「話にならない」と押さえておけば大丈夫です。その上で、なぜ話にならないのかを考えれば、適切な訳語がわかります。

99

あてなり【貴なり】

［ナリ活用］

AR

KEY **高貴で上品**

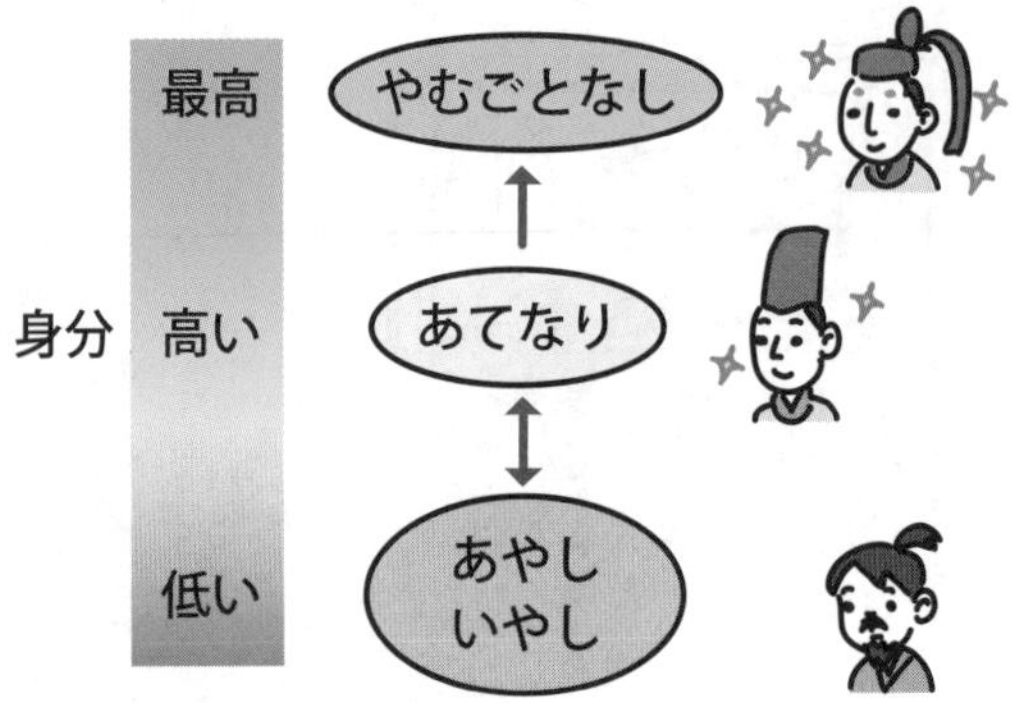

1 身分が高い。
高貴だ。

2 上品だ。
優美だ。

関連語

関 **あてやかなり**［形動］
上品だ。優美だ。

類 76 **やむごとなし**［形］

対 16 **あやし・いやし**［形］

POINT

「身分が高い」が基本の意です。身分が高いこと＝**上品で優美だ**という王朝文化の理念から、2の意が生じました。

1 一人はいやしき男の貧しき、一人は**あてなる**男もたりけり。（伊勢）

訳（姉妹のうちの）一人は身分の低い男で貧しい男を、もう一人は身分の高い男を夫としていた。

◉格助詞「の」は「同格」の意味です。「〜で・〜であって」と訳します。「の」が「同格」のときは、下には活用語の連体形があります。「の」の上にある体言を活用語の連体形の下に補って文を訳します。

2 ただ文字一つにあやしう、**あてに**もいやしうもなるは、いかなるにかあらむ。（枕）

訳ただ（用いる）言葉一つで不思議に、上品にも下品にもなるのは、どうしてだろうか。

入試★★記述式のときは、「優美だ」と訳せば大丈夫です。

100

きよらなり【清らなり】

KEY 最高美

［ナリ活用］

1 美しい。華麗だ。

関連語

類 **きよげなり**［形動］
きれいだ。

POINT

形容詞「きよし」の**清潔な美しさに、光り輝く気品を加えた最高級の美**を表します。

1 世になく**清らなる**玉の男皇子《をのこみこ》さへ生まれ給《たま》ひぬ。（源氏・桐壺）

訳 世にまたとなく**美しい**玉のような皇子までがお生まれになった。

◉光源氏《ひかるげんじ》の誕生です。

◉「さへ」（副助詞）は「添加」の意味で「まで（も）」と訳します。

類 **きよげなる**大人二人ばかり、さては童《わらは》べぞ出《い》で入り遊ぶ。（源氏・若紫）

訳 **きれいな**女房が二人ほど、それから子どもが出たり入ったりして遊んでいる。

入試★訳語は「美しい」と覚えておけば大丈夫です。

101

さらなり【更なり】

［ナリ活用］

AR

POINT

「言へばさらなり」「言ふもさらなり」の形で、言うといまさらの感じがする＝**「言うまでもない」**の意を表します。

KEY 言うといまさらだ

1〔「言へば」「言ふも」に続けて〕
（いまさら）言うまでもない。もちろんだ。

2〔「言へば」「言ふも」を省略して〕
（いまさら）言うまでもない。もちろんだ。

関連語
▽P296・いまさら言うまでもない
関 27（言ふも）おろかなり［形動］
同 言ふべきにもあらず［連語］

1 つらつき、まみのかをれるほどなど、**言へばさらなり**。（源氏・薄雲）
訳 頬の形や、目もとが美しく映えて見えるさまなどは、（いまさら）言うまでもない（ほどすばらしい）。

2 夏は夜。月のころは**さらなり**。（枕）
訳 夏は夜（が趣深い）。月の出ているころは言うまでもない。

同 冬はつとめて。雪の降りたるは**言ふべきにもあらず**。（枕）
訳 冬は早朝（が趣深い）。雪が降っているときは言うまでもない。

入試 ★★★ 1も2も大切です。特に省略形の2は最重要です。

102

あらは《ワ》なり

【顕はなり】

［ナリ活用］

KEY まる見え

1 まる見えだ。
2 明らかだ。

POINT

動詞「あらはる」と同じ語幹を持ち、**内側のものが隠れることなく外からはっきり見えること**を表すのが基本です。

1 こなたは**あらはに**や侍《はべ》らむ。今日しも端《はし》におはしましけるかな。（源氏・若紫）

訳 こちらは**まる見えで**はございませんか。今日にかぎって端近《はしぢか》なところにいらっしゃいましたね。

◉「端」は、部屋の中で、外に近い場所です。高貴な女性は部屋の奥にいて姿を人目にさらさないのが普通でした。「しも」は副助詞で「強意」の意味です。「かな」は「詠嘆」の終助詞です。

2 **あらはに**御損にさぶらふ。（今昔）

訳 **明らかに**ご損でございます。

入試 ★★入試では1の意味も2の意味もきかれます。1は具体的な物の姿が丸見えだということを言っています。

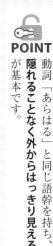

103 あからさまなり

［ナリ活用］

AR

KEY ほんのちょっとの間《あいだ》

1 ちょっとの間だ。ちょっと。

関連語 関 時《とき》の間《ま》［連語］ほんのちょっとの間。

POINT 「露骨だ」の意はありません。一時的で仮の状態であることを表し、**時間的に「ちょっと」**の意です。

1 をかしげなる児《ちご》の、**あからさまに**抱《いだ》きて遊ばしうつくしむほどに、かい付きて寝たる、いとらうたし。（枕）

訳 かわいらしい幼児が、ちょっとの間抱いて遊ばせかわいがっているうちに、抱きついて寝てしまったのは、とてもかわいい。

入試 ★★★入試でとてもよく問われる単語です。

104 むげなり

【無下なり】［ナリ活用］

KEY 最低

1 まったくひどい。最低だ。

2 〔「むげに」の形で〕むやみに。

POINT 「無下なり」で、**それより下は無い**の意です。多く連用形「むげに」の形で現れ、いい意味では使われません。

1 いかに殿《との》ばら、殊勝《しゆしよう》のことは御覧じとがめずや。**むげなり**。（徒然）

訳 なんと皆さん、（この）すばらしいことをお見とがめにならないのですか。（それでは）まったくひどい。

2 今様《いまやう》は、**むげに**いやしくこそなりゆくめれ。（徒然）

訳 当世風は、むやみに下品になっていくようだ。

（下に打消を伴い）まったく（〜ない）。

入試 ★★★ POINT で言うように、多く「むげに」の形で使われて、その意味がよく問われます。ただし、1の意味も重要です。

105

あだなり 【徒なり】［ナリ活用］

KEY 表面ばかりで実《じつ》がない

1 はかない。むなしい。

2 不誠実だ。浮気だ。

関連語

関 **あだあだし**［形］ 不誠実だ。浮気だ。

関 **かりそめなり**［形動］ 一時的だ。ちょっとだ。

対 217 **まめやかなり**［形動］

POINT

見かけだけで内面はからっぽであることを表すのが基本です。否定的な評価を表します。

1 **露《つゆ》をなどあだなる物と思ひけむ** （古今）

訳 露をどうしてはかないものと思っていたのだろう。

● 自分自身が死に臨んだ今、人の命も露同様に「あだなる物」とわかった、というのです。

2 **いとまめに実用《じちよう》にて、あだなる心なかりけり。** （伊勢）

訳 大変まじめで実直で、**不誠実な**心はなかった。

● 「あだなり」とその対義語の「まめなり」が一文の中に用いられた例です。『伊勢物語』のこの話では、「あだなる心」のない謹厳実直な男が、誤って道ならぬ恋に落ちます。

入試 ★★★ 1も2も大切です。特に2は最重要。

106

■■■

かたくななり 【頑ななり】 ［ナリ活用］

AR

POINT

漢字で書けば「頑固」の「頑」です。**「頑固だ」「偏屈だ」**が基本の意で、そこから1・2の意が派生しました。

KEY **頑固《がんこ》＝無教養＝見苦しい**

1 情趣を解さない。
教養がない。

2 見苦しい。
みっともない。

関連語

類 **こちごちし・こちなし［形］**

1 無骨《ぶこつ》だ。無風流だ。

2 無礼だ。無作法だ。

1 ことに**かたくななる**人ぞ、「この枝、かの枝、散りにけり。今は見所なし」などは言ふめる。（徒然）

訳 特に情趣を解さない人に限って、「この枝も、あの枝も、（花が）散ってしまった。もはや見る価値のあるところもない」などと言うようだ。

2 みづからもいみじと思へる気色《けしき》、**かたくななり**。（徒然）

訳 自分でもえらいと思っているようすは、見苦しい。

◉ 都に出てきて日も浅いのに万事心得顔に口を出すタイプの人に対する手厳しい批評です。

類 名をば大納言《だいなごん》の大別当とぞいひける。**こちなかりし**名なりかし。（古今著）

訳 名を大納言の大別当と言った。無骨な名前であったよ。

◉ 「こちごちし」「こちなし」は、漢字で書けば「骨骨し」「骨なし（「なし」は形容詞をつくる接尾語）」で、「骨っぽい＝ごつごつしている」が原義です。

入試★1も2も大切です。特に1はよく問われます。

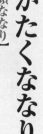

107

すずろなり

【漫ろなり】

［ナリ活用］

KEY 漫然としている

どこ行くの？
歩いてるだけ
ブラ
ブラ

1 あてもない。わけもない。

2 思いがけない。無関係だ。つまらない。

3 〔多く連用形「すずろに」の形で〕むやみに。

関連語

同 そぞろなり ［形動］

POINT

「すずろ」は「そぞろ歩き」の「そぞろ」の古い形です。**明確な理由や目的もなく物事が進んでいくこと**を表します。

1 昔、男、陸奥《みち》の国に**すずろに**行きいたりにけり。（伊勢）

訳 昔、ある男が、奥州へあてもなく行き着いた。

2 つた、かへでは茂り、もの心細く、**すずろなる**めを見ることと思ふに、修行者《すぎやうざ》あひたり。（伊勢）

訳 つたや、かえでは茂り、何となく心細く、思いがけない（つらい）めに遭うことだと思っていると、修行者が（男に）出会った。

3 大方《おほかた》は知りたりとも、**すずろに**言ひ散らすは、さばかりの才《ざえ》にはあらぬにやと聞こえ、おのづから誤りもありぬべし。（徒然）

訳 大体は知っていても、むやみに言いちらすのは、さほどしっかりした才能ではないのであろうと思われ、自然と誤りもあるにちがいない。

◉「にや」の後に「あらむ」が省略されています。省略することで余韻をもたせた表現になっています。

入試 ★★★入試の選択式では、1は「わけもない」、2は「とんでもない」と語義を押さえておき、文脈に合った訳語を選びます。

108

おほやけ《オ》

【公】

KEY 朝廷＝天皇

1 朝廷。
2 天皇。

関連語
関 おほやけごと［名］
公務。朝廷の儀式。
公事《くじ》。

AR

POINT

「大宅《おほやけ》＝大きな建物」がもとの意で、**「朝廷」やその主人として「天皇」**の意を表します。

1 **おほやけ**の宮仕へしければ、常にはえまうでず。（伊勢）

訳 **朝廷**へのご奉仕をしていたので、ふだんは（主君のもとへ）参上できない。

2 **おほやけ**に御文《ふみ》奉り給《たま》ふ。（竹取）

訳 **天皇**にお手紙を差し上げなさる。

入試 ★★★ 1も2も大切です。ただし、1でも2でも訳せるケースが多くあります。

109

きは《ワ》

【際】

KEY 身分

1 身分。分際《ぶんざい》。
2 程度。

POINT

「端《はし》」「限り」「境目」などの意もありますが、特に重要な意味は**「身分」「程度」**です。

1 いとやむごとなき際にはあらぬが、すぐれて時めき給ふありけり。（源氏・桐壺）

訳 それほど高貴な身分ではない方で、とりわけ（帝の）寵愛《ちょうあい》を受けていらっしゃる方がいた。

◉「が」は格助詞で「同格」（～で）の意味です。

110

ためし【例】

KEY 「ためし」は「例《ためし》」

関連語
類 227 しな［名］

1 例。
先例。
手本。

2 語り草《ぐさ》。
話の種《たね》。

2 人を見るに、少し心ある**きは**は、皆このあらましにてぞ一期《いちご》は過ぐめる。（徒然）
訳 人を見てみると、少しものの道理がわかる**程度**の人は、みなこの（出家の）心づもりで一生は過ぎてしまうようだ。

入試 ★入試で問われるのは 1 の意です。身分社会を描く古文では、「きは」「しな」「ほど」など、「身分」関連の語は重要です。

POINT

「うまくいったためしがない」と言うときの「ためし」で、漢字で書けば「例」です。

1 久しくとどまりたる**例**なし。（方丈）
訳 いつまでもとどまっている**例**はない。

2 世の**例**にもなりぬべき御もてなしなり。（源氏・桐壺）
訳 後世《こうせい》の**語り草**になってしまうにちがいないご待遇である。

◉ 2「語り草・話の種」は「よくない手本」の意味合いで、悪い意味に用いられます。

入試 ★読解上重要な語です。「ためし」を「試し」と読んで、文章を誤読してしまうのです。「ためし」は「例」と覚えましょう。

111

ことわり【理】

KEY **物の筋道**

AR

POINT
「断り」（＝拒絶・辞退）ではありません。「事割り」の意で、**物事を筋道立てて区分けし、判断した事柄**を表します。

0点とるも
ことわりなり

1 道理。

関連語

関 **ことわりなり**［形動］当然だ。もっともだ。

関 **ことわる**［動四］道理を明らかにする。（道理を基に）判定する。

関 **あきらむ**［動下二］明らかにする。

1 我を知らずして、外《ほか》を知るといふ**理**あるべからず。（徒然）

訳 自分を知らないで、他人を知るという道理があるはずがない。

関 宮の泣きまどひ給《たま》ふこと、いと**ことわりなり**かし。（源氏・夕霧）

訳 宮がひどく泣きなさるのは、まったく当然だよ。

◉ 母親が亡くなったので泣くのも道理だという文脈です。

関 天地《あめつち》**ことわり**給へ。（源氏・明石）

訳 天地の神々よ道理を明らかにしてください。

入試 ★★★ 関連語も大切です。

112

おぼえ【覚え】

KEY **人からよく思われること**

POINT
世間からよく思われるのが1、目上の人や権力者からよく思われるのが2の意です。

1 小式部《こしきぶ》、これより、歌詠みの世に**おぼえ**出《い》で来にけり。（十訓）

113 ここち【心地】

KEY 気分

1 **評判。人望。**

2 〔多く「御おぼえ」の形で〕**寵愛《ちょうあい》**（**を受けること**）。

関連語 関 **5 おぼゆ**［動下二］

1 **気持ち。**感じ。

2 **病気。**体調。

関連語 関 **乱《みだ》り心地《ごこち》**［名］
1 取り乱した心。
2 病気。

訳 小式部は、これ以来、歌詠みの世界で評判が高くなった。

2 いとまばゆき、人の御**おぼえ**なり。（源氏・桐壺）

訳 とても見ていられないほどの、（桐壺《きりつぼ》の更衣《こうい》に対する帝の）ご寵愛である。

入試 ★★ **1**も**2**も大切です。**2**「寵愛」は、女性が男性から受けるとはかぎりません。同性間でも「寵愛」と訳します。

POINT

「ここち」は「気分」＝心身の調子を言います。体の「ここち」、特に、**それがすぐれないこと＝「病気」**が重要です。

1 いづくにもあれ、しばし旅立ちたるこそ、目さむる**心地**すれ。（徒然）

訳 どこにでもあれ、しばらくよそに泊まっているのは、目の覚める（新鮮な）**気持ち**がする。

◉「旅立つ」は旅に出発するの意ではなく、家を離れて外泊することです。

2 中納言、たちまちに御**心地**もやみてめでたし。（落窪）

訳 中納言は、たちまちご病気も治って喜ばしい。

入試 ★★ 入試できかれるのは**2**の意味です。「病気」の意味のときに問われます。

114

うつつ【現】

KEY 夢か、現《うつつ》か

AR

1 現実。
2 正気。

関連語
関 うつし心［名］
正気。

POINT
「夢」に対し、**目覚めた状態＝「現実」**の意です。2の意は夢の不確かさに対し、しっかりした気持ちを言います。

1 うつつにも夢にも人にあはぬなりけり　（伊勢）
訳 現実においても、夢においても、あなたに逢《あ》わないのでしたよ。
◉ 夢に異性が現れることについて、①自分が相手を恋しく思って寝ると夢にその人が現れる、②相手が自分のことを強く思っているために夢にその人が現れる、の二通りが考えられました。特に②は古文特有の発想と言えます。

2 うつつの人の乗りたるとなむ、さらに見えぬ。なほ下《お》りて見よ。　（枕）
訳（卯《う》の花をびっしりと挿したあの牛車《ぎっしゃ》には）正気の人が乗っているとは、まったく思われない。やはり（車から）降りて（自分で）見てごらん。

入試 ★★今も昔も「うつつ」は「現実」「正気」の意味です。「夢」の意味ではありません。「うつし心」もよく問われます。

115

しるし【験・徴】

KEY 神仏のご利益《りやく》

POINT

多様な意を表しますが、「験《しるし》」（＝**働きかけに対して現れる効果**）と「徴《しるし》」（＝**ことが起こる前ぶれ**）の意が重要です。

1 〔験〕（神仏の）**ご利益《りやく》**。霊験《れいげん》。

2 〔験〕**効果**。効き目。

3 〔徴〕**前兆**。兆候。

関連語

関 263 **しるし**［形］

1 観音を頼み奉らんに、その験なしといふことは、あるまじきことなり。（宇治）

訳 観音様におすがりして、そのご利益がないということは、あるはずがないことだ。

2 験なきものを思はずは一坏《ひとつき》の濁れる酒を飲むべくあるらし（万葉）

訳 （考えても）効果のないものを思わないで、一杯の濁り酒を飲むべきであるらしい。

3 かの鬼の虚言《そらごと》は、この**しるし**を示すなりけりと言ふ人も侍《はべ》りし。（徒然）

訳 あの鬼についての流言（＝鬼が都に現れたという根拠のないうわさ）は、この（病気流行の）前兆を示すものだったのだと言う人もございました。

入試 ★★入試では1・2の意味が問われます。漢字「験」は読みもきかれます。形容詞「しるし」との混同も要注意です。

116

つとめて

KEY 朝

1 早朝。
2 翌朝。

関連語
類 **あした**［名］
1 朝。
2 翌朝。

AR

POINT
「務めて」ではありません。**「早朝」**が原義で、**前夜何か出来事があった、その「翌朝」**の意も表します。

1 十七日の**つとめて**、立つ。（更級）
訳 十七日の早朝、出発する。

2 うち笑ふことがちにて暮れぬ。**つとめて**、客人《まらうと》帰りぬる後《のち》、心のどかなり。（蜻蛉）
訳 笑いがちに一日を過ごした。翌朝、客が帰ってしまった後は、のんびりした気持ちだ。

入試 ★★どちらの意味も大切です。記述式のときは、1か2か見極めて訳す必要があります。

117

つごもり

【晦・晦日】

KEY 月末

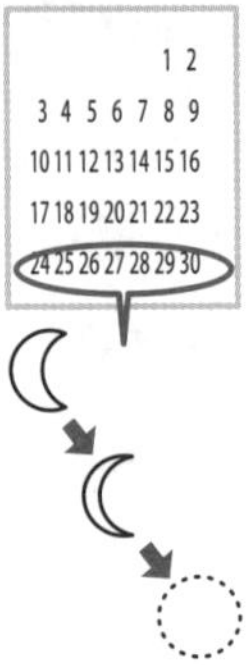

1 月末。
月の下旬。

関連語
類 **みそか**［名］月の三十日目の日。月末。

POINT
月が欠け、見えなくなるのが**「晦日《つごもり》」（「月籠《つきごも》り」の転＝月末）**、月が満ちはじめるのが「月立《つい》ち」（＝月の初め）です。

1 三月《やよひ》の**つごもり**なれば、京の花、盛りはみな過ぎにけり。（源氏・若紫）
訳 旧暦三月の月末なので、京の桜の花は、花盛りはみな過ぎてしまった。

◉「旧暦＋1月≒新暦」と覚えましょう。例文の「三月のつごもり」は「旧暦三月末＋1月≒新暦四月末」になるわけです。

118 ついで

KEY 時の順序

このついでに食べよう
○○ラーメン

対 **ついたち**［名］月の初め。月の上旬。

1（物事の）順序。順番。

2 **機会**。折。

関連語

類 119 **たより**［名］

入試 ★月の最終日とは限りません。「下旬」と押さえましょう。

POINT

例えば、春の次は夏、夏の次は秋というような**「時の順序」**を表し、春に続いて夏になる**「時」「折」**の意も表します。

1 四季はなほ定まれる**ついで**あり。死期《しご》は**ついで**を待たず。（徒然）

訳 四季はやはり決まった**順序**がある。（しかし人の）死ぬ時期は**順序**を待たない（でやって来る）。

◉ 兼好法師《けんこうほうし》は、病気・出産・死は「ついで悪《あ》しとてやむことなし」（＝順序が悪いからといって中止することはない）、成し遂げたいことは直ちに着手すべきだと述べています。

2 ことの**ついで**ありて、人の奏しければ、聞こしめして（大和）

訳 何かの**機会**があって、ある人が（天皇に）奏上したので、（天皇は）お聞きになった。

◉「奏す」（→P286）は絶対敬語で、「申し上げる相手＝天皇」なので、「聞こしめし」の主語は天皇であるとわかります。

入試 ★**2**が問われます。「Aのついでに B」というと、今は Aに便乗して Bも…ですが、古語では Aのときに Bをしたということで、Bは重要なのです。

119

たより
【頼り・便り】

AR

KEY 頼りになるもの

1 頼れるもの。よりどころ。
2 縁故。つて。
3 便宜。手段。
4 機会。ついで。

関連語
類 118 ついで［名］
類 たづき［名］手だて。手段。方法。
類 ゆかり［名］縁故。

POINT 四段動詞「頼る」の連用形が名詞化した語で、**この世を生きていく上で頼りになる人や物事**を表します。

1 女、親なく、**頼り**なくなるままに、もろともにいふかひなくてあらむやはとて、河内《かふち》の国、高安《たかやす》の郡《こほり》に、行き通ふ所出《い》で来にけり。（伊勢）
訳 女は、親が亡くなり、**頼れるもの**がなくなるにつれ、（男は、この妻と）ともに貧しく哀れなさまでいてよいものかと思って、河内の国、高安の郡に、（新たに妻をもうけて）行き通う所ができてしまった。
◉ 女性が「たより」をなくした、「たより」がないというのは、女性を経済的に支えていた親や夫を亡くしたことや、裕福な男性との良縁に恵まれていないことを言っています。

2 **たより**の人に言ひつきて、女は京に来にけり。（大和）
訳 **縁故**の人に頼んで、女は都に来たのだった。

3 これを習ふべし。学問に**便り**あらんためなり。（徒然）
訳 これ（＝文字を書くこと）を習うべきだ。学問をする上で**便宜**があるようなためである。

4 **便り**ごとに物も絶えず得させたり。（土佐）
訳 **機会**（がある）ごとに贈り物も絶えずやった。

入試 ★★★どの意味も大切です。「たより」はつい「手紙」の意と解釈しがちなので注意しましょう。

120

こころざし【志】

KEY 「愛」は「贈り物」

1 〔相手に寄せる心〕
愛情。
誠意。

2 **贈り物**。
謝礼。

関連語
類 **つと**［名］
みやげ。

POINT

「心（が）指す」＝心がある方向を指して向かって行くことを表しますが、古語では現代語よりも幅広く用いられます。特に**「愛情」「贈り物」の意は要注意**です。

1 孝養《けうやう》の心なき者も、子持ちてこそ、親の**志**は思ひ知るなれ。（徒然）

訳 親孝行の心のない者も、（自分自身が）子を持って（はじめて）、親の**愛情**はわかるものである。

2 いとはつらく見ゆれど、**志**はせむとす。（土佐）

訳 ひどく薄情に思われるが、**贈り物**はしようと思う。

◉ 2の意は現代でも物を贈る際の「寸志《すんし》」の語に残っています。1の意の場合も単なる「愛情」ではありません。日常の暮らしの援助を伴う「愛情」です。

類 まことに他にことなりけり。都の**つと**に語らん。（徒然）

訳 本当によそ（の獅子《しし》・狛犬《こまいぬ》）と違っているなあ。都への**みやげ**（話）として語ろう。

入試 ★★入試ではどちらの意味も問われます。ただ、1と2は裏表の関係にあり、相手に自分の思いを示すとき、人は物を贈ります。ですから、選択式で1・2の意が並ぶことはありません。

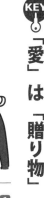

121

よし【由】

AR

POINT

動詞「寄す」の連用形が名詞化した語です。物事を核心に近寄せ、関係づけるという原義から、**物事の拠り所**の意を表します。場面に応じた訳が必要です。

KEY 拠《よ》り所となるもの

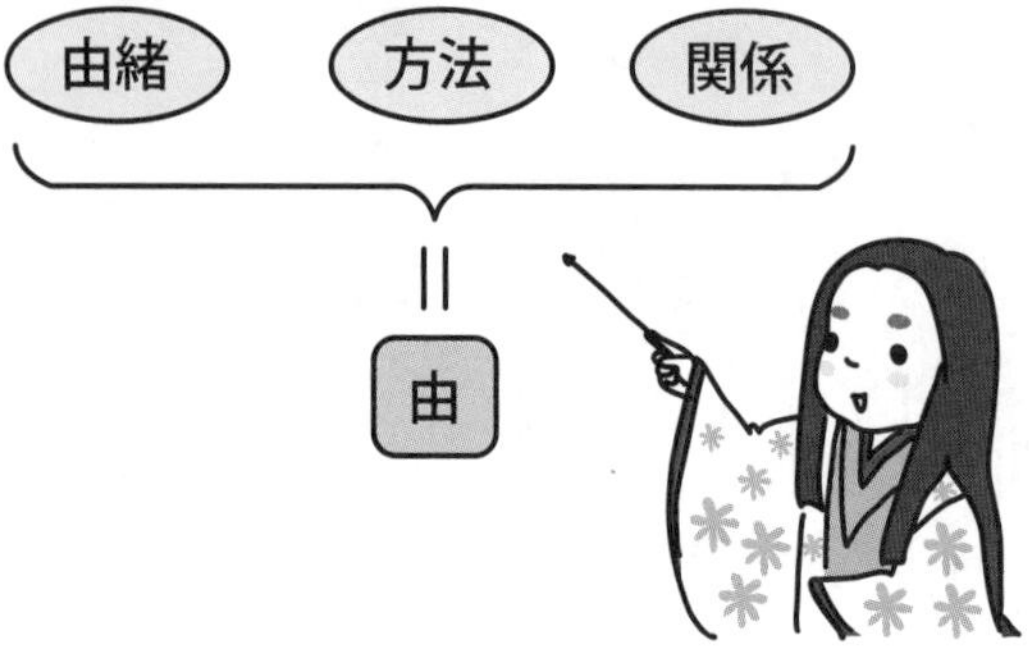

1 縁。関係。いわれ。
2 方法。手段。
3 由緒。風情。品。
4 事情。旨。こと。
5 そぶり。ようす。

1 平城《なら》の京、春日《かすが》の里に、しる**よし**して、狩りに往《い》にけり。（伊勢）

訳 奈良の都の、春日の里に、土地を領有する縁で、鷹狩《たかが》りに行った。

2 人に知られでくる**よし**もがな（後撰）

訳 人に知られないで（逢《あ》いに）来る方法があればいいなあ。

3 ふりにける岩の絶え間より、落ちくる水の音さへ、故《ゆゑ》び**よし**ある所なり。（平家）

訳 古びた岩のすき間から、落ちてくる水の音までが、由緒ありげで風情のある所である。

◉ 3の意は多く「よしあり」の形で用いられます。「故び」は上二段動詞「故ぶ」の連用形。「故ぶ」は「故づく」と同じく、「由緒ありげである」の意を表します。

4 十二月《しはす》の二十日《はつか》あまり一日《ひとひ》の日の戌《いぬ》の時に、門出《かどで》す。その**よし**、いささかにものに書きつく。（土佐）

訳 旧暦十二月二十一日の午後八時ごろに、出発する。その事情を、少しばかり紙に書きつける。

4 火をつけて燃やすべき**よし**仰せ給《たま》ふ。（竹取）

122

よろづ《ズ》【万】

KEY 万

関連語

関 95 **よしなし**［形］

関 **よしばむ**［動四］
風情ありげに見せる。

関 **よそふ**［動下二］
1 関係づける。
2 比べる。

類 276 **ゆゑ**［名］

1 **さまざまなこと。**
あらゆること。

2 〔副詞として〕
すべて。
万事につけて。

訳 火をつけて燃やせという旨をご命令になる。

5 心得たる**よし**して、賢げにうちうなづき、ほほ笑みてゐたれど、つやつや知らぬ人あり。（徒然）

訳 わかったそぶりをして、賢そうにうなずき、ほほえんでいるけれど、少しもわかっていない人もいる。

入試 ★多く「よしあり」「よしなし」の形をとります。「よし」だけで使われると、ほとんどは4の意味です。

POINT

漢字で書けば、数の単位を表す「万」で、**数の多いこと＝「さまざまなこと」「すべてのこと」**の意を表します。副詞としてもよく用いられます。

1 今日は**よろづ**を捨てて、参りさぶらひつるなり。（宇治）

訳 今日はさまざまなことをなげうって、参上したのです。

2 尋常《よのつね》ならぬさまなれども、人に厭《いと》はれず、**よろづ**許されけり。（徒然）

訳 普通ではないありさまだが、人に嫌がられず、すべて許された。

入試 ★記述式の問題でよく問われる語です。正確に訳出しましょう。「永遠」のことを「万代《よろづよ》」と言います。「千代《ちよ》」以上に長い時の流れです。

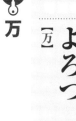

123

わざ【業】

KEY 行為

AR

1 仏事。法事。

2 〔形式名詞として〕こと。行い。

関連語

関 後《のち》の業《わざ》［連語］ 葬送。法要。

POINT

「技」ではなく、「人間業《にんげんわざ》」の「業」＝**「行為」**を表します。特に**「仏事」**の意が重要です。

1 寺にたうとき**わざ**すなる、見せたてまつらむ。（大和）

訳 寺で尊い**仏事**をするということだ、お見せ申し上げよう。

◉ 男が妻の求めに応じ、親代わりの年老いたおばを山に捨てようとして誘い出すときの偽りの言葉です。

2 ひとり、灯火《ともしび》のもとに文《ふみ》を広げて、見ぬ世の人を友とするぞ、こよなう慰む**わざ**なる。（徒然）

訳 ただ一人、明かりのもとで書物を広げて、（それを書いた）見知らぬ世の人を友とすることは、格段に心が慰められる**こと**である。

入試 ★入試では1の意味が問われます。「後の業」（＝葬送）もよくきかれます。

124

て【手】

KEY 筆跡

POINT

多義語で、「腕前」「手段」「手傷」などの意がありますが、**「筆跡」「演奏法」が特に重要**です。

1 見給《たま》へば、御息所《みやすどころ》の御**手**なり。（源氏・葵）

訳 ご覧になると、御息所のご**筆跡**である。

2 あまたの**手**を、片時《かたとき》の間《ま》に弾きとりつ。（夜の寝覚）

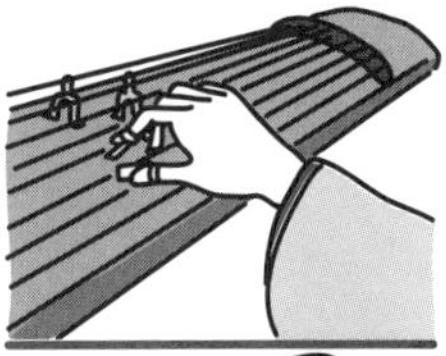

1 筆跡。書。文字。

2 演奏法。曲。

関連語

関 **手を負ふ**［連語］

傷を負う。負傷する。

訳 たくさんの演奏法を、あっという間に習得した。

関 雨の降るやうに射けれども、鎧《よろひ》よければ裏かかず、あき間《ま》を射ねば**手も負はず**。（平家）

訳 雨が降るように（矢を）射たが、鎧がよいので裏まで貫かず、（鎧の）すき間を射ないので傷も負わない。

入試 ★★**1**も**2**も大切です。「和歌」「習字」「音楽」はお嬢様の必須《ひっす》科目でした。昔は「手習ひ」と言い、有名な和歌を書き写すことで字を習いました。

125 ざえ【才】

KEY 漢学の教養

1 **学問**。

（漢学の）学識。

（音楽の）才能。

POINT

「才《ざえ》」は努力して身につける才能のことです。**平安時代の男性貴族社会では、漢学や音楽の素養を意味**しました。

1 **才**をもととしてこそ、大和魂《やまとだましひ》の世に用ゐらるる方《かた》も強う侍《はべ》らめ。（源氏・少女）

訳 **学問**を基本としてこそ、実務能力が世間に重んじられるということも確実になるのでございましょう。

◉「大和魂」は「才」を日本の実情に応用する実務能力のことで、この二つは官僚社会での栄達に不可欠でした。

入試 ★★★入試でよく問われる語の一つです。漢学と音楽が男性貴族の必須科目だったからです。和歌は男性にとっては自由科目です。漢字「才」の読みもきかれます。

126 すなは《ワ》ち【即ち・則ち】

AR

KEY 即

1 すぐに。そのまま。

関連語 同 45 やがて［副］

POINT 特に重要なのは、現代語にはない、**時間的に間をおかない「即座に」**の意を表す用法です。

1 立て籠《こ》めたる所の戸、**すなはち**ただ開きに開きぬ。（竹取）

訳（かぐや姫を）閉じ込めてあった所の戸は、すぐにただもうさっと開いてしまった。

◉格助詞「に」を間に挟んで同じ動詞が繰り返されると、「ただもう〜・ひたすら〜」と動詞の意味を強調します。

入試★「すなはち」＝古語の「やがて」と覚えておけば大丈夫です。

127 とく【疾く】

KEY 疾風《はやて》のように

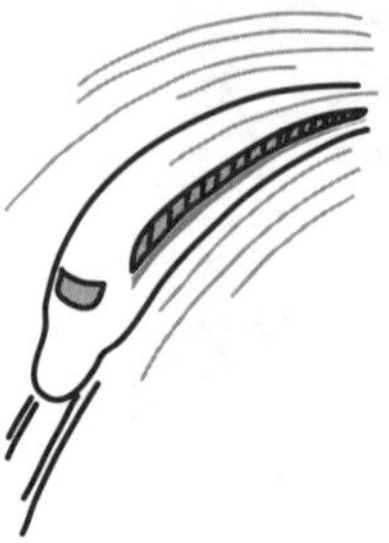

1 早く。すぐに。

2 すでに。とっくに。

関連語

POINT **「（速度が）速い」「（時期が）早い」**の意の形容詞「疾《と》し」の連用形が副詞になった語です。

1 用ありて行きたりとも、そのこと果てなば、**とく**帰るべし。（徒然）

訳 用事があって行ったとしても、その用事が終わったならば、早く帰るのがよい。

2 息は**とく**絶え果てにけり。（源氏・夕顔）

訳 息はすでに絶え果ててしまった。

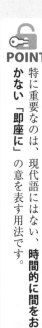

関 とし［形］
1（速度が）速い。2（時期・時間が）早い。

入試 ★★ウ音便化して「とう」の形のときもあります。形容詞「とし」も大切です。

128 おのづ《ズ》から【自ら】

KEY 自然・偶然・万が一

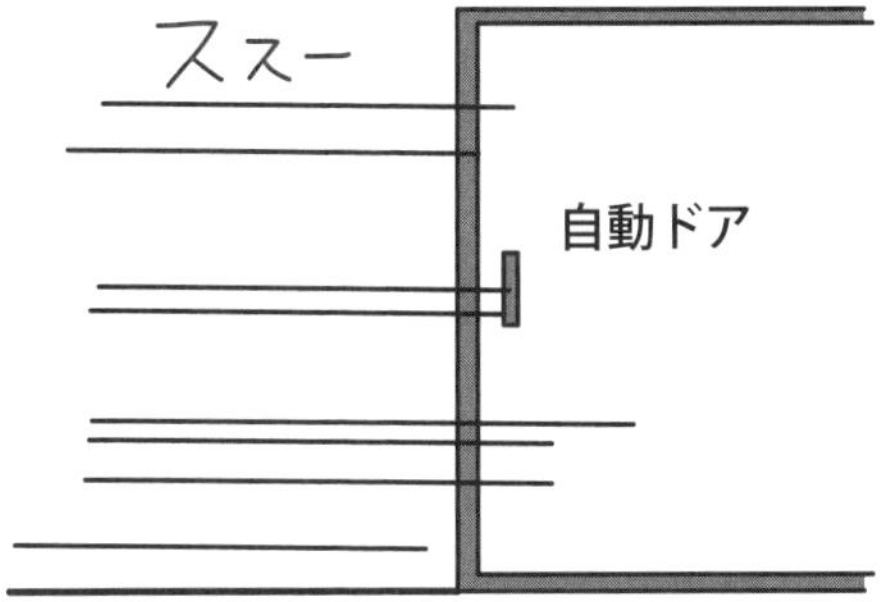

1 **自然に。**
ひとりでに。

2 **偶然に。**
たまたま。

3［仮定・推量の表現を伴って］
万一。
ひょっとすると。

関連語
関 **手づから**［副］
自分の手で。
類 **たまさかなり**［形動］
1 偶然だ。 2 万一。

POINT
事が「自然に」起こる 1 のほか、**自然の成り行きで偶発的に起こる 2 や、予想外のことが起こる 3** の意があります。

1 母、物語など求めて見せ給《たま》ふに、げにおのづから慰みゆく。（更級）
訳 母が、物語などを探して見せてくださるので、なるほど（母の思わくどおりに）自然に心が晴れていく。

2 かねてのあらまし、皆違《たが》ひゆくかと思ふに、おのづから違はぬこともあれば、いよいよ物は定めがたし。（徒然）
訳 前もっての計画が、すべてはずれていくかと思うと、偶然にはずれないこともあるので、いよいよ物事は定めがたい。

3 おのづから後《のち》まで忘れぬ御事ならば、召されてまたは参るとも、今日は暇《いとま》を給はらむ。（平家）
訳 万一後々まで（私を）お忘れにならないならば、（その時は）お召しを受けて再び参上するとしても、今日はいとまをいただこう。

入試 ★★入試では 2・3 の意味がよく問われます。

129 いつしか

AR

KEY 一刻も早く！

1 早く（～したい・～してほしい）。

2 早くも。

関連語
類 127 とく［副］

POINT

これから起こるはずの事柄について**「早く」と実現を待ち望む** **1** の意が重要で、「いつしか～意志・願望」の形をとります。

1 いつしか梅咲かなむ。（更級）

訳 早く梅が咲いてほしい。

◉ 未然形に接続する「なむ」は他に対する願望（～てほしい）を示す終助詞です。願望を示す助詞は他に、「ばや」「てしがな」「にしがな」「もがな」などがあります。

2 鶯《うぐひす》ばかりぞいつしか音《おと》したるを、あはれと聞く。（蜻蛉）

訳 鶯だけが早くも鳴いたのを、しみじみと聞く。

入試 ★★★ **1** の意味がよく問われます。意志を表す助動詞は「む」「むず」「べし」です。願望表現は例文 **1** 参照。

130 なべて

KEY 一般

POINT

「同列に並べて」が原義で、そこから「総じて」の意が、さらに、「普通」の意も生じました。

1 この法師のみにもあらず、世間の人、なべてこのことあり。（徒然）

訳 この僧だけではなく、世間の人には、総じてこのようなことがある。

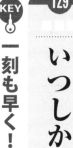

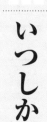

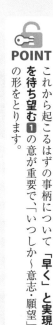

1 総じて。おしなべて。
2 普通。並。

関連語
対 なべてならず［連語］
並々ではない。格別だ。

2 なべての人に似ずをかし。（源氏・若菜下）
訳 普通の人に似ないで風情がある。
対 なべてならぬ法ども行はるれど、さらにその験《しるし》なし。（方丈）
訳 並々ではない（格別に尊い）修法《ずほう》（＝加持祈禱《かじきとう》）がいろいろ行われるが、まったくその効果がない。

入試 ★★ 1も2も、対義語の「なべてならず」も、入試ではよく問われます。

131 いとど

KEY 程度の進行

1 いっそう。ますます。

関連語
類 〜よりけに［連語］
〜よりいっそう。

POINT
「いと」を二つ重ねた「いといと」から生まれた語で、程度が**「いっそうはなはだしい」ものに進むこと**を表します。

1 散ればこそ**いとど**桜はめでたけれ（伊勢）
訳（ただでさえ美しい上に）散るからこそいっそう桜はすばらしい。
類 ひまひまより見ゆる灯《ひ》の光、蛍**よりけに**ほのかにあはれなり。（源氏・夕顔）
訳 すき間すき間から（もれて）見える灯火の光は、蛍（の光）よりいっそうかすかでしみじみとした趣がある。

入試 ★★★ 入試でよく問われる語の一つです。「とても」と訳してはいけません。

132 かく

AR

KEY 「かくかく」しかじか

1 このように。

関連語
関 かくて〔副〕 このようにして。このまま。
類 135 さ〔副〕
類 134 しか〔副〕

POINT

眼前の事実や、前の会話・文脈を「このように」と指示します。指示語「かく」「さ」「しか」はまとめて覚えましょう。

1 かくおとなしき心あらむとこそ思はざりしか。（十訓）

訳 このように思慮分別のある心を持っているだろうとは思わなかった。

◉「かく」の指示内容として、同僚の無礼で乱暴な振る舞いに対し、冷静沈着に対応したことが、例文の前に述べられています。

入試 ★入試では指示内容の具体化が問われます。

133 とかく

KEY 「と」＋「かく」

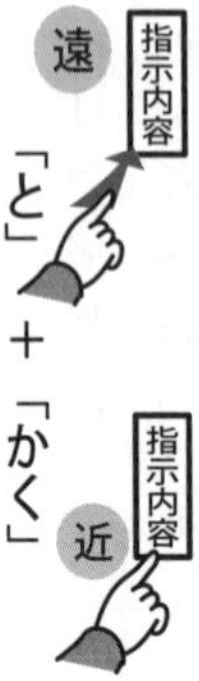

1 あれこれと。何やかやと。

関連語

POINT

語を構成する副詞「と」と「かく」の意が生きていて、**「あれこれと」**が基本の意です。

1 何をもちて、とかく申すべき。（竹取）

訳 何を理由に、あれこれと申せましょうか。

類 おのれは、とてもかくても経《へ》なむ。（大和）

訳 私は、どのようにしてもきっと過ごすことができよう。

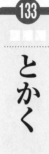

134

しか

KEY かくかく「しかじか」

類 **とてもかくても**［連語］
どのようにしても。

❶ そう。
そのように。

関連語

関 **しかるべし**［連語］

1 ふさわしい。
2 そうなることに決まっている。
3 立派だ。

類 135 **さ**［副］

入試★「と〜かく〜」のように「と」と「かく」が離れて使われていると問われます。

POINT

すでに述べたことを「そのように」と指示します。平安時代以降の和文では、漢文訓読語か、男性語として現れます。

❶ 我は**しか**隔つる心もなかりき。（源氏・夕顔）

訳 私は**そのように**分け隔てする心はなかった。

関 この名**しかるべから**ずとて、かの木を伐《き》られにけり。（徒然）

訳 この名前は（自分に）**ふさわしく**ないと言って、その木を切ってしまわれた。

◉庭に榎《えのき》の木があったことから「榎の僧正《そうじょう》」とあだ名をつけられた高僧の、怒りっぽい性格を述べたものです。

クローズアップ

和歌の中で掛詞《かけことば》（→P332）として用いられる場合があります。「鹿」は牡鹿《おじか》を指す場合が多く、牡鹿が妻を求めて鳴く様子に、男女の恋のうまくいかない様子を重ねて詠まれます。

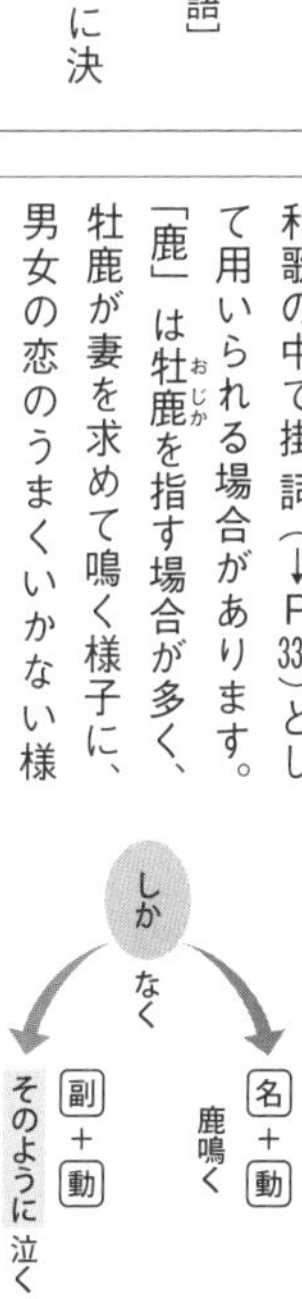

入試★「しかしか」の形でも使われます。

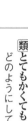

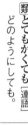

135

さ

KEY そんな風《ふう》

AR

1 そう。
そのように。

関連語

関 さり（然り）〔動ラ変〕
そのようだ。

関 さること［連語］〔さり＋事〕
1 そのようなこと。
2 もっともなこと。
もちろんのこと。

類 134 しか［副］

POINT
すでに述べたことや、お互いが知っていることを「そのように」と指示します。他の語と連なってできた語も重要です。平安時代以降、広く用いられました。

1 まことにさにこそ候《さうら》ひけれ。（徒然）

訳 本当にそうでございました。

関 さりぬべきをりみて、対面すべくたばかれ。（源氏・空蝉）

訳 そのようである適当な折を見て、逢《あ》えるように工夫せよ。

関 これを聞く人、「げにさることなり」となむ言ひける。（今昔）

訳 これを聞いた人は、「なるほどもっともなことである」と言った。

クローズアップ 入試で出る「さ」の関連語

□さも〔さ＋も〕
［連語］そのようにも。
［副］いかにも。

□さらで〔さり＋で〕
［連語］そうではなくて。

□さらぬ〔さり＋ず〕
［連語］そうでない。
それほどでもない。

□さらば〔さり＋ば〕
［接］そうしたら。
それならば。

□さりとて〔さり＋とて〕
［接］そうかといって。

□さりとも〔さり＋とも〕
［副］いくらなんでも。

□さばかり［副］→P145
□さながら［副］→P146
□さるべき［連語］→P154
□さて［副］→P255
□さはれ［感］→P256

136 さばかり

KEY どの程度？

1 **その程度。それほど。**
2 **非常に。** たいそう。

関連語
類 **かばかり** [副]
1 この程度。これほど。
2 これだけ。
関 **とばかり** [副]
1 少しの間。
2 しばらく。

入試 ★「クローズアップ」に示す関連語の形でも多く出題されます。

POINT
指示語の副詞「さ」に程度を示す副助詞「ばかり」が付いてできた語で、**1**が基本の意。**程度が小さいときは「その程度」、大きいときは「それほど」と訳します。** **2**は程度がはなはだしいことを表す意です。

1 「この殿の御《み》心、**さばかり**にこそ」とて、その後《のち》は参らざりける。（徒然）
訳「この殿のお心は、その程度である」と言って、その後は参上しなかった。

2 **さばかり**深き谷一つを平家の勢七万余騎でぞ埋めたりける。（平家）
訳 非常に深い谷一つを平家の軍勢七万余騎で埋め尽くしてしまった。
◉ 倶利伽羅《くりから》峠の合戦で、十万と称された平家の大軍を木曽義《きそのよし》仲《なか》が挟み撃ちにし、撃破したときのありさまです。

類 今はなき人なれば、**かばかり**のことも忘れがたし。（徒然）
訳 今はこの世にいない人なので、この程度のことも忘れがたい。

入試 ★入試では**1**が問われます。POINTで言うように程度の大小を考えて訳を決める必要があります。

137 さながら

KEY そのまま全部

1 そのまま。もとのまま。

2 全部。すべて。

関連語
同 しかしながら［副］

AR

POINT
副詞「さ」に持続を示す接続助詞「ながら」（＝…のまま）が付いてできた語で、**「そのまま」「全部」**の意を表します。

1 かの廂《ひさし》に敷かれたりし物は、**さながら**ありや。（大和）

訳 あの廂の間《ま》に敷かれていた物は、そのまま（今でも）あるか。

2 資材を取り出《い》づるに及ばず、七珍万宝《しつちんまんぼう》**さながら**灰燼《くわいじん》となりにき。（方丈）

訳 家財を持ち出すこともできず、多くのすばらしい宝物が全部灰や燃えがらになってしまった。

入試 ★★★ 1も2も大切です。入試でよく問われる語の一つです。きかれたら確実に得点しなければなりません。

138 つゆ〜打消

KEY 全部否定

1 少しも〜ない。まったく〜ない。

POINT
「つゆ」は**下に打消の語を伴い、全体で「全然…ない」**の意を表します。

1 すべて**つゆ**違《たが》ふこと**なかり**けり。（枕）

訳 すべて少しも間違うことはないのだった。

●「つゆ」は形容詞「なし」の連用形「なかり」と呼応しています。

関 **つゆ**の御いらへもし給《たま》はず。（源氏・葵）

139 よも〜じ

KEY まさか〜まい

関連語
関 つゆ［名］
1 露。
2 ほんの少しであること。
3 はかないこと。

1 まさか〜ないだろう。
よもや〜まい。

訳 ほんの少しのご返事もなさらない。

クローズアップ

打消の語と呼応する副詞には次のようなものがあります。副詞によって、否定の度合いが違います。注意しましょう。

いと	＋	打消	＝	たいして〜ない
え	＋	打消	＝	〜できない
さらに	＋	打消	＝	まったく〜ない
つゆ	＋	打消	＝	まったく〜ない

入試 ★★ 入試では現代語訳のほか、空欄補充でも問われます。「露」は「涙」や「はかない命」の比喩にもなります。これも入試できかれます。

POINT

副詞「よも」は打消推量の助動詞「じ」を伴い、**「よも〜じ」の形で、「まさか〜ないだろう」という予測**を表します。

1 今は逃ぐとも、**よも**逃がさ**じ**。（宇治）
訳 今はもう逃げようとしても、（相手は私を）まさか逃がさないだろう。

入試 ★★★ 現代語訳だけでなく、「よも」または「じ」の空欄補充でも問われます。

140 なかなか

KEY かえってしない方が…

AR

POINT

「中中」＝**中途半端で不十分な状態なら、かえってしない方がよい**、の意を表します。

1 かえって。むしろ。

1 むなしう帰り参りたらんは、なかなか参らざらんより悪《あ》しかるべし。（平家）

訳（成果もなく）むなしく（帝のもとへ）帰参したとしたら、かえって帰参しないようなのより悪いだろう。

関 かへりみのみしつつ出《い》で給《たま》ふを、見送り給ふ気色《けしき》、いとなかなかなり。（源氏・須磨）

訳（頭の中将が）ただもう何度も振り返って出てお行きになるのを、見送りなさる（光源氏《ひかるげんじ》の）様子は（つらそうで）、まったくかえって会わない方がましなほどである。

◉ 須磨《すま》に退去してやるせない日々を送る光源氏を訪ねてきた頭の中将が都へ戻っていくのを、光源氏が見送る場面です。

入試 ★★★関連語「なかなかなり」も重要です。

関連語

関 **なかなかなり**［形動］

1 中途半端だ。

2 かえって～しない方がましだ。

141 さすがに

KEY そうはいっても

POINT

直前の内容を受け、そこから予想されることと相反する内容や心情を述べる言葉です。「さすが」という形もあります。

1 祇王《ぎわう》もとより思ひまうけたる道なれども、さすがに昨日今日とは思ひよらず。（平家）

142

かつ

1 **そうはいってもやはり。**

関連語

関 **さすがなり** ［形動］
そうはいってもやはり、そうもいかない。

KEY **二つのことの並行・連鎖**

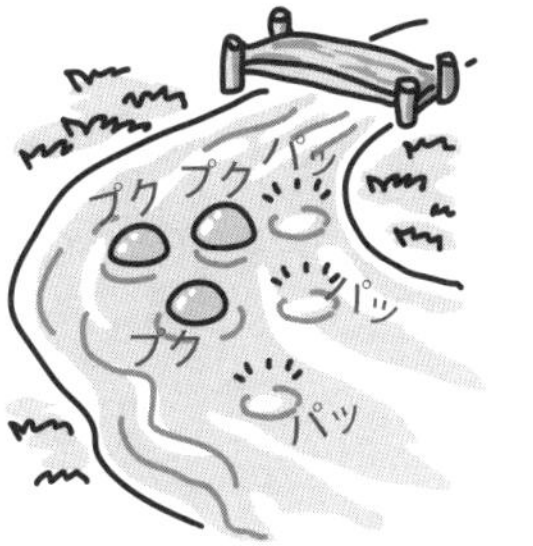

1 **一方では。**

2 **すぐに。**
次から次へと。

関連語

類 **はた** ［副］
一方ではまた。これもまた。

訳 祇王は以前から覚悟していたことではあるが、そうはいってもやはり昨日今日（のこと）とは思いもよらない。

◉ 祇王は平清盛《たいらのきよもり》の寵愛《ちょうあい》を受けた白拍子《しらびょうし》（＝歌舞を生業《なりわい》とする芸人）でしたが、新たな人気スターの出現で、寵愛を失うことになりました。

入試 ★★★入試では「そうはいっても」の「そう」の具体化が求められます。

POINT

二つのことが同時進行することを表し、事柄が続いて起こる 2 の意も生じました。

1 淀《よど》みに浮かぶうたかたは、かつ消えかつ結びて、久しくとどまりたる例《ためし》なし。（方丈）

訳（川の流れの）淀みに浮かぶ泡は、一方では消え（また）一方では生じて、いつまでも（そのまま）とどまっている例はない。

2 かつあらはるるをも顧みず、口に任せて言ひ散らすは、やがて浮きたることと聞こゆ。（徒然）

訳 すぐに（嘘《うそ》が）ばれていくのを気にかけず、口から出まかせに言い散らすのは、すぐに根拠がない話だとわかる。

入試 ★読解上大切な語です。入試では、記述式の現代語訳で問われます。1 か 2 か見極めて訳します。

143 などなどか

KEY なぜ？

AR

POINT

「など」は、**疑問・反語「どうして〜」を表す副詞で、文末を連体形で結びます。**係助詞が付いた「などか」も同じです。「雨など降るもをかし」の助詞「など」と明確に区別しましょう。

1〈疑問〉どうして（〜か）。

2〈反語〉どうして（〜か、いや〜ではない）。

関連語

同 などて［副］・などてか［連語］

同 なに・なにか［副］・なにかは［連語］

---

1 などかくは仰せらるる。（落窪）

訳 どうしてこのようにおっしゃるのか。

◉「らるる」は尊敬の助動詞「らる」の連体形です。疑問を表す語「など」を受けて文は連体形で結ばれています。

2 正直の人、などかなからむ。（徒然）

訳 正直な人が、どうしていないだろうか（、いやいないはずはない）。

同 などて、かくはかなき宿りは取りつるぞ。（源氏・夕顔）

訳 どうして、このように頼りない所に泊まったのか。

◉ 疑問の意です。

同 なにか射る。な射そ。な射そ。（大鏡）

訳 どうして射るのか（、いや射る必要はない）。射るな。射るな。

◉ 反語の意です。

入試 ★★★ 入試では反語表現はよく問われます。疑問・反語の語が問われたら、まず反語と見なして「〜か、いや〜ではない」と解釈してみましょう。

144 なでふ《ジョウ》 なんでふ《ジョウ》

KEY なぜ？

1〔疑問〕どうして（～か）。

2〔反語〕どうして（～か、いや～ではない）。

関連語

関 なでふ・なんでふ〔連体〕なんという。

POINT

「何と言ふ」が「なにてふ」→「なんでふ」→「なでふ」と変化してできた語です。本来は連体詞ですが、**「どうして」の意で疑問・反語を表す副詞の用法が要注意**です。

1 なでふ、かかるすき歩《あり》きをして、かくわびしきめを見るらむと、思へどかひなし。（大和）

訳 どうして、このような色事を求める道楽歩きをして、このようにつらいめをみるのだろうと、思うけれどそのかいもない。

2 いまさらに、なでふさることかはべるべき。（源氏・椎本）

訳 今となって、どうしてそんなことがございましょうか（、いやないでしょう）。

関 こは、なでふことをのたまふぞ。（竹取）

訳 これはまあ、なんということをおっしゃるのか。

入試 ★★★ 入試では副詞も連体詞も問われます。「と言ふ」が変化して「てふ」となったこともきかれます。「てふ」は「と言ふ」の意味だと押さえましょう。

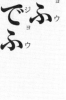

145

ありし ありつる

［連体詞］

AR

KEY 遠い過去・近い過去

1［「ありし」の形で］
かつての。
以前の。

2［「ありつる」の形で］
さっきの。
先ほどの。

POINT

「ありし」はかなり以前に起きたこと、「ありつる」はついさっき起きたことを表します。

1 大人になりたまひて後《のち》は、ありしやうに御簾《みす》の内にも入れ給《たま》はず。（源氏・桐壺）

訳（光源氏《ひかるげんじ》が）大人におなりになってからは、（帝は）かつてのように（藤壺《ふじつぼ》の女御《にょうご》の）御簾の中にもお入れにならない。

2「さらば、そのありつる御文《ふみ》を給はりて来《こ》」となむ仰せらるる。（枕）

訳「それならば、そのさっきのお手紙をいただいて来い」とお命じになられます。

入試 ★★★ 1も2もよく問われます。品詞もきかれます。「かっての・さっきの」と訳すときの「ありし・ありつる」は、これで一語の「連体詞」です。

146

れいの

【例の】

KEY 例によって

POINT

連体修飾語の用法もありますが、連用修飾語の用法「いつものように」が重要です。

1 例のいと忍びておはしたり。（源氏・末摘花）

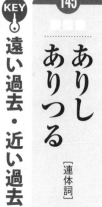

1〔用言を修飾して〕
いつものように。

2〔体言を修飾して〕
いつもの。

関連語

対 例ならず〔連語〕
1 いつものようでない。
2 病気である。

訳 いつものようにたいそうこっそりと人目を避けていらっしゃった。

2 例のことどもして、昼になりぬ。（土佐）

訳 いつものことをあれこれしていると、昼になった。

対 そのころほひより、**例ならず**悩みわたらせ給ふ。（源氏・若菜上）

訳 そのころから、いつものようでなくずっとご病気でいらっしゃる。

入試 ★★入試では1の意味のほか、文法問題で格助詞「の」の意味判別も問われます。

147 おとにきく 【音に聞く】

KEY 「音」は「うわさ」や「評判」

1 **うわさに聞く。**
人づてに聞く。

2 評判が高い。
有名だ。

POINT

「音に聞く」「音に聞こゆ」の形で用いられた「音」は**「うわさ」「評判」**の意です。

1 音に聞くと、見る時とは、何事も変はるものなり。（徒然）

訳 うわさに聞くのと、（実際に）見るときとは、どんなことも違っているものだ。

2 音に聞く人なり。何事によりて来たれるぞ。（宇治）

訳 評判の高い人だ。何の用事で来たのか。

入試 ★入試では1も2も問われます。「音」だけの意味をきくこともあります。POINT にある意味のほかに「便り・訪れ」などの意味も重要です。

148

いかがせむ いかがはせむ

AR

KEY どうしようか、どうしようもない

1〔疑問〕どうしようか。

2〔反語〕どうしようもない。

どうしようか？
どうしようもない…

POINT

疑問「どうしようか」は**困惑**の、反語「どうしようもない」は**あきらめ**の、慣用表現です。

1 奈良坂《ならさか》にて人にとられなば**いかがせむ**。（更級）

訳 奈良坂で人に捕まりでもしたならばどうしようか。

2 養ひ飼ふものには、馬・牛。つなぎ苦しむるこそ痛ましけれど、なくてかなはぬものなれば、**いかがはせむ**。（徒然）

訳（家畜として）飼育するものには、馬と牛（がよい）。つないで苦しめることはかわいそうだが、なくてはならないものだから、どうしようもない。

入試 ★★入試で問われるのは2の意味です。きかれたら、まず2の意味で訳してみます。

149

さるべき

KEY それが適当か当然だ

POINT

「べき」の意が**適当ならば1**、**当然ならば2**になります。3**の意は多く「さるべき人」「さるべき所」**の形をとります。

1 若宮など生《お》ひ出《い》で給《たま》はば、**さるべき**ついでもありなむ。（源氏・桐壺）

訳 若宮でも成人なされば、適当な機会もきっとあるだろう。

1 (そうするのが)**適当な。ふさわしい。**

2 **そうなるはずの。**そうなる運命の。

3 **立派な。**それ相応の。

関連語

関 **さるべきにや(ありけむ)** [連語]
そうなる運命だったのだろうか。

◉娘(＝桐壺《きりつぼ》の更衣《こうい》)を亡くした母親への、帝の慰めの言葉です。「さるべき」とは若宮(＝光源氏《ひかるげんじ》)に地位を与えるのに適当な、の意味です。

2 **さるべき契りこそはおはしましけめ。**(源氏・桐壺)

訳 そうなるはずの前世《ぜんせ》からの因縁がおありだったのだろう。

3 **さるべき人は、**とうより御心魂《こころだましひ》のたけく、御守《まもり》もこはきなめりとおぼえ侍《はべ》るは。(大鏡)

訳 立派な人は、早くからご胆力が強く、神仏のご加護も強いようだと思われますよ。

入試 ★★★入試で問われるのは2の意味です。

150 いざたまへ【いざ給へ】

KEY **さあどうぞ!**

1 さあ、(一緒に)いらっしゃい。さあ、どうぞ。

関連語

同 **いざさせたまへ** [連語]
さあ、(一緒に)いらっしゃいませ。

POINT
相手を誘ったり、促したりする慣用表現です。尊敬語「たまへ」の前に動詞「行く」や「来」が省略されています。

1 **いざたまへ、**出雲《いづも》拝みに。(徒然)

訳 さあ、一緒にいらっしゃい、出雲(神社)を参拝しに。

同 **いざさせたまへ。**湯浴《ゆあ》みに。(宇治)

訳 さあ、一緒にいらっしゃいませ。入浴に。

◉「いざさせたまへ」は「いざたまへ」の敬意を強めた表現。

入試 ★★★入試でよく問われる語の一つです。

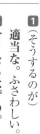

Column

古語の世界へ②

同じ語構成を持つ語

85「**かたはらいたし**」は、はたで見ていて苦々しく感じたり、気の毒に思ったりする気持ちを表す形容詞ですが、後世の人が「片腹痛し」と思い違いをしたために、横腹が痛くなるほどおかしくてたまらないとか、ばかばかしいとかいう意味に誤用されてきました。このことは、後世の誤用から出た言葉が市民権を得た例としてよく知られていますが、もとは「傍ら痛し」ですから、中世以前の古語としては「かたはら」ではなく「かたわら」と読まなくてはいけません。

ところで、これと同じ語構成を持つと思われる語に **191**「**うしろめたし**」があります。これは「後ろ目痛し」から出た語で、人を後ろから見守りながら将来を案ずる気持ちがもとになっていますので、心配だ、気がかりだ、不安だ、という意味になります。

それならば、「かたはらいたし」も「傍《かたわら》ら目痛し」から出たと考えてよいのではないでしょうか。「うしろめたし」は「いたし」の「い」を脱し、「かたはらいたし」は「かたはらめ」の「め」を脱しており、これを補えば、双方は同じ語構成になるわけです。

かたはらいたし／うしろめたし

また、「うしろめたし」の対義語の「うしろやすし」も、「後ろ目痛し」から出たと考えてよいでしょう。

一見違う形のように見える語でも、もとの形に戻してみると、言葉の成り立ちが同じになるという興味深い例です。

（中野幸二）

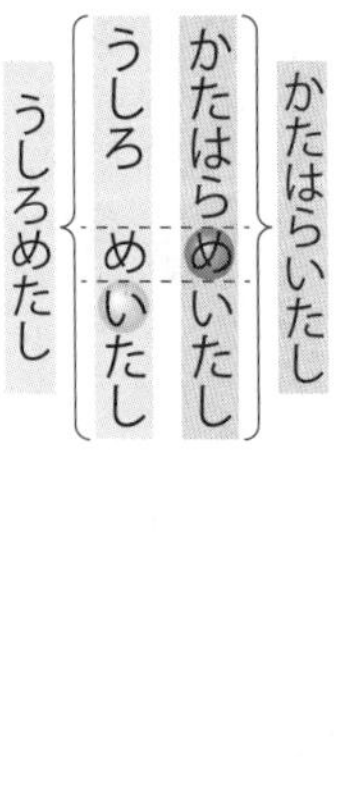

入試重要語100

第3章

*第2章までの150語以外にも、入試で出題される単語はたくさんあります。第3章の100語は、入試での得点力を確実に高める単語です。

*この章までの250語を学習することで、大学入学共通テストをはじめ、標準的な入試問題に十分対応できる単語力が身につきます。

*この章では、これまでの復習も行います。例文に----が付いている語が第1章・第2章の見出し語(数字は見出し語番号)です。

151

あくがる

［ラ行下二段］

AR

POINT

体や魂がもともとの居場所からふらふらとさまよい出ることを言います。

KEY

ふらふらさまよう

1 さまよい出る。

2 （魂が）宙にさまよう。

3 （心が）うわの空になる。

関連語

類 **慕《した》ふ** ［動四］

1 あとを追う。

2 恋しく思う。

1 ある暮れ方に都を出《い》でて、嵯峨《さが》の方へぞ**あくがれ**行く。（平家）

訳 （横笛は） ある夕暮れに都を出て、嵯峨の方へさまよい出て行く。

2 もの思ふ人の魂は[43]げに**あくがるる**ものになむありける。（源氏・葵）

訳 もの思いに沈む人の魂は本当に宙にさまようものであったのだ。

3 月の明《あか》きはしも、過ぎにし方、行末まで思ひ残さるることなく、[5]心も**あくがれ**、[21]めでたく[26]あはれなること、たぐひなくおぼゆ。（枕）

訳 月の明るい夜は、過ぎ去ったこと、今後のことまで自然と思い残すこともなく、心もうわの空になり、すばらしくしみじみとすることは、比べるものがなく思われる。

◉「しも」は副助詞。「強意」の意味です。

入試 ★★どの意味も大切です。

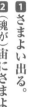

152

したたむ 【認む】 ［マ行下二段］

KEY ちゃんと、きちんと

1 処理する。整理する。

2 用意する。準備する。

3 取り締まる。治める。

POINT

あとでトラブルが生じないように**物事をきちんと処置すること**を言います。

1 果ての日は、いと[41]情けなう、互ひに言ふこともなく、我かしこげに物ひき**したため**、ちりぢりに行き別《あか》れぬ。（徒然）

訳（死後の供養の）最後の日は、実に人情味なく、互いに口をきくこともなく、われがちに物をてきぱき処理し、散り散りに離れ去ってしまう。

2 これを思ふに、女なりともなほ[14]寝所《ねどころ》などは**したため**てあるべきなり。（今昔）

訳これを思うと、女であってもやはり寝所などは（危険に備えて）用意しているべきである。

3 いづ方《かた》にも、若き者ども酔《ゑ》ひすぎたち騒ぎたるほどの[37]ことは、え[47]**したため**あへず。（源氏・葵）

訳どちらの方でも、若者たちが泥酔し騒いでいる間の振る舞いは、最後まで取り締まることができない。

入試 ★★入試では**1**・**2**・**3**のどの意味も問われます。きかれている「したたむ」がどの意味なのかは文脈から判断します。

153

しる 【領る】 ［ラ行四段］

AR

KEY 「領《し》る」がある

1 （土地を）領有する。（国を）治める。

POINT

「知る」意味のほかに**土地を持っている・国を治めている**意味の「領《し》る」があります。

1 昔、男、初冠《うひかうぶり》して、平城《なら》の京、春日《かすが》の里に、**しる**[121]よしして、狩りに[71]往《い》にけり。（伊勢）

訳 昔、ある男が、元服して、奈良の都の、春日の里に、**土地を領有する**縁で、鷹狩《たかが》りに行った。

入試 ★★★入試では1の意味でも「知る」と記されることがあります。注意しましょう。

154

ときめく 【時めく】 ［カ行四段］

KEY 今を「ときめく」

POINT

時流に乗ることを言います。そのためには、昔は時の権力者の寵愛が必要でした。

1 いづれの御時《おほんとき》にか、女御《にようご》、更衣《かうい》あまた[42]候《さぶら》ひ給《たま》ひける中に、[41]いと[76]やむごとなき[109]際にはあらぬが、すぐれて**時めき**給ふありけり。（源氏・桐壺）

1 **寵愛《ちょうあい》を受ける。**
時流に乗って栄える。

関連語
関 **時めかす** ［動四］
寵愛する。
関 **時に会ふ** ［連語］
時流に乗って栄える。

訳 どの天皇の御世《みよ》であったか、女御や、更衣が大勢お仕え申し上げなさっていた中に、それほど高貴な身分ではない方で、とりわけ（天皇の）寵愛を受けていらっしゃる方がいた。

◉『源氏物語』の冒頭文です。「女御」「更衣」は天皇の寝所に仕える女性の位を表します。

入試 ★★★関連語の「時めかす」もよく問われます。

155

やすら(ロ)ふ(ウ) 【休らふ】 ［ハ行四段］

KEY **ぐずぐずする**

1 **立ち止まる。**
とどまる。

2 **ためらう。**
躊躇《ちゅうちょ》する。

関連語
関 174 **ためらふ** ［動四］

POINT
体や心が先に進まず、同じ所にいることを言います。
1は体、2は心のときの意味です。

1 そのころ、宋朝《そうてう》よりすぐれたる名医わたつて[63]、本朝に**やすらふ**ことあり。 （平家）

訳 そのころ、宋の国からすぐれた名医がやって来て、日本にとどまることがある。

2 院宣宣旨《ゐんぜんせんじ》のなりたるに、しばしも**やすらふ**べからず。 （平家）

訳 上皇の命令が下されたのだから、ちょっとの間もためらうべきでない。

入試 ★★1も2も大切です。2の意味があることを忘れてはいけません。

156

うちいづ【うち出づ】

［ダ行下二段］ AR

KEY 声や言葉を口に出す

1 口に出して言う。

関連語 同 うちいだす［動四］

POINT 「外に出す」が基本の意味です。古語は**「声」**や**「言葉」を出すこと**も言います。

1 何事をかうちいづる言《こと》の葉《は》にせん。（徒然）

訳（交際もせず仲人の仲介によって結婚した男女は）どんなことを口に出して言う言葉にするのだろうか。

◉右のような男女には、共通する話題もなく、話の糸口がつかめないのではないか、ということです。

入試★★「詩歌を朗詠する」意味のときもあります。

157

やつす

［サ行四段］

KEY 地味で目立たない

1 地味な格好にする。

POINT **高貴な人が自分の身分を隠すため人目に立たない格好をすること**です。

1 御様《おんさま》をやつし、いやしき下﨟《げらふ》のまねをして、日吉社《ひよしのやしろ》に御参籠《ごさんろう》あつて、七日七夜《しちにちしちや》が間、祈り申させ給《たま》ひけり。（平家）

訳（関白殿の奥様は）ご様子を地味な格好にし、身分の低

目立たない様子をする。

関連語
類 **やつる** ［動下二］
地味な格好になる。目立たない様子になる。
▼P292・出家する

い者のふりをして、日吉社に参籠なさって、七日七夜の間、お祈り申し上げなさった。

類 網代車《あじろぐるま》の昔おぼえて**やつれ**たるにて出《い》で給ふ。（源氏・若菜上）

訳（源氏は）網代車で昔が思い出される風に地味な格好になっている車で外出なさる。

◉「網代車」は殿上人《てんじょうびと》が乗る車です。光源氏も昔は網代車に乗っていましたが、准太上《じゅんだいじょう》天皇になっている今では、網代車は格下《かくした》の車になります。

入試 ★★★入試では類義語「やつる」もよく問われます。

158 そばむ【側む】［マ行四段］

KEY **横顔**

1 横を向く。

関連語
類 **あからめ** ［名］
1 よそ見。
2 浮気。

POINT
「側《そば》」の動詞形です。「側」は古語では「**横**」の意味です。顔を横に向けていることです。

1 やんごとなき女房の、うち**そばみ**て ゐ給へるを見給へば、わが思ふ人なり。（住吉）

訳 高貴な女性が、ちょっと横を向いて座っていらっしゃるのを（中将は）ご覧になると、自分の恋い慕う人である。

◉ 失踪《しっそう》した姫君の行方を知るため、長谷寺《はせ》に参籠《さんろう》した中将が七日目の夜に見た夢の情景です。姫君は住吉《すみよし》にいることがわかりました。

入試 ★類義語「あからめ」も問われます。

159

KEY 「おと」は「音」

おとな《（ノ）》ふ《ウ》

【音なふ】［ハ行四段］

AR

1 音を立てる。声を立てる。

2 手紙を出す。訪れる。

関連語

同 **おとづる** ［動下二］

類 **たどる** ［動四］

1 行き迷う。

2 思い迷う。

POINT

漢字で記すと「音なふ」。「音」を動詞にしたもので、**「音を立てる」こと**を言います。

1 遣水《やりみづ》心細く、音細く**おとなひ**たり。（十訓）

訳 遣水が心細く流れ、水の音がか細く**音を立てて**いる。

◉「遣水」とは庭を流れる小川のことです（↓P314）。

2 むすめ多かりと聞きて、なま君達《きんだち》めく人々も**おとなひ**言ふ、いと[41] あまた[42]ありけり。（源氏・東屋）

訳 （常陸《ひたち》の守《かみ》には）娘が大勢いると聞いて、ちょっと貴族の子弟風の人々も**手紙を出し**言い寄ることが、とてもたくさんあった。

◉「なま君達」の「なま」は接頭語です。「若い・未熟」の意味を表します。

入試 ★★入試で問われるのは主に**1**の意味です。同義語「おとづる」もよく問われます。

160

KEY 親密に言葉を交わす

かた《（ロ）》らふ《ウ》

【語らふ】［ハ行四段］

POINT

ウンウンと相手をうなずかせるように話すことです。男女のときは恋人同士なのです。

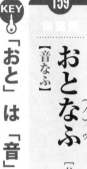

161

すむ【住む】

［マ行四段］

1 交際する。親しくする。

1 その（＝弘徽殿《こうきでん》ノ）御方《かた》に、うちふしといふ者の娘、左京といひて候《さぶら》ひけるを、源中将かたらひてなむと、人々笑ふ。（枕）

訳 弘徽殿のお所で、うちふしという者の娘で、左京といってお仕えしていた女と、源中将が交際して（いる）と、人々は笑う。

◉「なむ」は係助詞。後に「ある」が省略されています。省略することで余韻をもたせた表現になっています。

入試 ★★「かたらふ」にはほかに「語り合う」意味もあります。しかし入試で問われるのは1です。

KEY 夫が妻のもとに通う

1（男が女のもとに）通う。

関連語

対 うとし［形］疎遠だ。

対 離《か》る［動下二］訪れが途絶える。

POINT

古語では、**結婚後同居せず夫が妻のもとに通って生活することも**「すむ」と言います。

1 すみける男、夜深《よぶか》く来ては、まだ暁に帰りなどす。（平中）

訳 通っていた男は、（女のもとに）夜遅く来ては、まだ夜明け前に帰りなどする。

入試 ★★対義語「離る」も大切です。

162

あるじす【饗す】

［サ行変格］

AR

KEY おもてなし

❶客にごちそうする。客をもてなす。

関連語

同 あるじまうけす［動サ変］

関 まらうと［名］客。客人。

関 まらうとざね［名］客の主たる人。正客《しょうきゃく》。

POINT

来客をもてなすのは一家の「あるじ」（主人）の役目だったことから「もてなす」の意が生じました。

❶ 92 すさまじきもの。…方違《かたたが》へに行きたるに、**あるじせ**ぬ所。（枕）

訳 興ざめなもの。…方違えで（泊まりに）行ったのに、客にごちそうしない所。

◉「方違へ」とは、「方塞《かたふた》がり」（その日行ってはいけない方角）の所に行くために、前夜別の所に一泊し、方角を変えて目的地に行くことを言います（↓P321）。

関同 藤原良近《ふぢはらのまさちか》といふをなむ、**まらうとざね**にて、その日は**あるじまうけし**たりける。（伊勢）

訳 藤原良近という者を、客の主たる人として、その日は客にごちそうした。

入試★★

163

もてなす

［サ行四段］

KEY わが身は振る舞い、ほかは扱う

POINT

❶は「わが身」を、❷は「他《ほか》」を、❸は人や物事を大切に、「もてなす」という意味です。

❶ 侮《あなづ》らはしげに**もてなす**（連中）は、めざましうて、なげのいらへをだにせさせ給《たま》はず。（源氏・椎本）

1 振る舞う。
2 取り扱う。取り計らう。
3 もてはやす。大切に扱う。

関連語
関 もてはやす［動四］
1 ほめ立てる。
2 ひき立てる。
3 とりわけ大切に扱う。

訳 見くだすように振る舞う連中は、気に入らなくて、（八の宮は姫君たちに）かりそめの返事さえも書かせなさらない。

2 なほ[14]きこえ給へ。わざと懸想《けさう》だちてももてなさじ。（源氏・椎本）

訳 やはり（返事を）差し上げてください。特別に恋文らしくも取り扱うまい。

3 鎌倉《かまくら》の海に鰹《かつを》といふ魚《うを》は、かの境《さかひ》には双なきものにて、このごろもてなすものなり。（徒然）

訳 鎌倉の海にいる鰹という魚は、あの辺りでは並ぶものがないもので、近年もてはやす魚である。

入試★1・2の意味が大切です。

164 きょうず【興ず】［サ行変格］

KEY 「興」に乗る

1 おもしろがる。

関連語
関 興あり［連語］ おもしろい。

POINT
「興」は「興に乗る」の「興」。「おもしろく思って楽しむこと」です。

1 よき[15]人は、ひとへに好けるさまにも見え[7]ず、興ずるさまもなほざりなり。（徒然）

訳 身分が高く教養のある人は、ひたすら情趣を好むようにも見えず、おもしろがる様子もほどほどである。

入試★「興ず」を「こうず」と読んで「興《おこ》す」ことだと勘違いしてはいけません。

165 さはる《ワ》 【障る】 ［ラ行四段］

KEY 邪魔！

❶ 妨げられる。差し支える。

AR

POINT 「差し障り」の動詞形です。**しようとすることが邪魔されること**を言います。

❶ 十一月《しもつき》、十二月《しはす》の降り凍り、六月《みなづき》の照りはたたくにも、さはらず来たり。（竹取）

訳 （男たちは）陰暦十一月、十二月の雪が降ったり氷が張ったり、六月の日が照ったり雷が鳴ったりするときにも、妨げられず（かぐや姫の家に）やって来た。

入試 ★意味を問うときは平仮名で記されます。「触《さわ》る」ことだと勘違いしてはいけません。

166 さる 【避る】 ［ラ行四段］

KEY 「さる」「避《さ》る」「避ける」

❶ 避ける。のがれる。

❷ 断る。辞退する。

POINT 動詞「さる」には「去る」のほかに「避る」と漢字を当てる「さる」があります。**物事から身を避ける**という意です。

❶ 道もさりあへず立つ折もあるぞかし。（大鏡）

訳 （隆家《たかいえ》殿の邸《やしき》の門前には）道も避けきれないほど（車が）とまるときもあるのだよ。

❷ かの左衛門督《さゑもんのかみ》はえなられじ[47]。また、そこにさられば、こと人こそはなるべかなれ。（大鏡）

訳 あの左衛門督は（中納言に）おなりになることはできな

関連語
関 去る [動四]
1 (時が)来る。
2 離縁する。

いだろう。また、あなたがお断りになるのならば、違う人がなるだろうということだ。

◉文末の「べかなれ」は「べかるなれ」の撥《はつ》音便「べかんなれ」の撥音を表記しない形です。「なれ」は伝聞の助動詞の已然形。

入試★★ 1 も 2 も大切です。入試では関連語の「去る」も1・2の意味のときはよく問われます。

167 およすぐ

[ガ行下二段]

KEY 「およ」は「老《お》よ」

1 成長する。
大人になる。

2 大人びる。
ませる。

関連語
類 ねぶ [動上二]
1 年を取る。
2 大人びる。

POINT

「およ」[oyo]は「老ゆ」[oyu]と同じで、**年を取ることを**言います。「およずく」「およすく」とも言います。

1 あこぎ、おとなになりね。いと[41]心**およすげ**ためり。(落窪)

訳 あこぎ、ぜひ一人前の女房になっておくれ。たいそう心が成長したようだ。

◉「ね」は助動詞「ぬ」の命令形。「強意」の意味です。一人前の女房になってほしい気持ちを強く表しています。

2 「何とまれ、言へかし」とのたまふを、人々も**およすげ**て見奉る。(増鏡)

訳 (幼い天皇が)「何でもいいから、和歌を詠んでおくれよ」とおっしゃるのを、人々も大人びているとお見受けする。

入試★入試では 1 も 2 も問われます。類義語「ねぶ」も大切です。

168

かきくらす

【掻き暗す】

［サ行四段］

AR

KEY 真っ暗！

POINT

悲しい思いが心を暗くすることです。心も真っ暗、目の前も真っ暗ということです。

1 悲しみが心を暗くする。涙が目の前を暗くする。

関連語

関 **かきくる** ［動下二］ 悲しみで心が暗くなる。

1 何とにかあらむ、かきくらして涙こぼるる。（蜻蛉）

訳 （手紙を書いていると）何ということであろうか、悲しみが心を暗くして涙がこぼれる。

クローズアップ

雲や雨などが空や辺りを暗くすることが原義です。目の前の風景は、それを見ている人の心の風景と同じです。

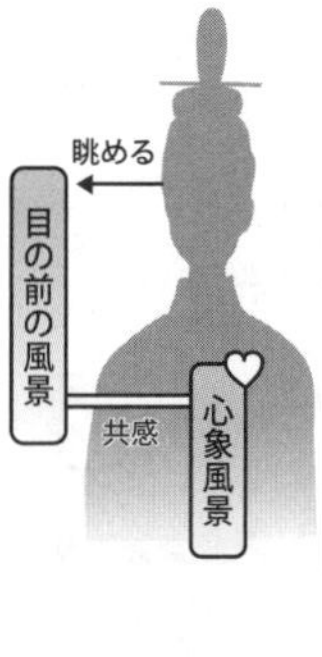

入試 ★関連語も問われます。

169

うれふ《ウ》

【憂ふ・愁ふ】

［ハ行下二段］

KEY 訴える

POINT

古語「うれふ」は、**嘆かわしい今の事態を口に出して人に訴えること**を言います。

170 かこつ【託つ】［タ行四段］

KEY ぶつぶつ文句を言う

1 訴える。
悲しみ嘆く。

関連語
関 憂へ・愁へ［名］
訴え。嘆願。

1 不平を言う。
文句を言う。

関連語
関 かごと［名］
1 不平。文句。
2 口実。

1 乞食《こつじき》、路《みち》のほとりに多く、**憂へ**悲しむ声耳に満てり。（方丈）

訳 物乞《ご》いをする人が、道ばたに多くいて、**訴え**悲しむ声が至る所で聞こえる。

入試 ★関連語も問われます。

POINT

自分の思いに反することを相手のせいにして**不平不満をぶつぶつと言うこと**です。

1 舟の中《うち》にや老いをば**かこつ**らむ。（紫式部）

訳（大蔵卿《きょう》は）舟の中で今老いたわが身に**不平を言って**いるだろうか。

◉ 藤原道長《ふじわらのみちなが》の邸《やしき》の池で若い貴族たちが舟に乗ってはやり歌を歌っている場面です。その中に五十を過ぎた大蔵卿が年がいもなく同乗しています。大蔵卿は輪の中に入っていけません。例文はそれを見た紫式部の言葉です。

入試 ★★入試では名詞「かごと」もきかれます。

171 こうず 【困ず】 ［サ行変格］

AR

KEY 疲労困憊《こんぱい》

1 疲れる。
疲労する。

POINT

「困」は「疲労困憊」の「困」です。**体がくたびれてしまうこと**です。

1 知らぬわざ[123]してまろも困じにたり。そこも眠《ねぶ》たげに思ほしためり。（落窪）

訳 慣れないことをして私も疲れてしまった。あなたも眠たそうに思っていらっしゃるようだ。

◉ 落窪《おちくぼ》の姫君が継母に命じられた縫い物を、恋人の少将が手伝っている場面です。貴公子である少将にとって縫い物は初めてのことです。

入試 ★★入試では「極ず」と漢字を当てることもあります。

172 いたは《ワ》る 【労る】 ［ラ行四段］

KEY ぐったりする

1 病気になる。
疲労する。

2 骨を折る。

POINT

身も心も疲れ果てたことを言い、**1**は身＝からだ、**2**は心のときの意です。**3**は心身を尽くして相手を大切にする意です。

1 折ふし**いたはる**こと候《さうら》ひて下り候はず。（平家）

訳 （宗清《むねきよ》は）ちょうど病気になることがございまして（鎌倉へは）下向しておりません。

2 心ことに設けの物など**いたはり**てし給《たま》へ。（宇津保）

訳 心も格別に引き出物などを骨を折って用意してください。

173 なやむ【悩む】

［マ行四段］

KEY 病気になる

苦労する。

3 **世話をする。**

関連語
同 **いたづく** ［動四］

1 **病気で苦しむ。**
気分がすぐれなくなる。

関連語
関 **なやまし** ［形］
1 病気である。
2 心を痛めている。
類 **例ならず** ［連語］
1 いつものようでない。
2 病気である。

3 常の使ひよりは、この人よくいたはれ[15]。（伊勢）

訳 いつもの使者以上に、この方を大切に世話しなさい。

入試 ★★同義語「いたづく」も問われます。どちらも **1**・**2** の意味が大切です。

POINT
心が「悩む」（＝苦しむ）だけではありません。古語では**身体《からだ》も「悩み」ます**。

1 身にやむごとなく[26]思ふ人の**なやむ**を聞きて、いかにいかに[121]とおぼつかなき[19]ことを嘆くに、おこたりたる由、消息《せうそこ》聞くもいと[41]うれし。（枕）

訳 わが身にとって大切に思う人が病気で苦しむのを聞いて、どのようかどのようかと心配なことを嘆くときに、病気がよくなったということを、伝え聞くのもとてもうれしい。

入試 ★★★「例ならず」→「なやむ」→ 207「あつし」（＝病状が重い）→ 175「おこたる」（＝病気がよくなる）のように、病状の推移に沿って覚えることが学習のコツです。

174

ためらふ（ロ）（ウ）

［ハ行四段］

AR

KEY ぐっと抑える

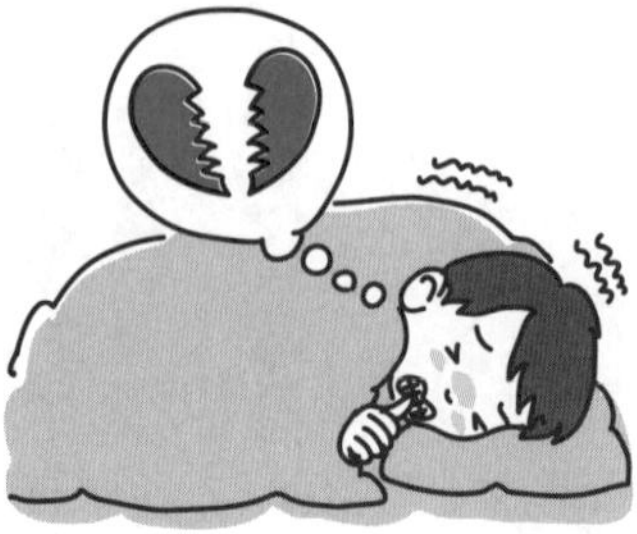

1 静養する。病勢を抑える。

2 気を静める。感情を抑える。

関連語
関 155 やすらふ ［動四］

POINT
「躊躇《ちゅうちょ》する」ことではありません。**高まる熱（1）や、高ぶる気持ち（2）をぐっと抑えること**です。

1 なやましう侍《はべ》りつれば、しばし**ためらひ**て。（落窪）

訳 気分が悪うございましたので、しばらく**静養し**て。

◉ 継母に縫い物が仕上がっていないことを叱《しか》られたときの落《おち》窪《くぼ》の姫君の言葉です。これを聞いた継母は激怒し、「この家から出て行け」という言葉とともに縫い物を姫君に投げつけます。

2 やや**ためらひ**て仰せ言《ごと》伝へ聞こゆ。（源氏・桐壺）

訳 （命婦《みょうぶ》は）少し**気を静め**て（天皇の）お言葉をお伝え申し上げる。

入試 ★★★ 1も2も大切です。2は、動悸《どうき》や嗚咽《おえつ》を「ためらふ」意味でも使います。

175

おこたる 【怠る】

［ラ行四段］

KEY 病気回復

POINT
勢いが停滞・失速することです。**「病勢が衰えて症状が収まる」**意が大切です。

1 日ごろ月ごろしるきことありてなやみわたる[63]が、**おこたり**ぬるもうれし。（枕）

176 おくる【後る・遅る】［ラ行下二段］

KEY 死に後れる

1 病気がよくなる。
病気が快方に向かう。

関連語
関 **おこたり**［名］
1 落ち度。過ち。
2 お詫《わ》び。謝罪。
対 207 **あつし**［形］

1 先立たれる。
先に死なれる。

訳 何日も何か月もはっきりした症状があってずっと病をわずらっていたのが、病気がよくなったのもうれしい。

◉例文に続いて「思ふ人の上は、わが身よりもまさりてうれし」とあります。「愛する人の場合は、自分のときよりもずっとうれしい」というのです。清少納言の心のやさしさがうかがわれます。

入試 ★★★ 1の意味の、病気が「おこたる」が入試では問われます。

POINT
「愛する人に先立たれてこの世に取り残される」意味を覚えましょう。

1 人におくれて、四十九日の仏事に、ある聖《ひじり》を請《しやう》じ侍《はべ》りしに、説法いみじく[22]して、皆人《みなひと》涙を流しけり。（徒然）

訳 人に先立たれて、四十九日目の法事に、ある僧を招きましたところ、説法がとてもありがたくて、だれもが涙を流した。

入試 ★★★「おくれ先立つ」という言葉も押さえましょう。「人に先立たれたり、人より先に死んだりする」ことです。

177 あたらし

【惜し】 ［シク活用］

AR

KEY 惜《お》しむべし

1 もったいない。惜しい。

関連語

関 **あたら** ［連体］ もったいない。

POINT

「新しい」ことではありません。**すぐれているものが、それにふさわしい扱いを受けていないことを惜しむ気持ち**です。

1 御かたち[32]いと[41]清げに、あまり**あたらしき**さまして、物より抜け出《い》でたるやうにぞおはせし。 （大鏡）

訳 （道頼《みちより》殿は） ご容貌がとても美しく、（この世には） あまりにももったいない様子で、物語の絵から抜け出してきたようでいらっしゃった。

関 **あたら**夜《よ》の月と花とを同じくはあはれ知れらむ人に見せばや （後撰）

訳 なんとももったいない夜の月と花とをどうせなら情趣を解しているような人に見せたいものだ。

◉「ばや」は「〜たい・〜たいものだ」という意味の終助詞です。

入試 ★★入試では「連体詞『あたら』＋名詞」の形もよく問われます。

178 かたじけなし

［ク活用］

KEY もったいない

POINT

上の立場の人が下の立場に降り立つことに対して、**恐縮する気持ち**を表します。

1 かくやうのこと （＝政界ノ裏話） は、人中《ひとなか》にて、下臈《げらふ》の申すにいと[41]**かたじけなし**。 （大鏡）

1 **おそれ多い。**
もったいない。
2 **ありがたい。**
もったいない。

訳 こういう政界の裏話は、人中で、身分の低い者が申し上げるのには実におそれ多い。

2 **かたじけなく**も御硯《おんすずり》召し寄せて、みづから御返事《おんへんじ》あそばされけり。（平家）

訳（女院は）ありがたくもお硯を取り寄せなさって、（女房の小宰相《こさいしょう》に代わって）ご自身でお返事をなさった。

入試 ★★1は謝罪、2は感謝の気持ちです。1も2も「もったいない」と覚えておけば、入試には対応できます。

179 こころにくし

【心憎し】 ［ク活用］

KEY **奥が深い**

1 **奥ゆかしい。**

POINT

「憎し」は「憎悪」の意味ではありません。**ついねたましく思うほど奥の深いものをほめて言う**言葉です。

1 後《のち》の世のこと心に忘れず、仏の道うとからぬ、**こころにくし**。（徒然）

訳 来世のことを心に忘れることなく、仏道に無関心でない人は、奥ゆかしい。

入試 ★★この語の「憎し」はほめ言葉です。今でも、あまりにもすぐれていると「心憎い」ほどだと言ったりします。

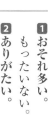

180

KEY 好色・風流

すきずきし【好き好きし】

［シク活用］

AR

1 **好色めいている。**色好みだ。

2 **風流だ。**物好きだ。

関連語

関 **すきごと**［名］恋の道のこと。

関 **すきびと・すきもの**［名］

1 好色な人。

2 風流人。

POINT

「好き」は**恋の道**（**1**）**や和歌の道**（**2**）**に身を捧げていることを**言います。

1 なほしるべせよ。我は**すきずきしき**心などなき人ぞ。（源氏・橋姫）

訳 やはり（姫君の部屋に）案内しておくれ。私は好色めいた心などない人間だ。

2 **すきずきしき**方のみにあらず、土御門《つちみかど》の御日記とて、世の中の鏡となむ承る。（今鏡）

訳（源師房卿《みなもとのもろふさきょう》は）風流な方面だけでなく、『土御門の御日記』という名で、世の中の規範（を残した）とお聞きしている。

入試 ★★★ **2**の「物好きだ」は否定的な意味合いの訳語です。

181

KEY 好感

なつかし

［シク活用］

POINT

昔が「なつかしい」だけでなく、**今接しているものに好感を持ったとき**も言います。

182

めやすし【目安し】

［ク活用］

KEY **見て感じがよい**

1 好ましい。
感じがよい。

1 見苦しくない。
感じよい。

関連語
対 192 めざまし［形］

1 よろしき男を、下衆《げす》女などのほめて、「[22]いみじう **なつかしう**おはします」など言へば、[45]やがて思ひおとされぬべし。（枕）

訳 それ相応の身分の男を、身分の低い女などがほめて、「とても好ましくいらっしゃる」などと言うと、すぐに（男は）見下されてしまうにちがいない。

入試 ★★現代語訳だけでなく、内容・心情説明でもよく問われます。

POINT

「見やすい」ことではありません。**見て心が安らかになるものの様子**を言います。

1 命長ければ恥多し。長くとも四十《よそぢ》に足らぬ[37]ほどにて死なむこそ、**めやすかる**べけれ。（徒然）

訳 命が長いと恥が多い。たとえ長生きするとしても四十歳にならないうちに死ぬのが、**見苦しくない**だろう。

◉「ば」は順接確定条件の恒常条件を表しています。「～といつも・～と必ず」という意味です。

入試 ★★問われたら確実に得点したい語の一つです。

183

なまめかし

KEY エレガント

［シク活用］

AR

1 優美だ。
みずみずしい。

関連語
関 なまめく［動四］
優美に見える。優美に振る舞う。

POINT

「色っぽい」ことではありません。「なま」は「生」。**みずみずしい美しさ**を言います。

1 小《こ》少将の君は、そこはかとなくあて[99]に**なまめかしう**、二月ばかりのしだり柳のさましたり。（紫式部）

訳 小少将の君は、どことなく上品で優美で、二月ごろの（芽吹いたばかりの）しだれ柳のような風情をしている。

入試★★★「優美だ」と押さえておけば大丈夫です。

184

いまめかし

【今めかし】

KEY 今風な感じ

［シク活用］

1 現代風だ。
当世風だ。

2 華やかだ。
目新しい。

POINT

漢字で記すと「今めかし」。**「今」が感じられるものの様子**を言います。

1 なかなか[140]長きよりもこよなう**いまめかしき**ものかな。（源氏・若紫）

訳（尼の短めの髪も）かえって長い髪よりも格段に現代風なものだなあ。

◉尼の短めの髪を「尼削《あまそ》ぎ」と言います（→P292図）。普通の女性の髪の長さは身の丈ほどありました。

2 祭のころは、なべて[130]いまめかしう見ゆる[7]にやあらむ。（堤・ほどほどの懸想）

訳 祭のころは、すべて華やかに見えるのであろうか。

◉古文で単に「祭」と言えば賀茂神社の「葵祭《あおいまつり》」を指します。「葵」は歴史的仮名遣いでは「あふひ」です。そこから、和歌では「葵《あふひ》」に「逢《あ》ふ日」がよく掛けられます（→P303）。

入試 ★★入試で問われるのは主に1の意味です。現代語の「古めかしい」の対義語と押さえることがマスターのコツです。

185 しどけなし

［ク活用］

KEY **ラフな感じ**

1 **無造作だ。**
気楽な感じだ。

2 **乱れている。**
だらしがない。

関連語

類 **らうがはし** ［形］
1 乱雑だ。2 騒がしい。3 無作法だ。

POINT
きちんとしていない様子を表します。それを好意的に述べているとき（1）もあります。

1 女のなつかしきさまにて**しどけなう**弾きたるこそをかし[14]けれ。（源氏・明石）

訳（琴は）女が好ましい様子で無造作に弾いているのが趣深い。

2 世もいまだ静まり候《さうら》はねば、**しどけなき**事もぞ候ふとて、御《おん》迎へに参つて候ふ。（平家）

訳 世の中もまだ平穏になっていませんので、乱れたことがあると困ると思って、お迎えに参上しました。

入試 ★入試では1の意味も2の意味もきかれます。

186

さかし【賢し】［シク活用］

AR

POINT

判断力がすぐれていること（1・2）や、**判断力を失わないこと**（3）を言います。4は1・2が鼻につくときの意味です。

KEY **判断力がある**

1 かしこい。賢明だ。

2 気が利いている。才気がある。

3 気がしっかりしている。気丈だ。

4 こざかしい。

関連語

関 **さかしら**［名］ おせっかい。さし出た振る舞い。

1・4 下衆《げす》の家の女主人《あるじ》。痴《し》れたる者。それしも**さかしう**て、まことに**さかしき**人を教へなどすかし。（枕）

訳 身分の低い家の女主人。愚かな者。これがまたこざかしくて、本当にかしこい人にものを教えなどするのだよ。

2 こと人々の（歌）もありけれど、**さかしき**（歌）もなかるべし。（土佐）

訳 違う人々の歌もあったが、気が利いている歌もないだろう。

3 雷《かみ》の鳴り閃《ひらめ》く様さらに言はむ方なくて、落ちかかりぬとおぼゆるに、ある限り**さかしき**人なし。（源氏・明石）

訳 雷の鳴り閃く様はまったく言いようもなくて、落ちかかってしまうと思われるので、そこにいるだれ一人として気がしっかりしている人はいない。

入試 ★★どの意味も大切です。まず、いい意味（1・2・3）か悪い意味（4）かを考えましょう。

187

はづ《ズ》かし【恥づかし】［シク活用］

POINT

相手が立派すぎてこちらが恥ずかしくなり、気後れすることを言います。

KEY **相手が立派すぎる**

1 （こちらが気後れするほど）**立派だ。** すぐれている。

関連語
類 85 **かたはらいたし**［形］

1 **はづかしき**人の、歌の本末《もとすゑ》問ひたるに、ふとおぼえ[5]たる、我ながらうれし。（枕）

訳（こちらが気後れするほど）立派な人が、和歌の上の句・下の句を（私に）尋ねた際に、すっと思い出されたときは、われながらうれしい。

入試 ★★★「恥ずかしい」思いも表しますが、入試で問われたら **1** の意味です。

188 つつまし【慎まし】［シク活用］

KEY **引っ込み思案**

1 **気がひける。** 気恥ずかしい。

関連語
関 **つつむ**［動四］
1 気がひける。遠慮する。
2 隠す。

POINT

「質素だ」の意ではありません。**自分を表に出すことを避けて、ひっそりと隠れていたい気持ち**を言います。

1 立ち聞き、かいまむ人のけはひして、いと[41]いみじく[22]ものつつまし。（更級）

訳（宮仕え先では個室にいても）立ち聞きをしたり、のぞき見をしたりする人の気配がして、とてもとても何かにつけて気がひける。

入試 ★★「つつまし」は動詞「つつむ」の形容詞形です。「つつむ」も入試では問われます。

189 こころやすし 【心安し】 ［ク活用］

AR

KEY 心が波立っていない

1 安心だ。
2 気楽だ。気安い。

関連語 対 やすからず ［連語］ 不愉快だ。

POINT 心に心配事がないこと（1）や、気がねする必要がない状態（2）を表します。

1 今ぞ心やすく黄泉路《よみぢ》もまかるべき。（大鏡）
訳 今は安心してあの世にも旅立てるだろう。

2 この位去りて、ただ心やすくてあらむ。（大鏡）
訳 この（皇太子の）位を譲って、ただ気楽な状態でいよう。

入試 ★★ 1も2も大切です。

190 こころぐるし 【心苦し】 ［シク活用］

KEY 心が痛い

1 つらい。心配だ。

POINT 「心が苦しくつらい」ことです。1は〈自分〉のことで、2は〈人〉のことで心が痛いのです。

1 風の便りの言伝《ことづ》ても絶えて久しくなりければ、何となりぬることやらむと、心苦しうぞ思はれける。（平家）
訳（維盛卿《これもりきょう》の奥様は）風の便りの消息も絶えて久しくなったので、（夫は）どうなったことだろうかと、つらく思われた。

191

うしろめたし【後ろめたし】

［ク活用］

KEY 気がかり

2 気の毒だ。
見ていてつらい。

1 心配だ。
気がかりだ。

関連語
同 **うしろめたなし** ［形］
対 **うしろやすし** ［形］
安心だ。頼もしい。

2 君は、思《おぼ》し怠る時の間《ま》もなく、**心苦しく**も恋しくも思し出《い》づ。（源氏・帚木）

訳（源氏の）君は、お忘れになるわずかの時もなく、気の毒にも恋しくも（空蝉《うつせみ》のことを）思い出しなさる。

入試★★ 1も2も大切です。心の痛みの源を考えて訳し分けるようにしましょう。心情説明でも問われます。

POINT
「やましくて気がとがめる」ことではありません。**人を後ろから見守って、その人の将来を心配する気持ち**を言います。

1 乳母《めのと》替へてむ。いと[41] **うしろめたし**。（枕）

訳 乳母を替えてしまおう。とても**心配だ**。

◉「てむ」の「て」（助動詞「つ」の未然形）は「強意」の意味で、「替へむ」ではなく「替へてむ」と言うことで強い意志を表しています。

同 内裏《うち》に奉らむと思へど、われ亡《な》からむ世など、**うしろめたなし**。（落窪）

訳（娘は）天皇に差し上げようと思うが、自分が亡くなったときなどが、**心配だ**。

入試★★★「うしろめたなし」は対義語ではなく同義語です。

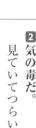

192

めざまし ［シク活用］

AR

KEY 目がつり上がる

1 気にくわない。不愉快だ。

関連語 対 182 めやすし ［形］

POINT

見下していたものが予想外のあり方を示しているときのむかつく気持ちを表します。

1 初めより我はと思ひ上がり給《たま》へる御方々《おほんかたがた》、**めざましき**ものにおとしめそねみ給ふ。（源氏・桐壺）

訳（宮仕えの）初めから自分こそは（天皇のご寵愛《ちょうあい》を受けるはずだ）と自負していらっしゃったお后《きさき》方は、（桐壺《きりつぼ》の更衣《こうい》を）気にくわない者としてさげすみ憎みなさる。

入試 ★★ 入試では現代語訳だけでなく、心情説明でも問われます。

193

つきづきし ［シク活用］

KEY 「つき」は「fit」

POINT

漢字で記すと「付き付きし」です。**「付き」は「ぴったり」**の意味を表します。

1 冬はつとめて[116]。…いと[41]寒きに、火などいそぎおこして、炭もて[63]わたるもいと**つきづきし**。（枕）

194

こころづきなし【心付きなし】［ク活用］

KEY 心に「fit」しない

1 似つかわしい。ふさわしい。

関連語 関 194 こころづきなし［形］
対 つきなし［形］ 似合わない。

訳 冬は早朝（がよい）。…とても寒い朝に、火などを急いでおこして、炭を持って行き来する姿も実に（冬の朝に）似つかわしい。

入試 ★★入試でよく問われる語の一つです。対義語「つきなし」も入試では問われます。

1 気に入らない。気にくわない。

関連語 関 193 つきづきし［形］

POINT 「つき」は「付き」で「fit」の意です。**心にしっくりとしないものの様子**を表します。

1 **心づきなき**ことあらん折は、なかなか[140]その由[121]をも言ひてん。（徒然）

訳 **気に入らない**ことがあるようなときは、かえってそのことを言ってしまう方がよい。

◉ 長居する客人は不快であり、いやいや応対するよりは「心づきなき」ことを相手に言おうというのです。

入試 ★★入試でよく問われる語の一つです。

195 をこがまし

【痴がまし】

［シク活用］

AR

KEY ばかっぽい

1 愚かしい。
みっともない。

関連語
関 **をこなり**［形動］
愚かだ。ばかげている。

POINT
「をこ」は「ばか」のことです。**ばかげていて人の笑いものになる様子**を表します。

1 老い衰へて世に出《い》で交じらひしは、**をこがましく**見え[7]しかば、われはかくて閉ぢこもりぬべきぞ。（更級）

訳 老い衰えて世間に出て宮仕えしていた人は、愚かしく見えたので、私はこのまま隠退してしまうつもりだ。

関 行きずりの人の宣《のたま》はむことをたのむ[58]こそ**をこなれ**。（今昔）

訳 行きずりの人がおっしゃるようなことをあてにするのは愚かだ。

入試 ★★ 「をこ」の漢字は「尾籠」と記すときもあります。「びろう」と読むと「無礼」の意です。

196 まばゆし

［ク活用］

KEY 目を伏せたい

POINT
まともに見据えることのできないものの様子を表します。いい意味でも使いますが、否定的な意味のときが大切です。

1 上達部《かんだちめ》・上人《うへびと》などもあいなく[87]目をそばめつつ、いと[41]**まばゆき**人の御おぼえ[112]なり。（源氏・桐壺）

197 ねたし【妬し】［ク活用］

KEY 癪《しゃく》

1 **見ていられない。**目をそむけたいほどだ。
2 **恥ずかしい。**照れくさい。

関連語
類 かはゆし［形］
1 気の毒だ。
2 恥ずかしい。

1 **しゃくにさわる。**憎らしい。

関連語
類 216 あやにくなり［形動］

訳 公卿《くぎょう》や殿上人《てんじょうびと》なども苦々しく目をそらしては、とても見ていられないほどの（桐壺《きりつぼ》の更衣《こうい》に対する天皇の）ご寵愛である。

2 82 はかなき御いらへも心やすく聞こえむも**まばゆし**かし。（源氏・葵）
訳（普通の人は源氏に対する）ちょっとしたお返事も気軽に申し上げることも恥ずかしいよ。

入試★★入試では1の意味も2の意味もきかれます。1は「まぶしいほど美しい」と誤読しがちなので要注意です。

POINT
瞬間的に感じるいまいましさを表します。「ちぇっ」と舌打ちしたくなる気持ちです。

1 殿上人《てんじやうびと》、地下《ぢげ》なるも、陣に立ち添ひて見るも、41 いと**ねたし**。（枕）
訳 殿上人や、地下である者も、陣に寄り添って（私たちを）見ているのも、とても**しゃくにさわる**。
◉「地下」とは、天皇のいる清涼殿に昇ることを許されていない役人を言います。普通、六位以下の役人です（→P311）。

入試★★動詞「ねたむ」の形容詞形ですが、「ねたましい」気持ちではないので注意しましょう。

198 さう《ソ》なし

【左右無し】 ［ク活用］

AR

KEY ストレート

1 ためらわない。無造作だ。

関連語
関 双無《さうな》し ［形］ 並ぶものがない。比類なくすばらしい。

POINT
漢字で記すと「左右無し」。**右がよいか左がよいかと迷うことのない態度**を表します。

1 古くよりこの地を占めたるものならば、<u>さうなく</u>掘り捨てられ難《がた》し。（徒然）

訳（蛇が）昔からここをすみかとしているのならば、<u>無造作</u>に土を掘って（蛇の塚を）お捨てになるのは難しい。

関 城陸奥守泰盛《じやうのむつのかみやすもり》は、<u>さうなき</u>馬乗りなりけり。（徒然）

訳 秋田《あきた》城介《じようのすけ》で陸奥守の安達《あだち》泰盛は、<u>並ぶものがない</u>乗馬の名手であった。

入試★★「さうなし」は「双無し」のときもあるので注意しましょう。

199 ところせし

【所狭し】 ［ク活用］

KEY 窮屈

1 いっぱいだ。あふれるくらいだ。

POINT
余地が少なくて自由に身動きできなかったり、面倒が多くて気軽に振る舞えなかったりすることを言います。

1 （紫ノ上ハ人形ヲ）<u>ところせき</u>まで遊びひろげ給《たま》へり。（源氏・紅葉賀）

訳 紫の上は人形を（部屋に）<u>いっぱいなくらい</u>までひろげて遊んでいらっしゃる。

2 窮屈だ。不自由だ。

3 おおげさだ。仰々しい。

関連語 類 **ものものし**［形］
重々しい。

2 ところせき身こそわびしけれ[25]。軽《かろ》らかなるほど[37]の殿《てん》上人《じやうびと》などにてしばしあらばや。 （源氏・浮舟）

訳 窮屈な身分はやりきれない。身軽な身分の殿上人などとしてしばらくいたい。

◉ 光《ひかる》源氏《げんじ》の孫の匂宮《におうのみや》の言葉です。宮様は高貴すぎて気軽に行動することができないのです。

3 ただ近き所なれば、車は**ところせし**。 （堤・はいずみ）

訳 （行き先は）ほんの近い所なので、牛車《ぎっしゃ》（で行くの）はおおげさだ。

入試 ★★★どの意味も大切です。右の例文**2**のように高貴すぎて窮屈な身分を言うときもあります。

200 こちたし

［ク活用］

KEY **おおげさ**

1 仰々しい。
はなはだしい。

関連語 類 **ことごとし**［形］
おおげさだ。仰々しい。

POINT
「事甚《こといた》し」が変化してできた語です。**物事が度を越えてうるさく感じられるほどの様子**を表します。

1 鶴《つる》は、いと[41] **こちたき**さまなれど、鳴く声、雲居《くもゐ》まで聞[61]こゆる、いと[41]めでたし[21]。 （枕）

訳 鶴は、とても仰々しい姿であるけれども、鳴く声が、天上まで聞こえるのは、とてもすばらしい。

入試 ★★入試では類義語の「ことごとし」もよくきかれます。

201

つたなし

【拙し】

［ク活用］

AR

KEY 劣っている

1 下手だ。拙劣《せつれつ》だ。
2 劣っている。凡庸《ぼんよう》だ。
3 下品だ。見苦しい。
4 不運だ。運が悪い。

POINT

「技量」だけでなく、「天分」「品性」「運」が人よりも劣っていることを言います。

1 **つたなく**弾きて、弾きおほせざれば、腹立ちて鳴らぬなり。（今昔）

訳（玄象《げんじょう》という名の琵琶《びわ》は）下手に弾いて、十分に弾きこなせないと、腹を立てて音を立てないのである。

2 愚かに**つたなき**人も、家に生まれ、時にあへば、高き位にのぼり、奢《おご》りを極むるもあり。（徒然）

訳 愚かで劣っている人も、良い家に生まれ、良い時にめぐり合うと、高い位にのぼり、贅沢《ぜいたく》を極めることもある。

3 屏風《びやうぶ》・障子などの、絵も文字もかたくななる筆様《ふでやう》して書きたるが、見にくきよりも、宿の主《あるじ》の**つたなく**おぼゆるなり。（徒然）

訳 屏風や障子などの、絵も文字もみっともない筆づかいで書いてあることが、見苦しいこと以上に、その家の主人が下品に思われるのである。

4 ただこれ天にして、汝《なんぢ》が性《さが》の**つたなき**を泣け。（野ざらし）

訳（捨て子よ、親に捨てられたのは）ただ天命であって、おまえの宿命が不運なことを泣きなさい。

入試★入試では1～4のどの意味も問われます。四つも意味がありますが、「つたなし」＝「人よりも劣っている」と押さえておけば大丈夫です。

202

まさなし ［ク活用］

KEY はずれている

1 よくない。不都合だ。

2 見苦しい。みっともない。

関連語

類 本意《ほい》なし［形］ 残念だ。不本意だ。

POINT

「まさ」は期待・予想されるさまの意で、それが「なし（無し）」です。**期待や予想からはずれていることです。**

1 何をか奉らむ。まめまめしきものは**まさなかり**なむ。ゆかしく[18]し給《たま》ふなるものを奉らむ。（更級）

訳 何を差し上げようか。実用的なものはきっと**よくない**だろう。（あなたが）読みたがっていらっしゃるとかいう物語を差し上げよう。

◉ 文学少女であった菅原孝標女《すがわらのたかすえのむすめ》に、彼女のおばが物語の本をプレゼントするときの言葉です。

2 いかに瀬尾殿《せのを》、**まさなう**も敵《かたき》に後ろをば見するものかな。（平家）

訳 なんと瀬尾殿、**見苦しく**も敵に背を見せるものだなあ。

入試★1でも2でも訳せるケースが多くあります。ですから、1か2かあまりこだわる必要はありません。

203

はしたなし

［ク活用］

AR

KEY 不調和

1 不釣り合いだ。
2 無愛想だ。
3 はげしい。強い。
4 きまりが悪い。体裁が悪い。

POINT

「はした」はどっちつかずの浮いた状態のことです。「なし」は「無し」ではありません。形容詞を作る接尾語です。**調和の欠けた突出した様子とそのときの気持ち**を表します。

1 思ほえず、ふるさとにいと[41] **はしたなく**てありければ、心地[113] 惑ひ[20]にけり。（伊勢）

訳 思いがけず、古都に（優美な姉妹が）とても不釣り合いなさまでいたので、（男は）気持ちが乱れてしまった。

2 え[47] **はしたなう**もさし放ちきこえず。（源氏・紅葉賀）

訳 （命婦《みょうぶ》は源氏を）無愛想にも突き放し申し上げることができない。

3 ある夜、野分《のわき》**はしたなう**吹いて、紅葉みな吹き散らし、落葉すこぶる狼藉《らうぜき》なり。（平家）

訳 ある夜、台風がはげしく吹いて、紅葉を全部吹き散らし、落ち葉がずいぶん散乱している。

4 **はしたなき**もの。こと人を呼ぶに、われぞとさし出《い》でたる。（枕）

訳 きまりが悪いもの。違う人を呼んだのに、自分だと思ってすっと顔を出したとき。

入試 ★★★入試では1～4のどの意味も問われます。どの意味かは文脈から判断。4のときは心情説明でもきかれます。周りから浮いてしまったときに感じる恥ずかしさです。

204

わりなし

［ク活用］

KEY **無茶苦茶**

1 **道理に合わない。**
無理だ。

2 **並々ではない。**
はなはだしい。

3 **耐えがたい。**
つらい。

4 **しかたがない。**
やむをえない。

関連語
対 **ことわりなり**［形動］
当然だ。もっともだ。

POINT
「わり」は「ことわり」（＝道理）の「わり」。「なし」は「無し」です。**道理にはずれていたり（1）、常識を超えていたり（2）、それに接したときの気持ち（3・4）**を言います。

1 人の上いふを腹立つ人こそ、[41]いと**わりなけれ**。（枕）
訳 他人のことをうわさするのに腹を立てる人は、まったく道理に合わない。

2 苦しげなるもの。…**わりなく**もの疑ひする男に、[22]いみじう思はれたる女。（枕）
訳 苦しそうなもの。…並々ではなく物を疑う男に、とても愛されている女。

3 女君《をんなぎみ》は、**わりなう**苦しと思ひ臥《ふ》したまへり。（落窪）
訳 女君は、耐えがたくつらいと思って横になっていらっしゃる。

4 [22]いみじう酔《ゑ》ひて、**わりなく**夜更けて泊まりたりとも、[48]さらに湯漬けをだに食はせじ。（枕）
訳（男が）ひどく酔って、しかたなく夜が更けて泊まったとしても、（私は）決して湯漬けさえも食べさせるつもりはない。

入試 ★★★入試では1～4のどの意味も問われます。現代語訳だけでなく、内容・心情説明でもきかれます。

205 ずちなし【術無し】［ク活用］

AR

KEY お手上げ

1 どうしようもない。しかたがない。

関連語 同 すべなし［形］

POINT 「術《ずち》」は「手段・方法」の意味です。それが「無し」で打ち消されているのです。

1 今日はずちなし。右の大臣《おとど》に任せ申す。（大鏡）

訳 今日はどうしようもない。（閣議は）右大臣にお任せする。

◉ 左大臣藤原時平《ふじわらのときひら》がどうにも笑いが止まらなくなって、閣議の進行を右大臣菅原道真《すがわらのみちざね》に任せたのです。やがて道真は時平の策謀によって大宰府《だざいふ》に左遷され、その地で亡くなりました。

入試 ★入試で意味をきくときは平仮名で記されるのが普通です。

206 あへ《エ》なし［ク活用］

KEY 拍子抜け

1 あっけない。はりあいがない。

POINT **拍子抜けするほど簡単に終わったものの様子**を表します。

1 伊成《これなり》進み寄りて、弘光《ひろみつ》が手を取りて前ざまへ強く引きたるに、うつ伏しに転《まろ》びぬ。あへなきことかぎりなし。（古今著）

訳 伊成が進み寄って、弘光の手を取って前方に強く引いたところ、（弘光は）うつ伏せに転んでしまった。あっけないことこの上もない。

関連語
関 300 ～あへず［連語］
関 ～あへなむ［連語］
～はよいだろう。～はかまわないだろう。

◉「伊成」も「弘光」も相撲取りです。

関 小さきはあへなむ。（大鏡）

訳 幼い子どもは（父親〔＝菅原道真〕の流刑地へ一緒に行っても）かまわないだろう。

入試 ★ 87「あいなし」と混同しないように注意しましょう。

207

あつし【篤し】

［シク活用］

KEY 重い病状

1 病状が重い。
病弱である。

関連語
関 175 おこたる［動四］
関 173 なやむ［動四］

POINT
漢字で記すと「篤し」。「危篤」の「篤」の意味です。**病状が重いこと**を言います。

1 中宮も御物《もの》の怪《け》に悩ませ給《たま》ひて、常は**あつしう**おはしますを、院もいとど[131]晴れ間なく思《おぼ》し嘆く。（増鏡）

訳 中宮も物の怪に苦しみなさって、ずっと病状が重くいらっしゃるのを、院もいよいよ心の晴れるときなくお嘆きになる。

◉「物の怪」とは人に取りつく悪霊のことです。取りつかれると重い病気になります（→P321）。

入試 ★★入試の問題文には、「なやむ」→「あつし」→「うす」（＝死ぬ）という流れの文章もよくあります。

208 まだし ［シク活用］

AR

KEY まだまだ

1 まだ時期が早い。
時期尚早《しょうそう》だ。

2 不十分だ。
未熟だ。

関連語
関 まだき［副］早く。もう。

POINT
副詞「まだ」の形容詞形です。**まだ早いこと**（**1**）、**まだ足りないこと**（**2**）を言います。

1 紅葉《もみぢ》も**まだし**。花もみな失せ[72]にたり。枯れたる薄《すすき》ばかりぞ見えつる。（蜻蛉）

訳 紅葉もまだ時期が早い。花もみな散ってしまった。枯れた薄だけが見えた。

2 供なる男《をのこ》ども、いみじう[22]笑ひつつ、「ここ**まだし**、ここ**まだし**」と差しあへり。（枕）

訳 供の男たちも、ひどく笑いながら、「ここが不十分だ、ここが不十分だ」と（車に卯《う》の花を）挿しあっている。

◉「卯の花」は初夏の代表的な風物です（↓P303）。

入試 ★★**1**の意味が大切です。関連語「まだき」＋助詞の形「まだきに」（＝早くから）「まだきも」（＝早くも）もよく問われます。

209 ゆくりなし ［ク活用］

KEY いきなり

POINT
物事が、「ゆっくり」「ゆっくら」でなく、**いきなり生じたこと**を表します。

1 ほかにて酒などまゐり[67]、酔《ゑ》ひて、夜いたく[81]更けて、**ゆくりもなく**ものし給《たま》へり。（大和）

1 突然だ。
思いがけない。

関連語
類 220 **とみなり** [形動]

訳（泉の大将は）よそで酒などを召し上がり、酔って、夜がとても更けてから、（左大臣の邸《やしき》に）突然お越しになった。

入試 ★★★入試でよく問われる語の一つです。「ゆくりもなし」とも言います。

210 くまなし 【隈無し】 [ク活用]

KEY **全面照射！**

POINT 「くま（隈）」は「光の届かない暗い所」という意味です。それが「無し」なので、**すみずみまで明るい様子**を言います。

1 暗い所がない。
かげの部分がない。

2 行き届かないところがない。
いたらないところがない。

関連語
関 **くま** [名]
1 暗い所。
2 人目につかない所。
3 隠し事。

1 花は盛りに月は**くまなき**をのみ見るものかは。（徒然）
訳 桜の花は満開で月は暗い所のない満月だけを観賞するものなのか、いやちがう。
◉古文で単に「花」といえば「桜」のことです（→P302）。
◉「ものかは」（終助詞）は「反語」の意味を表しています。

2 いと**くまなき**御心のさがにて、推し量り給ふにやはべらむ。（源氏・椎本）
訳（匂宮《におうのみや》は）まったく行き届かないところがないご性分で、推察なさるのでしょうか。

入試 ★★入試では「くまなき月」がよく問われます。「満月」のことです。

211 あながちなり【強ちなり】

［ナリ活用］ AR

KEY 強引

1 無理やりだ。強引だ。

2 むやみだ。はなはだしい。

関連語 類 284 せめて［副］

POINT

「自分勝手だ」が原義です。そこから、**度を越したもの**も言うようになりました。

1 **あながちなる**御言《こと》かな。この中にはにほへ[51]る鼻もなかめり。（源氏・末摘花）

訳（赤鼻の人がいたとは）無理やりなお言葉だなあ。私たちの中には赤くなっている鼻もないようだ。

◉赤鼻の持ち主は末摘花《すゑつむはな》という女性です。末摘花の鼻は高く長く、垂れた鼻先は赤いのです。

2 **あながちに**丈《たけ》高き心地[113]ぞする。（源氏・夕顔）

訳（女たちの立ち姿は）むやみに背丈が高い感じがする。

入試★★ 1も2も大切ですが、「自分勝手」「自己本位」と押さえておけば大丈夫です。

212 なめげなり

［ナリ活用］

KEY なめている感じ

1 無礼だ。無作法だ。

POINT

相手をなめて礼儀知らずに振る舞うさまを言います。

1 受領《ずりやう》などの家にも、物の下部《しもべ》などの来て、**なめげに**[41]言ひ、さりとて我をばいかがせん[148]、など思ひたる、いとねたげなり。（枕）

訳 受領などの家にも、権力者の召使いなどが来て、無礼に

213

よそなり

［ナリ活用］

KEY「よそ」は「outside」

関連語

関 **なめし**［形］
無礼だ。無作法だ。

類 **こちごちし・こちなし**［形］
1 無骨《ぶこつ》だ。無風流だ。
2 無礼だ。無作法だ。

1 **無縁だ。**
無関係だ。

関連語

類 **あらぬ**［連体］
1 ほかの。別の。
2 意外な。とんでもない。

口をきき、だからといって自分をどうにもできないだろう、などと思っているのは、とても憎たらしい。

◉「受領」とは国の守《かみ》として地方に下る中流貴族のこと（→P310図）。『枕草子《まくらのそうし》』の作者清少納言《せいしょうなごん》は受領の娘でした。

入試 ★★関連語もきかれます。

POINT

古語は**「場所」**のほか**「関係」**でもよく用いられます。「よそよそしい」の「よそ」です。

1 この大将の君（＝源氏）の、今は**とよそに**なり給《たま》はむなむ、飽かず[11] いみじく[22]思ひたまへらるる。（源氏・葵）

訳 この大将の君が、これで最後と（この家と）**無縁に**おなりになるようなことが、（私には）満ち足りず ひどく悲しく思われるのです。

◉ 娘（葵《あおい》の上《うえ》）の死によって、娘の夫であった源氏が無縁な人となることを娘の父（左大臣）が嘆いている言葉です。

◉「思ひたまへらるる」の「たまへ」は謙譲の補助動詞「たまふ」の未然形です。

入試 ★入試では現代語訳だけでなく、内容説明でも問われます。

214

なのめなり

［ナリ活用］

AR

KEY 適当

1 並一通りだ。ありきたりだ。

2 いい加減だ。おろそかだ。

関連語

対 **なべてならず**［連語］ 並々ではない。格別だ。

POINT

「なのめ」は今の「ななめ（斜め）」です。**ちょっといい加減な、普通の様子**を言います。

1 男にさへおはしましける喜び、いかがは**なのめなら**む。（紫式部）

訳（無事出産し、生まれた子が）その上男の子でもいらっしゃった喜びは、どうして**並一通りで**あろうか。

◉中宮彰子《しょうし》の出産の場面です。子どもの父親は一条天皇です。生まれた子どもは男の子なので、将来天皇になる可能性があるのです。

2 文《ふみ》言葉なめき人こそ、いと[41]にくけれ。世を**なのめに**書き流したる言葉のにくきこそ。（枕）

訳 手紙の言葉が無礼な人は、とても憎らしい。世間を**いい加減に**（見て）書き流している言葉の憎たらしいこと。

入試 ★★否定形の「なのめならず」（＝並々ではない）もよくきかれます。

215

おぼろけなり

［ナリ活用］

POINT

1が**もともとの意味**です。「おぼろけならず」と同じ意味（**2**）で使われるときもあります。

KEY 「並」なのか「並じゃない」のか？

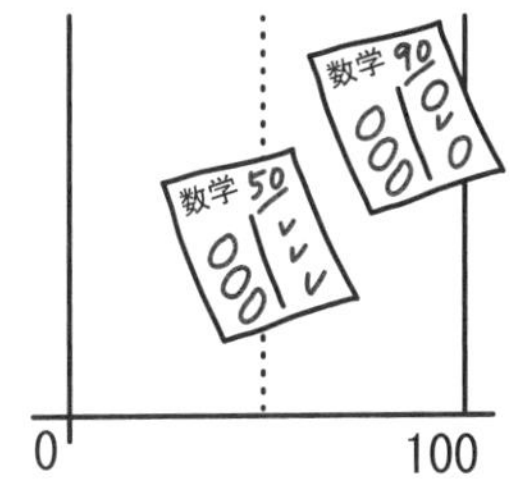

1 並一通りだ。ありきたりだ。

2 並々ではない。格別だ。

関連語 関 おぼろけならず［連語］並々ではない。格別だ。

1 **おぼろけに**いそぐことなきは、必ず参り給《たま》ふ。（枕）

訳（上達部《かんだちめ》も）**並一通りで**急ぐことがないときは、（中宮のもとへ）必ず参上なさる。

2 **おぼろけ**のよすがならで、人の言《こと》にうちなびき、この山里をあくがれ給ふな。（源氏・椎本）

訳 **並々ではない**縁以外に、人の口車に乗せられて、この山里からさまよい出なさってはいけない。

入試 ★★関連語もよく問われます。

216 あやにくなり ［ナリ活用］

POINT 漢字で記すと「あや憎なり」で、「あや」はもとは感動詞です。**自分の思いに反してひどいありさま**を言います。

KEY ああ憎い！

1（思いに反して）ひどい。（思いに反して）はなはだしい。

1 逢[8あ]はじとしけれど、男は**あやにくに**心ざし[120]深くなりゆく。（古本）

訳（女は男に）逢うまいとしたけれど、男は**ひどく**愛情が深くなっていく。

入試 ★「ああ憎いことだ」と覚えましょう。どうして憎く思われるのか、文脈から考えると、何を言っているのかがわかります。

217

まめやかなり

［ナリ活用］ AR

KEY 中身がある

1 **まじめだ。**
本気だ。

2 **実生活向きだ。**
実用的だ。

3 **本格的だ。**
本式だ。

関連語

関 **まめなり**［形動］・**まめまめし**［形］
1 まじめだ。本気だ。
2 実生活向きだ。実用的だ。

対 105 **あだなり**［形動］

POINT

中身や内容があることを言います。**1**は人、**2**は事物、**3**は状態を述べているときの訳語です。

1 ことなる顔かたちなき人は、物まめやかに習ひたるぞよき。（落窪）15

訳 格別な美貌《びぼう》の持ち主でない人は、物をまじめに習っているのがよい。

2 14 をかしきやうにもまめやかなるさまにも心寄せ仕《つか》うまつり給《たま》ふこと、三年《みとせ》ばかりになりぬ。（源氏・橋姫）

訳（薫《かおる》が）風流の面でも実生活向きの面でも（八の宮に）好意を寄せお世話申し上げなさることが、三年ほどになった。

3 まめやかに降れば、笠《かさ》もなき男《をのこ》ども、ただ引きに引き入れつ。（枕）

訳（雨が）本格的に降るので、笠もかぶらない供の男たちが、（牛車《ぎっしゃ》を邸内に）ただもう引き入れてしまう。

クローズアップ

「まめ」は対義語「あだ」と対比させて覚えましょう。「あだ」は見かけだけで中身や内容がないことを言います。

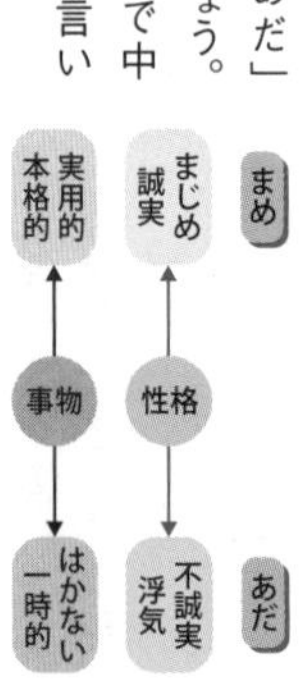

218

せちなり

【切なり】

［ナリ活用］

KEY 「せち」は「切」

1 切実だ。身にしみる。

2 大切だ。切迫している。

3 ［「せちに」の形で］ひたすら。いちずに。

入試 ★★★ 1～3のどの意味も大切です。関連語も問われます。

POINT

切々と心に感じられるさま、ひしひしと身に迫ってくるさまを表します。

1 嘆き**切なる**ときも、声をあげて泣くことなし。（方丈）

訳（権力者のそばに住む者は）嘆きが切実なときも、（遠慮して）声をあげて泣くことはない。

2 大納言《だいなごん》、宰相《さいしやう》もろともに、忍びて[4]ものし[67]給へ。**せちなる**こと聞こえむ。（宇津保）

訳 大納言や、宰相も一緒に、人目を避けてお越しください。大切なことを申し上げたい。

3 **せちに**「来《こ》」とあらば、行かむ。（更級）

訳 ひたすら「来い」と言うのならば、行こう。

入試 ★文章中で最も多く使われるのが3の意味です。したがって、入試でよく問われるのも3の意味です。

219 うちつけなり

［ナリ活用］ AR

KEY ぶっつけ本番

1 突然だ。だしぬけだ。

2 軽率だ。無礼だ。

関連語
類 209 ゆくりなし［形］
類 220 とみなり［形動］

POINT
物をぶつけるように、**急に物が生じたり、いきなり事を行ったりするさま**を言います。

1 **うちつけなる**御夢語りにぞ侍《はべ》るなる。（源氏・若紫）
訳 **突然の**夢で見たお話であるようですね。
◉平安時代、「夢」は未来の予兆でした。人の見た夢を占うことを「あはす」、占う人を「夢解《と》き」と言います。合わせ方次第でいい夢にも悪い夢にもなりました（↓P320）。

2 いと[41] **うちつけなる**心かな。（源氏・椎本）
訳 ひどく**軽率な**心だなあ。
◉「かな」は詠嘆の終助詞です。「詠嘆」とは強い心の動きを言います。この「かな」が表す心は驚きです。

入試 ★**1**の意味で多く使われますが、入試では**2**の意味も問われます。

220 とみなり

【頓なり】［ナリ活用］

KEY 急！

POINT
「頓」は「頓知《とんち》」「頓死《とんし》」の「頓」。**「いきなり」であるさま、「すばやい」さま**を表します。

1 うれしきもの。…**とみに**て求むる物、見出《い》でたる。（枕）
訳 うれしいもの。…**急に**（必要になって）探している物を、見つけ出したとき。

221 らう《ロ》たげなり ［ナリ活用］

1 急だ。

2 〔「とみに」の形で〕すぐに。

関連語
類 209 ゆくりなし ［形］
類 219 うちつけなり ［形動］

KEY カワイイ

1 かわいらしい。可憐《かれん》だ。

関連語
関 らうたし ［形］
かわいい。
類 12 うつくし ［形］
類 をかしげなり ［形動］
かわいらしい。美しい。

2 御前《おまへ》の方《かた》にいみじく[22]ののしる[2]。内侍《ないし》起こせど、とみにも起きず。（紫式部）

訳（大晦日《おおみそか》の夜）中宮のお部屋の方でひどく大声がする。（私は）内侍を起こすけれども、すぐには起きない。

入試 ★★「とみのこと」（＝急なこと）も、入試ではよく問われます。

POINT

ク活用形容詞「らうたし」の語幹に接尾語「げなり」が付いた語です。**かよわくて守ってあげたい気になるものの様子**を表します。子どもや女性に対してよく用いられます。

1 灯台に向かひて寝たる顔どももらうたげなり。（枕）

訳 灯台に向かって寝ている（舞姫たちの）顔もかわいらしい。

関 をかしげなる児《ちご》の、あからさまに[103]抱《いだ》きて遊ばしうつくしむほどに、かい付きて寝たる、いと[41]らうたし。（枕）

訳 かわいらしい幼児が、ちょっとの間抱いて遊ばせかわいがっているうちに、抱きついて寝てしまったのは、とてもかわいい。

入試 ★★★関連語もよく問われます。「らうたげなり」も関連語も「カワイイ」と押さえておけば大丈夫です。

222

こまやかなり

［ナリ活用］ AR

KEY

細やか・濃《こま》やか

1 心を込めている。丁寧だ。

2 色が濃い。

3 繊細で美しい。

POINT

こまやかさが感じられるものの様子を広く言います。

1 [152]天屋《てんや》の何某《なにがし》といふ者、破籠《わりご》・小竹筒《ささえ》など**こまやかに**したためさせ、僕《しもべ》[42]あまた舟に取り乗せて、追風《おひかぜ》時の間《ま》に吹き着きぬ。（奥の細道）

訳 天屋の何某という者が、弁当や酒などを心を込めて用意させ、下僕を大勢舟に乗せて、追い風を受けわずかの時間で（種《いろ》の浜に）吹き着いた。

2 物の心知らせ給《たま》[26]へる宮たちは、御衣《おんぞ》の色などもいと[41]**こまやかなる**もあはれなり。（栄花）

訳 物心のおつきになった宮様たちは、お召しの服（＝喪服）の色（＝黒）[14]などもとても色が濃いのもいたわしい。

3 **こまやかに**[7]をかしとはなけれど、なまめきたるさましてあて人と見えたり。（源氏・帚木）

訳（この子は）繊細で美しくかわいらしいというわけではないが、優美な様子をして良家の子弟風に見えた。

入試 ★★ 1・2・3のどの意味も大切です。ただし、古文の文章中で最も多く使われるのは1の意味です。入試でよく問われるのも1です。

223

いう《ユ》なり

【優なり】

［ナリ活用］

KEY エレガント

1 優美だ。
優れている。

関連語
類 99 あてなり［形動］
類 えんなり［形動］
優美だ。上品だ。

POINT
「言うなり」ではありません。その意味ならば「いふなり」と書かれます。「いうなり」は、漢字で記すと「優なり」。**品性・品格が優れていること**です。

1 あら思はずや。東《あづま》にもこれほど優なる人のありけるよ。（平家）

訳 ああ思いがけないことよ。東国にもこれほど優美な人がいたことだよ。

入試 ★★★「優美だ」と押さえればまず大丈夫です。類義語の「あてなり」「えんなり」も「優美だ」と押さえましょう。

224

みそかなり

【密かなり】

［ナリ活用］

KEY 「みそか」は「ひそか」

1 ひそかだ。

関連語
関 4 しのぶ［動上二／四］

POINT
「みそか」は今の「ひそか」です。「み」が「ひ」に変わったのです。

1 むすめを思ひかけて、みそかに通ひありき[10]けり。（堤・はいずみ）

訳 （男は、友達の）娘を好きになって、ひそかに通い続けた。

入試 ★「三十日《みそか》（晦日）」と勘違いしないように注意しましょう。

225 うち【内裏】

AR

KEY 「うち」は「内裏」、「内裏」は「天皇」

1 宮中。内裏。

2 天皇。帝。

関連語
類 233 くもゐ ［名］
▽P295・天皇

POINT 国の一番の内側である「宮中」と、その中心にいる人物である「天皇」の意味が大切です。

1 内裏に御遊び始まるを、ただいま参らせ給《たま》へ。（堤・逢坂越えぬ権中納言）

訳 宮中で管絃《かんげん》のお遊びが始まるので、すぐ参内《さんだい》ください。

2 内裏にも聞こし召し嘆くこと限りなし。（源氏・夕顔）

訳（源氏の病気を）天皇もお聞きになって嘆くことこの上もない。

◉「内裏にも」の「に」は「主格」を表しています。

入試 ★★ 1も2も大切です。「内裏」は読みも問われます。きかれたら、「だいり」ではなく「うち」と読みましょう。

226 うへ《エ》【上】

KEY 「ミセス」もある！

1 天皇。帝。

POINT 身分的に高い地位（上位）にいる人や、その人の居場所、貴人の妻を言います。

1 うへ、殿上《てんじやう》に出《い》でさせ給ひて、御あそびありけり。（紫式部）

訳 天皇が、殿上の間《ま》にお出ましになって、管絃のお遊びがあった。

227

しな 【品】

KEY 「品」は「家柄」次第

1 身分。家柄。

2 奥様。奥方。

3 御座所。貴人のいる所。

関連語 類 109 きは ［名］

関連語 類 108 おほやけ ［名］ ▽P295・天皇

POINT
土地の勾配《こうばい》や階段などの高低差の意が原義です。そこから、**人の高低**を表すようになりました。

1 御方しも、受領《ずりやう》の妻《め》にて品定まりておはしまさむよ。（源氏・玉鬘）

訳 よりによってお嬢様が、受領の妻として身分が定まってしまわれるだろうよ。

入試 ★多義語ですが入試で問われるのは、人の社会的序列（身分や家柄）を言っているときの **1** の意味です。

2 うへは、宮の失せ給ひ[22]けるをり、さま変へ給ひにけり。（堤・ほどほどの懸想）

訳 奥様は、（夫の）宮様がお亡くなりになったとき、出家なさってしまった。

3 うへより下《お》るる途《みち》に、弁の宰相《さいしやう》の君の戸口をさしのぞきたれば、昼寝し給へるほど[37]なりけり。（紫式部）

訳 （私が）中宮様の御座所から（部屋に）下がる途中、弁の宰相の君の（部屋の）戸口をのぞいたところ、（彼女は）昼寝をしていらっしゃるときであった。

入試 ★★人を表す「うへ」には、**1** だけではなく **2** もあります。**2** を **1** と思って読むと大変な誤読をしてしまいます。

228

ふるさと【古里】

AR

KEY **以前の暮らしの中心地**

1 古都。旧都。
2 なじみのある土地。
3 実家。わが家。

関連語
関 **さと**［名］実家。

POINT
以前の暮らしの中心地です。**1**は国の以前の中心地。**2**は以前に生活を営んでいた所。**3**は宮仕えや結婚で家を出た者の生家、旅先にいる者の自宅です。

1 帝よりはじめ奉りて、大臣公卿《くぎやう》みな悉《ことごと》く移ろひ給《たま》ひぬ。世に仕ふ[37]るほどの人、たれか一人**ふるさと**に残りをらむ。（方丈）

訳 天皇をはじめといたして、大臣公卿全員（福原京に）移りなさった。朝廷に仕える身分の人は、いったいだれが一人でも古都に残っていようか。

2 人はいさ心も知らず**ふるさと**は花ぞ昔の香ににほひ[51]ける（古今）

訳 人はさあその心もわからないものだ。しかし、このなじみのある土地は梅の花が昔どおりの香りで咲きほこっていることだなあ。

3 この**ふるさと**の女の前にてだに[125]、つつみはべるものを、さる所（＝宮中）にて才さかし出《い》で侍《はべ》らむよ。（紫式部）

訳（私は）自分の実家の侍女の前でさえも、（漢学の素養を）隠していますのに、（われ知らず）宮中で漢学の素養をひけらかしているのでしょうよ（そんなばかなことはありません）。

入試★★★1～3のどの意味も大切です。2はそこに住んでいなくてもかまいません。3は女房にとっての「実家」の意味が大切です。女房は働きに出ると宮仕え先で暮らします。ですから「実家」は「ふるさと」になるのです。

229

こころばへ《エ》

【心延へ】

KEY 心の動き

1 **心遣い。**
配慮。

2 **性格。**
性質。

3 **趣。**
風情。

関連語

関 **こころばせ**［名］
1 心遣い。配慮。
2 性格。性質。
3 教養。風流心。

POINT

漢字で記すと「心延へ」。**心がすっと動くこと**を言います（1）。2は心の動きの特徴ということです。物事の趣（3）も表します。32「かたち」、125「ざえ」と並んで人物評価のポイントとなります。

1 そのほど[37]（＝私ノ妊娠中）の心ばへはしも、ねんごろ[28]なるやうなりけり。（蜻蛉）

訳 私の妊娠中の（夫の）心遣いは、心がこもっているようだった。

2 あまた[42]あらむ中にも、こころばへ見てぞ率《ゐ》て[10]ありかまほしき。（枕）

訳（お供の者は）たくさんいるような従者の中でも、性格を見て連れて回りたいものだ。

3 岩に生ひたる松の根ざしも心ばへあるさまなり。（源氏・明石）

訳 岩に生えている松の根も趣がある様子である。

入試★★1～3のどの意味も大切です。入試では1・2の意味がよく問われます。

230 ひま【隙】

KEY 空白

AR

1 すき間。
2 絶え間。
3 すき。機会。

関連語
関 ひまなし［形］
1 すき間がない。
2 絶え間がない。

POINT
今の「暇《ひま》」の意味ではありません。古語の「ひま」は、**続いている物事の切れ間**を広く言い表します。

1 半蔀《はじとみ》は下ろしてけり。**ひまひま**より[7]見ゆる灯《ひ》の光、蛍よりけにほのかに[26]あはれなり。（源氏・夕顔）

訳 半蔀は下ろしてしまっていた。**すき間すき間**から（もれて）見える灯火の光は、蛍（の光）よりいっそうかすかでしみじみとした趣がある。

◉「半蔀」とは戸の一種です。

2 雪すこし**隙**あり。（源氏・真木柱）

訳 降雪が少し**絶え間**がある。

3 御[36]文《ふみ》奉らむ。[15]よき**ひま**なり。（落窪）

訳（少将の）お手紙を（姫君に）差し上げよう。絶好の**機会**だ。

入試 ★★★ 1～3のどの意味も大切です。3が問われて得点できると優位に立てます。

231 ひがこと【僻事】

KEY 「ひが」は「間違い」

POINT
「ひが」は「間違い」と覚えましょう。「こと」は「事」あるいは「言」の意味です。

1 鶴《たづ》の大臣殿《おほいどの》は、童名《わらはな》たづ君《ぎみ》なり。鶴を飼ひ給《たま》ひける故にと申すは、**僻事**なり。（徒然）

1 間違い。過ち。

関連語

関 ひが目［名］見間違い。

関 ひが耳［名］聞き違い。

関 ひが心［名］誤解。

関 ひが覚え［名］記憶違い。

関 うきたる［連語］根拠がない。

訳 鶴の大臣殿は、幼名はたづ君である。鶴をお飼いになっていたからと申すのは、間違いである。

入試 ★★★

232

とが【咎・科】

KEY おとがめ

1 欠点。短所。

2 罪。過ち。

関連語

関 とがむ［動下二］

1 気にとめる。

2 不審に思う。

POINT

今の「とがめる」の「とが」です。**人からとがめられるような欠点や振る舞い**を言います。

1 よろづ[122]の**とが**あらじと思はば、何事にもまことありて、人を分かず、うやうやしく、言葉少なからんにはしかじ。（徒然）

訳 すべての欠点をなくしたいと思うのならば、何事にも誠意があって、人を分け隔てず、礼儀正しく、口数が少ないようなのにまさるものはない。

2 世治まらずして、凍餒《とうたい》（＝寒さと飢え）の苦しみあらば、**とが**の者絶ゆべからず。（徒然）

訳 世の中が治まらなくて、寒さや飢えの苦しみがあるならば、罪を犯す者がなくなるはずがない。

入試 ★★ 1も2も大切です。関連語「とがむ」も問われます。

233

くもゐ《イ》

【雲居】

KEY 雲よ。遠い雲よ。

AR

1 宮中。都。
2 天上。空。
3 遠く離れた所。はるか遠い所。

関連語

関 くものうへ [名] 宮中。
関 くものうへびと [名] 殿上人《てんじょうびと》。(→P311)
類 225 うち [名]

POINT
遠くの雲や遠い所を言います。1は、宮中や都を天上界に見立てた意味です。

1 かからむ世には、雲居に跡をとどめても何かはし候《さうら》ふべき。(平家)
訳 このような世の中では、宮中にとどまってもどうしようもありません。

2 越路《こしぢ》をさして帰る雁《かり》の、雲居におとづれ行くも、(上皇ハ)をりふしあはれにきこしめす。(平家)
訳 北陸を目指して帰る雁が、天上で鳴いて飛んで行くのも、上皇は折も折しみじみとお聞きになる。

3 長き夜をひとり明かし、遠き雲居を思ひやり、浅茅《あさぢ》が宿に昔をしのぶこそ、色好むとは言はめ。(徒然)
訳 (恋に破れて)長い夜をひとりで明かし、はるか遠く離れた所を想像し、茅《かや》の茂る荒れ果てた家で昔を懐かしむことこそ、恋の情趣を解すると言えよう。

入試 ★★★ 1の意味が大切です。

234

せうそこ《ショウ》

【消息】

POINT
人に連絡を取ることです。1は間接的、2は直接的な連絡の取り方です。

KEY 連絡

1 手紙。伝言。
2 訪問。来意を告げること。

関連語
関 36 ふみ［名］
関 とふ［動四］訪ねる。見舞う。（＊「こととふ」とも。）

1 こはいかに。御消息奉りつるは、御覧ぜざりつるか。（大鏡）

訳 これはどうしたことだ。お手紙を差し上げたのは、ご覧にならなかったのか。

2 門《かど》さしつ。死ぬるなりけり。消息いひ入《い》るれど、なにのかひなし。（大和）

訳（季縄《すえなわ》の少将の家は）門を閉じていた。（季縄は）死んだのだった。（公忠《きんただ》は）訪問（して来意）を告げたけれども、なんの意味もない。

入試 ★★ 1も2も大切です。「消息」は読みも問われます。

235 そらごと【空言・虚言】

KEY 空っぽな言葉、

POINT
「そら」は「からっぽ」、「ごと」は「言（言葉）」の意味です。

1 嘘《うそ》。偽《いつわ》り。

関連語
関 そらなり［形動］ 1 落ち着かない。2 根拠がない。3〔「そらに」の形で〕暗記して。

1 世に語り伝ふること、まことはあいなきにや[87]、多くはみなそらごとなり。（徒然）

訳 世間で語り伝えていることは、真実はつまらないのであろうか、多くはみな嘘である。

◉「まことはあいなきにや」は挿入句です。

入試 ★★★入試では「そらなり」もよく問われます。

236

KEY 感謝と謝罪

かしこまり

【畏まり】

AR

1 お礼。
2 お詫《わ》び。
3 謹慎。

関連語
関 かしこまる［動］
1 つつしんで正座する。
2 お礼を言う。
3 お詫びを言う。
4 謹慎する。

POINT

「かしこまる」（＝**つつしんで正座する**）**ポーズから自然と出て来る言葉**を言います。3は2を態度で示したときです。

1 限りなく喜びかしこまり申す。（源氏・明石）
訳（明石《あかし》の入道は）この上もなく喜び（源氏に）お礼を申し上げる。

2 え[47]参らぬ由[121]のかしこまり申し給《たま》へり。（源氏・椎本）
訳（大臣は宮のもとに）参上できないことのお詫びを申し上げなさった。

3 頭《とう》の弁うれへ申されたりければ、その折にぞ、御かしこまりにて、しばし籠《こも》り居《ゐ》給へりし。（今鏡）
訳（成通《なりみち》の不正を上皇に）頭の弁が訴え申し上げなさったので、その折に、ご謹慎として、（成通は）しばらく家に籠っていらっしゃった。

入試 ★★ 1～3のどの意味も大切です。

237

KEY 人生は男女関係

よ・よのなか

【世・世の中】

POINT

現代語の語義のほかに、古語には「**男女の仲・夫婦の仲**」の意味があります。

1 心憂《う》きものは世なりけり。（堤・はいずみ）
訳 恨めしいものは男女の仲であったのだ。

238

かぎり【限り】

1 男女の仲。夫婦の仲。

1 昔、男ありけり。歌は詠まざりけれど、**世の中**を思ひ知りたりけり。（伊勢）

訳 昔、男がいた。歌は詠まなかったが、男女の仲をわきまえていた。

入試 ★★★多義語ですが入試できかれるのは1の意味です。

POINT

「もうこれで終わり」の意味です。1は「もうこれっきり会えない人の別れ」の意味です。

KEY **これっきり**

1（人生の）**最期**。最後。

2 **すべて**。全部。

3 **だけ**。ばかり。

関連語

関 **いまはかぎり**［連語］（人生の）最期。最後。（＊「いまは」とも。）

関 **かぎりあるみち**［連語］死出の旅路。

▽P293・死ぬ

1 はかなき[82]御なやみと見ゆれ[7]ども、**かぎり**のたびにもおはしますらむ。（源氏・椎本）

訳 ちょっとしたご病気に見えるけれども、**最期**の時でもいらっしゃるのだろう。

2 罪の**かぎり**果てぬれば、かく[132]迎ふるを、翁《おきな》は泣き嘆く。（竹取）

訳（かぐや姫の）罪の**すべて**が償《つぐな》われたので、こうして（月から）迎えに来たのを、翁は泣いて嘆く。

3 門の**かぎり**を高う造る人もありけるは。（枕）

訳（家の）門**だけ**を高く造る人もいたそうだよ。

入試 ★★1の意味が大切です。

239

わざと

KEY 「わざ」は「わざ」「わざ」

AR

1 わざわざ。
2 特別に。とりわけ。
3 〔「わざとの」の形で〕本格的な。本式の。

関連語
関 **わざとならず**〔連語〕
わざとらしくない。自然な感じだ。

POINT
物事を特別に意識して行ったりするさま（1）や、特別な物事の様子（2・3）を言います。

1 **わざと**かねて外《ほか》の（桜ノ花ビラ）をも散らして、庭に敷かれたりけるにや。（今鏡）
訳 わざわざ前もって外の桜の花びらをも散らして、庭に敷かれたのであろうか。

2 **わざと** めでたき[21]草子ども、硯《すずり》の箱の蓋《ふた》に入れておこせ[62]たり。（更級）
訳（親戚《しんせき》の人が）特別にすばらしい何冊もの本を、硯の箱の蓋に入れてよこした。
◉当時「硯の箱の蓋」は、人に物を贈るときお盆の代わりに使われました。

3 **わざとの**僧膳《そうぜん》はせさせ給《たま》はで、湯漬けばかり給ふ。（大鏡）
訳（道長殿は僧たちに）本格的な食膳は用意なさらずに、湯漬けのご飯だけを振る舞いなさる。

入試 ★★★ 1～3のどの意味も大切です。

240

かたみに

【互に】

POINT
「かたみ」は「片身」です。**一つのことを二人の人が対《つい》になって行うこと**を言います。

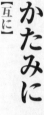

KEY 「かたみ」は「片身」

1 たがいに。

関連語
関 形見《かたみ》［名］思い出の品。

1 かたみに思ひあふことかぎりなし。（宇治）

訳（男と女は）たがいに愛し合うことこの上もない。

◉古語の「おもふ」は、男が女を「おもふ」・女が男を「おもふ」のときは「愛する」意味になります。

入試★★★入試でよく問われる重要語です。関連語の「形見」と混同しないようにしましょう。

241

ここら・そこら

KEY 「あまた」と同じ

1 たくさん。

関連語
同 42 あまた［副］

POINT
「この辺」「その辺」の意味ではありません。**数量が多いこと**を表す副詞です。

1 さが尻《しり》をかき出《い》でて、**ここら**の朝廷人《おほやけびと》に見せて、恥を見せむ。（竹取）

訳そいつの尻をまくり出して、たくさんの役人に見せて、恥をかかせてやろう。

1 それ（＝竜の首）が玉を取らむとて、**そこら**の人々の害せられむとしけり。（竹取）

訳竜の首の宝石を取ろうとして、たくさんの人々が殺されようとした。

入試★★★入試でよく問われる重要語です。「ここら」「そこら」「あまた」と三語セットで覚えましょう。

242

かねて

【予ねて】

KEY かねてから

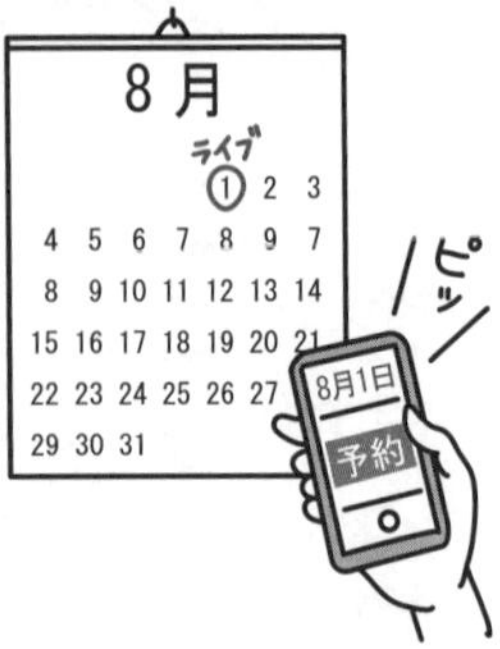

AR

1 前もって。前から。

2 〔日数を示す語の下に付いて〕〜前から。

POINT

「かねて」だけで**「かねてから」**という意味を表します。1も2も「前から」と押さえましょう。

1 死期《しご》はついで[118]を待たず。死は前よりしも来《きた》らず。**かねて**後ろに迫れり。（徒然）

訳（人の）死ぬ時期は順序を待たない。死は必ずしも前からやって来ない。前もって背後に迫っている。

2 五日**かねて**は、見むもなかなかなべければ、内にも入《い》らず。（更級）

訳（父は出発の）五日前からは、対面するのもかえってつらいにちがいないので、（私の部屋の）中にも入って来ない。

◉作者の父菅原孝標《すがわらのたかすえ》が常陸介《ひたちのすけ》として任国へ下る場面です。

入試★1も2も大切です。入試で問われるときは、平仮名表記になるのが普通です。「かねて」は「予ねて」です。「兼ねて」ではありません。

243

うたて

KEY 嫌《いや》！

POINT

事態のひどさを嘆く気持ちを表します。関連語も基本的意味は同じで「うたて」は「嫌！」と覚えましょう。

やを《オ》ら

1 いやなことに。不快に。

関連語

関 **うたてし** [形]
いやだ。不快だ。

関 **うたてあり** [連語]
いやだ。不快だ。

1 うたて、なにしに、さ申[135]しつらむ。（枕）

訳 いやなことに、どうして、（私は）あんな風に申し上げてしまったのだろうか。

◉ 清少納言《せいしょうなごん》の後悔の言葉です。中宮定子《ていし》の兄伊周《これちか》が一条天皇に深夜まで漢文の講義をしているとき、清少納言は「夜が明けてしまいそうだ」とつい口にしたのです。

入試 ★★「うたてし」「うたてあり」も大切です。

POINT

物音を立てないように、静かに動作する様子を表します。「やはら」とも言います。

KEY そっと、すうっと

1 そっと。
静かに。

関連語

同 やはら [副]

1 人の臥《ふ》したるを、奥の方《かた》より**やをら**のぞいたるも、いと[41]をかし[14]。（枕）

訳 人が寝ているのを、奥の方から**そっと**のぞいているのも、とてもおもしろい。

◉ 清少納言にはそっと物をのぞいたり、ひそひそ話に耳をそばだてたり、人の破り捨てた手紙をつなぎ合わせて読んだり、少し悪趣味と思われるようなところがあります。しかし、当時はプライバシーなどないのでした。この好奇心が観察力鋭い『枕草子』を成り立たせているのです。

入試 ★★入試でよく問われる語です。きかれたら、確実に得点しましょう。「やはら」もよく問われます。

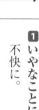

245

よもすがら【夜もすがら】

KEY オールナイト

AR

1 一晩中。夜通し。

関連語
同 夜一夜《よひとよ》［副］
関 日一日《ひひとひ》［副］ 一日中。朝から晩まで。
関 ひねもす［副］ 一日中。朝から晩まで。

POINT
「すがら」は「道すがら」の「すがら」と同じ。「**～の間・～の間中**」という意味です。

1 二十八日、**よもすがら**雨やまず。今朝も。（土佐）
訳 二十八日、**一晩中**雨が止《や》まない。今朝も（降っている）。
◉『土佐日記』には、国の守《かみ》としての任期を終えた紀貫之《きのつらゆき》が任国土佐から都へ帰るまでの旅が記されています。旅は船旅です。前日から悪天候のため船は停泊したままです。この日もまた船を出すことはできません。

入試★★

246

ゆめ・ゆめゆめ ～打消・禁止

KEY 「否定」と「禁止」

1 まったく～ない。少しも～ない。

POINT
下に打消や禁止の語を伴って、**全部否定**（1）や**強い禁止**（2）を表します。

1 御よろこびなど言ひおこする人も、かへりては弄《ろう》ずる心地《ここち》して、**ゆめ**うれしからず。（蜻蛉）
訳（夫の大納言昇進の）お祝いなど言ってよこす人も、逆にからかっている感じがして、（私は）まったくうれし

247

をさをさ〜打消

KEY 全部ではない

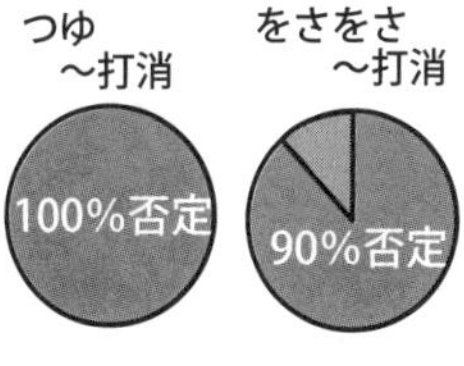

2 決して〜（し）てはいけない。断じて〜（し）てはいけない。

関連語

類 **あなかしこ〜禁止**［副］ 決して〜（し）てはいけない。

1 ほとんど〜ない。めったに〜ない。

POINT

呼応の副詞です。全部否定ではありません。**「ほとんど〜ない」**という意味です。

くない。

2 関白をば次第のままにせさせ給《たま》へ。**ゆめゆめ**違《たが》へさせ給ふな。（大鏡）

訳 関白職は（兄弟の）順序に任命してください。決して違反なさってはいけない。

類 この事、**あなかしこ**人に披露すな。（平家）

訳 このことは、決して人に言いふらしてはいけない。

入試 ★★★ **1**も**2**も大切です。とりわけ**2**は、入試でよく問われます。

1 冬枯れのけしき[38]こそ、秋には**をさをさ**劣るまじけれ。（徒然）

訳 冬枯れの様子は、秋にはほとんど劣らないだろう。

◉ 例文の後で兼好法師《けんこうほうし》は「冬枯れのけしき」を具体的に書いています。それは池の水際《みぎわ》の草に散った紅葉がとどまって、霜が真っ白に降りた朝、遣水《やりみず》（→P314）から水蒸気が立っている様子です。

入試 ★★ 「まったく・少しも」とつい訳しがちですが、全部否定ではありません。出題者はそこを突いてきます。

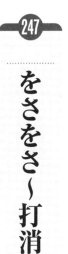

248 あなかま

KEY ああ、やかましい！

1 しっ、静かに。ああ、うるさい。

POINT

人の声や話を制止するときに言う言葉です。「あな」は「ああ」の意、「かま」は「やかましい」の「かま」（＝うるさい）です。

1 **あなかま**、人に聞かすな。いと[41]をかしげなる猫なり。飼はむ。（更級）

訳 しっ、静かに、人に聞かせてはいけない。とてもかわいらしい猫だ。飼おう。

◉作者の姉の言葉です。しばらくして姉は病気になります。するとこの猫が姉の夢に現れてこう言うのです。「自分は侍従の大納言の姫君の生まれ変わりだ」と。姫君は去年の桜の花の散るころに亡くなりました。

入試 ★★★問題文中に現れると、よく問われる重要語の一つです。「あなかしこ」（＝ああ、おそれ多い）と混同しがちなので注意しましょう。

249 かちより

【徒歩より】

KEY 「かち」は「徒歩」

POINT

「**かち**」は「**徒歩**《とほ》」の意味です。「より」は格助詞で「手段・方法」を表しています。

1 仁和寺《にんなじ》にある法師、年寄るまで石清水《いはしみづ》を拝まざりければ、心憂《う》くおぼえ[5]て、ある時思ひ立ちて、ただひとり**徒歩より**詣《まう》でけり。（徒然）

1 歩いて。
徒歩で。

関連語
関 **徒路**《かちぢ》［名］
歩いて行くこと。
関 **徒人**《かちびと》［名］
歩いて行く人。

訳 仁和寺にいる法師が、年を取るまで石清水八幡宮《はちまんぐう》に参拝したことがなかったので、恨めしく思われて、ある時決心して、ただひとりで歩いて参詣《さんけい》した。

◉ 法師は八幡宮が山上にあるのを知らず、ふもとの寺だけお参りして帰ってしまいました。作者兼好法師《けんこうほうし》は「ちょっとしたことでも、その道の先輩はいてほしいものだ」と言っています。

入試 ★★入試では「徒」「徒歩」は漢字の読みも問われます。

250

けしからず

POINT
形容詞「異《け》し」を助動詞「ず」で打ち消しているのに、意味は「異し」と同じ**「異様だ」**です。

KEY **「異《け》しからず」は「異《け》し」と同じ**

1 異様だ。
変だ。

関連語
関 **けし**［形］
異様だ。変だ。
関 **けしうはあらず**［連語］
悪くはない。

1 木霊《こだま》などいふ、**けしからぬ**かたちも現るるものなり。（徒然）

訳 （主人のいない家には）木霊などという、異様な物も現れるものである。

関 昔、若き男、**けしうはあらぬ**女を思ひけり。（伊勢）

訳 昔、若い男が、悪くはない女を好きになった。

◉「けしう」は形容詞「異《け》し」の連用形「異しく」のウ音便です。「けしうはあらず」は、「異し」を「ず」で打ち消していて、それなりによいものの様子を言い表します。

入試 ★関連語「けしうはあらず」もよく問われます。

Column

古語の世界へ③ 形容詞について

いとほし／こころぐるし／はづかし／ところせし

形容詞は事物の性質状態を表す語であることはよく知られていますが、その中に、自分の気持ちを言って相手の状態を示す形容詞があります。

たとえば、「らうたし」（221「**らうたげなり**」の関連語）は、こちらが弱い者をいたわってあげたいと思う気持ちからかわいいと感じることです。86「**いとほし**」もこちらが見ていてつらく目をそむけたい気持ちが原義で、そこから気の毒だ、いじらしい、かわいい、などの意味が生じました。

このように、自分の気持ちで相手の状態をいう形容詞は少なくありませんが、一見対象をストレートに形容する語でありながら、もう一つこちらの気持ちで対象の状態を示すという用法を持った語があります。

190「**こころぐるし**」は、心が苦しくつらいという意味ですが、「心ぐるしき女君《をんなぎみ》」というと、女君が心苦しがっているのではなく、こちらの心が締めつけられるほど女君がいたわしい、気の毒だ、という意味になります。ストレートに対象を形容する用法とは別に、こちらの気持ちを言うことによって相手の状態を示すという用法もあるのです。

187「**はづかし**」も自分が劣等意識を持つ意が基本ですから、自分の至らなさに気がひける、気恥ずかしく感じるという意ですが、「はづかしき人」のように用いると、こちらが気後れするほど相手が美しい、立派だという意味になります。

また、199「**ところせし**」は「所狭し」で場所が狭い、窮屈だというのが原義で、転じて仰々しい、儀式ばっているなどとも訳しますが、これも高貴な人に対して「ところせき御方」のように用いた場合、こちらが窮屈を感じるほど立派なお方、こちらが恐縮するくらい高貴なお方、というふうに解してもよいでしょう。

（中野幸一）

自分	→	相手
つらい	こころぐるし	気の毒だ
気がひける	はづかし	立派だ
窮屈だ	ところせし	高貴だ

入試攻略語 50

第4章

*第4章の50語は、入試でさらに高得点を取るための単語です。

*第3章までの250語と比べると、入試に登場する頻度は低いですが、問われたときに得点できると差をつけられる単語です。

*この章でも、復習を行います。例文に----が付いている語が第1章〜第3章の見出し語（数字は見出し語番号）です。

251

おきつ【掟つ】

［タ行下二段］

AR

POINT

「掟《おきて》」の動詞形です。**物事をあらかじめ決めたり、それを人に伝えたりすること**です。

KEY 「掟《おきて》」を定める

1 **あらかじめ決める。**
決めておく。

2 **指図《さしず》する。**
命令する。

関連語

関 **思ひおきつ** ［動下二］
あらかじめ心に決める。心の中で決めておく。

1 さは、三条院の、御末《すゑ》は絶えねとおぼしめし、**おきて**させ給《たま》ふか。（大鏡）

訳 それでは、三条院が、ご自身の皇統は絶えてしまえとお思いになり、あらかじめ決めなさったのか。

◉「絶えね」の「ね」は完了の助動詞「ぬ」の命令形です。ここは「強意」の意味で用いられています。

2 汝等《なむぢら》は古い者どもなり。いくさのやうをも**おきてよ**。（平家）

訳 おまえたちは老練な武士たちである。いくさのやり方を指図せよ。

入試 ★★★ つい「置きつ（置きて）」「起きつ（起きて）」と勘違いしてしまう語です。入試はそこを突いてきます。関連語「思ひおきつ」もよく問われます。

252 たばかる 【謀る】 ［ラ行四段］

KEY 謀《はか》る

1 工夫する。一計を案じる。
2 だます。ごまかす。

関連語
類 **すかす** ［動四］
1 だます。
2 機嫌をとる。
類 **はかる** ［動四］
だます。

POINT
「た＋ばかる」です。「た」は接頭語、「ばかる」は「謀る」。**策を練って事に当たること**を言います。

1 さりぬべき折見て、対面すべく**たばかれ**。（源氏・空蝉）
訳 適当な折を見て、（あの方と）対面できるように工夫しろ。

2 佐々木に**たばかられ**けり。浅かりけるぞや。渡せや渡せ。（平家）
訳 佐々木にだまされた。（川は）浅かったことだよ。（馬を）渡せ渡せ。

類 日ごろよく「御弟子にて候《さぶら》はむ」と契りて、**すかし**申し給ひけむが恐ろしさよ。（大鏡）
訳 つね日ごろよく「御弟子としてお仕えしよう」と約束して、だまし申し上げなさったとかいうことの恐ろしさよ。

入試 ★★ **1**も**2**も大切です。入試では現代語訳だけでなく、内容説明でも問われます。

253 まつりごつ 【政ごつ】 ［タ行四段］

AR

KEY 「まつりごと（政治）」をする

1 政治を行う。

関連語

関 **まつりごと** ［名］
政治。

関 **ひとりごつ** ［動四］
ひとりごとを言う。

POINT

名詞「まつりごと」（＝政治）の動詞形です。**「政治を行う」**ことを言います。

1 それにこそ、菅原《すがはら》の大臣《おとど》、御心《みこころ》のままに**まつりごち**給《たま》ひけれ。（大鏡）

訳 そのために、菅原の大臣（＝道真《みちざね》）は、お思いのままに政治を行いなさった。

関 帝をわがままに、おぼしきさまの**まつりごと**せむものぞ。（蜻蛉）

訳 天皇を意のままに（して）、思いどおりの政治を行うようになるにちがいない。

関 かへすがへす**ひとりごち**て臥《ふ》し給へり。（源氏・須磨）

訳 （光源氏は）何度もひとりごとを言って臥せっていらっしゃった。

入試 ★★★入試では関連語もよく問われます。

254 すま《（モ）》ふ《ウ》 【争ふ・辞ふ】 ［ハ行四段］

KEY No!

POINT

相手に対して「ノー」と言うことです。言葉だけでなく身をもって拒《こば》む場合にも用います。

1 女もいやしければ、**すまふ**力なし。（伊勢）

255 さす【鎖す】［サ行四段］

KEY 戸締まり

❶抵抗する。断る。

関連語
類 **いなぶ**［動上二／四］・**いなむ**［動上二］断る。

訳 女も（下女で）身分が低いので、（男の親に）抵抗する力はない。

◉男は自分の家で働いている女を好きになりました。しかし、男は、まだ親に養われている身なので、親の邪魔立てに抵抗できません。

クローズアップ
「すまふ」の名詞は「すまひ」、漢字で記すと「相撲」。相撲の語源です。力士は互いに相手の攻めを身をもって拒むのです。

入試 ★★類義語も大切です。

❶閉める。鍵《かぎ》をかける。

❷〔動詞の連用形に付いて〕途中で～(する)のをやめる。

POINT
今の「閉ざす」です。「閉ざす」は元は「戸鎖す」。「鎖す」だけで**「閉める」**の意味です。

❶門《かど》強くさせ。（枕）
訳 門をしっかり閉めろ。

❷143 など、あたら夜《よ》を御覧じさしつる。（源氏・手習）
訳 どうして、もったいない月夜を途中でご覧になるのをやめたのか。

入試 ★★★❶も❷も大切です。❷は現代語訳だけでなく、内容説明でも問われます。

256

おもひ《イ》やる

【思ひ遣る】

［ラ行四段］

AR

KEY 想像

1 想像する。
思いをはせる。

POINT

あるものに「思ひ」を「遣《や》る（＝はせる）」ことです。**「想像する」**と押さえましょう。

1 今日は都のみぞ**思ひやらるる**。（土佐）

訳 今日は都のことばかりが自然と**想像される**。

◉「るる」は助動詞「る」の連体形。「自発」の意味です。係助詞「ぞ」の結びで連体形になっています。

入試 ★古語では、必ずしも相手の身になって思いをはせることではないので注意しましょう。

257

しほ《オ》たる

【潮垂る】

［ラ行下二段］

KEY 涙ポロポロ

1 涙で袖《そで》が濡《ぬ》れる。
涙を流す。

POINT

潮水で濡《ぬ》れた袖《そで》からしずくがしたたるように、**涙が袖から垂れ落ちるほど泣くこと**を言います。

1 あかぬ別れの涙には、袖《そで》**しほたれ**てほしあへず。（平家）

訳 名残惜しい別れの涙には、袖が**涙で濡れ**て乾かしきれない。

◉古文では袖を濡らすのは涙です。涙抜きで袖が濡れることはないと押さえましょう（→P304「露」）。

258

むくつけし

［ク活用］

関連語 ▽P294・涙

KEY ぞっとする

1 **不気味だ。**
気味が悪い。

関連語
類 **けうとし** ［形］
1 不気味だ。
2 うとましい。
対 **けぢかし** ［形］
1 身近だ。
2 親しみやすい。
類 **けどほし** ［形］
1 疎遠だ。
2 近寄りがたい。

入試 ★★★ 「藻塩《もしほ》垂る」という語があります。「藻塩」は海藻からとる塩のことです。和歌ではこれに「しほたる」が掛けられます。

POINT
得体の知れないものがむくむくとうごめいているような**気味の悪さ**を言います。

1 しばし見るも**むくつけけれ**ば、往《い》ぬ。 （堤・はいずみ）
訳（男は女の顔を）ちょっとでも見るのも不気味であるので、立ち去る。

◉男の突然の来訪にあわてた女が、白粉《おしろい》と間違えて「はい墨」を顔に塗って男を迎えたのです。「はい墨」とは、菜種油やごま油を燃やして出したすすを集めたもので、まゆ墨や薬として使われていました。

入試 ★★ 入試では現代語訳だけでなく、心情説明でも問われます。

259

らうらうじ《ロ　ロ》

【労労じ】　［シク活用］

AR

KEY 洗練

1 もの慣れている。才たけている。

2 気品がある。洗練されている。

関連語

同 **らうあり**［連語］

対 **うひうひし**［形］

1 もの慣れていない。

2 気恥ずかしい。気後れする。

POINT

漢字で記すと「労労じ」。「労」は「苦労」の意味です。**社交上の苦労を積んで洗練された品のよさ**を言います。

1 いと[41]**らうらうじく**、歌詠み給《たま》ふことも、おとうとたち、御息所《みやすどころ》よりもまさりてなむいますかりける。（大和）

訳（故御息所の姉は）とてももの慣れていて、歌をお詠みになることも、妹たちや、御息所よりもすぐれていらっしゃった。

◉「御息所」とは、天皇や皇太子などの后《きさき》を言います（→P310「中宮」）。

2 姫君は、**らうらうじく**、深く重りかに見え給[7]ふ。（源氏・橋姫）

訳 姫君は、気品があり、思慮深く重々しくお見えになる。

入試★★★ **1**も**2**も大切です。

260

おほ《オ》けなし

［ク活用］

KEY 思い上がり

POINT

格下の者が上の者に対して、対等であるかのように**図々しく振る舞うこと**を言います。

1 昔のよしみを忘れぬことは[26]あはれなれども、思ひ立つこそ**おほけなけれ**。三日《みつか》平氏《へいじ》とはこれなり。（平家）

1 **身の程知らずだ。**
分不相応だ。

訳（伊賀・伊勢の者たちが平家の）昔の恩義を忘れないことは心を打つけれども、（源氏との戦いを）決心するとは**身の程知らずだ**。三日平氏とはこれである。

◉伊賀・伊勢の国の人々は先祖代々平家の家来でした。天下はすでに源氏のものでしたが、両国の住人は源氏の領地に攻め入ってあっけなく負けてしまったのです。

入試★★★古文は身分を重んじる世界を描いています。身分に関する語はどれも大切ですが、「おほけなし」もその一つ。入試では現代語訳だけでなく、内容説明でも問われます。

261 たのし 【楽し】 ［シク活用］

POINT

心や物が満ち足りていることです。古語は物質的に満ち足りた状態も言い表します。

KEY **経済的に楽々**

1 **裕福だ。**
豊かだ。

関連語
関 **得《とく》・徳**［名］お金。財産。
関 **徳人《とくにん》**［名］金持ち。

1 堀川《ほりかはの》相国《しやうこく》は、美男《びなん》の**たのしき**人にて、そのこととなく過差《くわさ》を好み給ひけり。（徒然）

訳 堀川太政《だいじょう》大臣は、美男子で**裕福な**人で、何事につけても贅沢《ぜいたく》を好みなさった。

◉「相国」とは「大臣」のことです。「大納言」は「亜相《あしょう》」、「中納言」は「黄門《こうもん》」とも言います。

入試★★★入試では関連語もよく問われます。

262 こよなし ［ク活用］

AR

KEY 段違い

1 格段である。格段の差がある。

2 格段に劣っている。

POINT **ほかと比べたとき、格段の差があること**を表します。劣っているときにも使います。

1 ひとり、灯火《ともしび》のもとに文[36]を広げて、見ぬ世の人を友とするぞ、**こよなう**慰むわざ[123]なる。（徒然）

訳 ただ一人、明かりのもとで書物を広げて、（それを書いた）見知らぬ世の人を友とすることは、格段に心が慰められることである。

◉ 兼好法師《けんこうほうし》が具体的に挙げている書名を並べると『文選《もんぜん》』『白氏文集《はくしぶんしゅう》』『老子《ろうし》』『荘子《そうじ》』。いずれも中国の古典です。

2 織物は、紫。白き。紅梅もよけれど[15]、見ざめ**こよなし**。（枕）

訳 織物は、紫。白いもの。紅梅もよいけれど、見飽きる点で格段に劣っている。

入試 ★★★ 1も2も大切です。とりわけ2の用法は忘れがちなので要注意です。出題者はそこを突いてきます。

263 しるし【著し】 ［ク活用］

KEY 見てはっきりとわかる

POINT 現代語の「著しい」の語源です。古語は、**見てはっきりとわかること**を言います。

1 明白だ。
明瞭《めいりょう》だ。

2 ［「～もしるく」の形で］
～もそのとおりに。
～もてきめんに。

関連語
関 115 しるし ［名］

1 ことさらにやつれたるけはひしるく見ゆる[7]車二つあり。（源氏・葵）

訳 わざと質素に装っている様子が明白に見える車が二台ある。

2 （源氏ハ）のたまひしもしるく、十六夜《いさよひ》の月をかしき[14]ほど[37]におはしたり。（源氏・末摘花）

訳 源氏はおっしゃったこともそのとおりに、陰暦十六日の夜の月が美しい時にお越しになった。

入試 ★★★ 1も2も大切です。とりわけ2はよく問われます。終止形を名詞と取り違えないように注意しましょう。

264 くやし 【悔し】 ［シク活用］

KEY 後悔

1 悔やまれる。
後悔される。

関連語
類 23 くちをし ［形］

POINT

動詞「悔《く》ゆ」の形容詞形です。**物事をし終えたあとで後悔する気持ち**を表します。

1 涙にくれてゆく先も見えね[7]ば、なかなかなりける見参《げんざん》かなと、今はくやしうぞ思はれける。（平家）

訳 （三位中将重衡卿《さんみのちゅうじょうしげひらきょう》は）涙に目がかすんで前方も見えないので、（妻との最後の対面は）かえってしなければよかった対面だなあと、今は悔やまれると思いなさった。

◉「かな」は詠嘆の終助詞です。「詠嘆」とは強い心の動きを言います。この「かな」が表す心は後悔の念です。

入試 ★★ 入試では現代語訳だけでなく、心情説明でも問われます。

265

いぶせし

【ク活用】

AR

KEY **すっきりしない**

1 気が晴れない。気になる。

関連語

関 **いぶかし**【形】

1 知りたい。気になる。

2 不審だ。疑わしい。

POINT

心がもやもやして、すっきりしないことを言います。心が鬱々《うつうつ》とした思いの煙で燻《いぶ》されている感じです。

1 見し夢を、心一つに思ひあはせて、また語る人もなきが、いみじう[22] **いぶせく**もあるかな。（源氏・柏木）

訳 かつて見た夢を、自分一人の心の中で解き明かして、ほかに打ち明ける人もいないことの、ひどく**気が晴れなく**もあることだよ。

入試 ★★入試では現代語訳だけでなく、心情説明でも問われます。

266

おもは《ワ》ずなり

【思はずなり】

【ナリ活用】

KEY **「意外」にも一語**

POINT

これで一語の形容動詞です。**予想もしていなかったものの様子**を言い表します。

1 女、いと[41] **思はずに**、似たる声かなとまで、あさまし[88]う おぼゆ[5]。（堤・はいずみ）

1 **思いがけない。**
意外だ。

関連語
類 209 **ゆくりなし**［形］

訳 女は、実に思いがけなく、（夫の声と）そっくりな声だなあとまで、驚きあきれるばかりに思われる。

入試 ★★入試では文法問題でも問われます。「おもはずなり」で一語です。

267

ことなり【異なり】［ナリ活用］

KEY **「こと」は「異」**

1 **別である。**
ほかと違う。

2 ［「こと＋名詞」の形で］
違う～。
異なる～。

POINT

漢字で記すと「異なり」。**普通と違っていること、別物であること**を言い表します。

1 内裏[225]わたりはなほ[44]けはひ**ことなり**けり。（紫式部）

訳 宮中あたりはやはり雰囲気が別であるなあ。

2 同じ人ながらも、心ざし[120]ある折とかはりたる折は、まことに**こと**人とぞおぼゆる[5]。（枕）

訳 同じ人でも、愛情があるときと心変わりしたときとは、本当に違う人のように思われる。

クローズアップ

「こと」を漢字の書き取りできかれたときは、意味を考えて、漢字を当てましょう。

言 …言葉・うわさ・和歌
事 …事件・～こと・事柄
異 …別である・違う

入試 ★★入試では2が問われます。「こと」は漢字の書き取りでもきかれます。

268 いろ【色】

AR

POINT

「色彩」の意味のほかに、「**顔色**《かおいろ》」「**容色**《ようしょく》」「**禁色**《きんじき》」などいろいろな語義があります。特に1・2の意味が大切です。

KEY 色を添える／色を好む

1 **情趣。風情。**

2 **恋愛。異性。**

関連語

関 **いろごのみ**［名］
恋愛や物の情趣を好む者。

関 **いろに出《い》づ**［連語］
心の中の思いが顔や態度に表れる。

関 **いろを失ふ**［連語］
顔色を変える。青ざめる。

1 [104]むげに**いろ**なく、いかにのり給《たま》ひけるぞ。（今物語）

訳 まったく**情趣**もなく、どのようにののしりなさったのだ。

2 [122]万に[22]いみじくとも、**色**好まざらん男は、[41]いと[97]さうざうしく、玉の巵《さかづき》の底なき[113]心地ぞすべき。（徒然）

訳 万事にすぐれていても、**恋愛**を好まないような男は、実に物足りなく、玉の盃《さかずき》でも底のない盃の感じがするだろう。

入試★

269 こころ【心】

POINT

今の「心」とほぼ同義です。ただし、**古文では、**1**の意味で使われる**ときがあります。

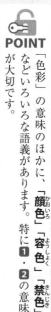

KEY 貴族的な心＝風流心

古池や
蛙飛び込む
水の音

1 情趣を解する心。風流心。

関連語
類 **40** なさけ［名］

1 こころなき身にもあはれは知られけり鴫《しぎ》立つ沢の秋の夕暮れ （新古今）

訳 情趣を解する心がない私の身にも、しみじみとした情趣が自然と感じられることだなあ。鴫が飛び立つ沢辺の秋の夕暮れであることよ。

◉西行《さいぎょう》の歌です。「三夕《さんせき》の歌」（＝秋の夕暮れの情趣を詠んだ三首の名歌）の一つとして有名な歌です。

入試 ★「心」も「なさけ」も **1** の意味が大切です。**1** の意味のとき入試ではよく問われます。

270 あない【案内】

KEY インフォメーション

Information
i

1 内情。

関連語
関 **あないす**［動サ変］
1 こちらの事情を伝える。
2 そちらの事情を尋ねる。

POINT
こちらの内の事情を伝えたり、相手の内の事情を尋ねたりすることを言います。

1 （帯刀《たちはき》ハ）「（邸《やしき》ニハ）誰々《たれたれ》かとまり給《たま》へる」とさりげなくてあない問ふ。 （落窪）

訳 帯刀は「邸にはだれとだれとが残っていらっしゃるのか」とそれとなく内情を尋ねる。

入試 ★多く「あないす」の形で使われます。

271

さた【沙汰】

KEY 取り沙汰

1 評議。評定。
2 指図《さしず》。命令。
3 処置。始末。

関連語
関 251 おきつ［動下二］
関 子細《しさい》に及ばず［連語］ あれこれ言う必要がない。

AR

POINT
ああだこうだと論じたり、ああしろこうしろと命じたりすることを言います。

1 鎌倉にてよくよくこの川の御《ご》沙汰は候《さうら》ひしぞかし。（平家）
訳 鎌倉で十分この川（＝宇治川）に関するご評議はありましたことだよ。

2 世静まり候ひなば、勅撰《ちよくせん》の御《ご》沙汰候はんずらん。（平家）
訳 世の中が静まりましたならば、勅撰和歌集編集の（天皇の）ご指図があるでしょう。

3 若狭《わかさ》の国に沙汰すべきことありて行くなりけり。（今昔）
訳 若狭の国で処置しなければならないことがあって行くのであった。

入試★★ 3は1・2を行動に移す意味です。

272

やう《ヨ》【様】

KEY わけあり

POINT
1は多く「やうあり」の形で使われます。「用がある」ではありません。**2は「仕様が無い」の「様」**の意味です。

1 さればよ。あるやうあらむ。（源氏・葵）
訳 思ったとおりだ。なにかわけがあるのだろう。

2 その山、見るに、さらに[48]登るべきやうなし。（竹取）

けぢ《ジ》め

1 **わけ。** 事情。
2 **手段。** 方法。
3 **こと。** 様子。

KEY **ただの区切り**

1 **区別。** 違い。

訳その山は、見ると、まったく登ることができる手段がない。

3 （遊女ハ）人の召しに従うてこそ参れ。左右なう[198]推参するやうやある。（平家）

訳遊女は人の招きによって参るものだ。ためらわず押しかけることがあるか。

入試★入試では**1**・**2**の意味が問われます。特に**1**はよくきかれます。**1**はPOINTで言うように「用」と混同しがちです。注意しましょう。

POINT

行動・態度に区切りをつけることではありません。**単に一線を引いたときの違い**を言います。

1 世の中の例《れい》として、思ふをば思ひ、思はぬをば思はぬものを、この人は、思ふをも、思はぬをも、**けぢめ**見せぬ心なむありける。（伊勢）

訳世の中の例として、好きな人を愛し、好きではない人は愛さないものなのに、この人は、好きな人も、好きではない人も、区別を見せない心があった。

入試★読解上の重要古語です。現代語の意味でつい読んでしまいます。出題者はそこを突いてくるのです。

274

あらまし

AR

KEY こんな風に「有らまし」

1 計画。予定。願い。

POINT

あらかじめ心の中でこうありたいと考えていることを言います。

1 かねて[242]の**あらまし**、皆違《たが》ひゆくかと思ふに、おのづか[128]ら違《たが》はぬこともあれば、いよいよ物は定めがたし。（徒然）

訳 前からの計画が、すべてはずれていくかと思うと、偶然にはずれないこともあるので、いよいよ物事は定めがたい。

入試 ★★現代語の意味でつい訳してしまいます。入試はそこを突いてくるのです。

275

つま

【端】

KEY「つま先」の「つま」

1 先。端。

2 きっかけ。糸口。

POINT

物の「先」や「端」を言います。2は事柄の端緒という意味です。

1 宰相《さいしやう》の君と二人、物語[35]してゐ[9]たるに、殿の三位《さんみ》の君、簾《すだれ》の**つま**引き開けて居給[9]《たま》ふ。（紫式部）

訳 宰相の君と二人で、おしゃべりをしていると、殿の三位の君が、簾の先を引き開けてお座りになる。

2 夕べの露《つゆ》のしげきも涙を催す**つま**なるべし。（今鏡）

訳 夕べの露が多いのも涙を誘うきっかけであるにちがいない。

276

ゆゑ《エ》 【故】

入試★ ❶も❷も大切です。❶は家の軒《のき》（軒先・軒端《のきば》）を言っているときがあります。

POINT

物事が根ざしているもの（❶）という意味が原義です。❷は一流の血筋の人、❸は一級品の味わいを言います。

KEY 根っこ

❶ **理由。** わけ。
❷ **品格。** 由緒。
❸ **風情。** 趣。

関連語
関 **ゆゑゆゑし**［形］
1 品格がある。
2 風情がある。
類 121 **よし**［名］

❶この獅子《しし》の立ちやう、[41]いとめづらし。深き**ゆゑ**あらん。（徒然）

訳 この（社《やしろ》の）獅子の立ち方は、実に珍しい。深い理由があるのだろう。

❷すべて（女ノ）人はおいらかに、少し心掟《おきて》[14]のどやかに、[189]落ち居《ゐ》ぬるをもとしてこそ、**ゆゑ**も[121]よしもをかしく、心やすけれ。（紫式部）

訳 だいたい女性はおっとりとして、少し心構えものんびりと、落ち着いているのを基本としてこそ、品格も風情も趣深く、親しみがもてる。

❸**ゆゑ**ある木かげに[155]立ちやすらひ給へる院の御[32]かたち、[41]いと[100]清らに[21]めでたし。（増鏡）

訳 風情のある木かげにたたずんでいらっしゃる上皇のご容貌は、とても美しくすばらしい。

入試★★ 入試では❷と❸の意味が問われます。

277 ただびと

【徒人・直人】

AR

POINT

「普通の人」とは限りません。**だれに対して「ただびと」なのか**を考えましょう。

KEY 天皇VS臣下／一流の貴族VS普通の貴族

❶臣下。

❷普通の貴族。

❶皇胤《くわういん》なれど、姓《しやう》たまはりて、ただ人にて仕へて、位につきたる例やある。（大鏡）

訳天皇の子であっても、名字をいただいて、臣下として仕えて、（天皇の）位についた先例はあるか。

◉日本の皇族には姓がなく、皇室を離れて臣下になるとき姓が与えられます。最も多かった姓が「源《みなもと》」です（→P311）。

❷一の人の御有様はさらなり、ただ人も、舎人《とねり》など賜《たま》はるきはは、ゆゆしと見ゆ。（徒然）

訳摂政関白のご様子は言うまでもなく、普通の貴族も、護衛の者を（朝廷から）いただく身分の人は、すばらしいと思われる。

入試★★古語にも「普通の人」の意味はあります。しかし、入試で問われるのは❶・❷の意味で使われているときです。特に❶はよくきかれます。

278 はらから

【同胞】

POINT

「**はら**」は「**腹**」で**お母さんのお腹《なか》の意**、「**から**」は「**同族**」という**意**です。

KEY 同腹

279 そのかみ【其の上】

KEY 話題の時点

キャー
キャー
キャー
そのかみはもててもてて

1 兄弟姉妹。

関連語

類 このかみ［名］兄。姉。

類 せうと［名］兄。弟。

1 その時。

2 その昔。

関連語

類 当時《たうじ》［名］

1 今。現在。

2 その時。

関 中《なか》ごろ［名］それほど遠くはない昔。（＊「中昔《なかむかし》」とも。）

1 小松の帝の御母、この大臣《おとど》の御母、はらからにおはします。（大鏡）

訳 小松の帝の母上は、この大臣の母上と、姉妹でいらっしゃる。

入試 ★同母の兄弟姉妹を言います。小さい頃から同じ屋根の下で育っています。読解問題を解く上で大切な知識です。

POINT

話題にしている出来事が起こっている時点や、そこから遡《さかのぼ》った過去の時点を表します。

1 伊勢の君の、弘徽殿《こきでん》[26]の壁に書き付けたうべりし歌こそは、そのかみに、あはれなることと人の申ししか。（大鏡）

訳 伊勢の君が、弘徽殿の壁に書き付けなさった歌は、その時には、しみじみすることだと人は申し上げたことだった。

2 そのかみのことなど思ひ出《い》づるに、めでたき[21]喜びの涙ならんかし。（増鏡）

訳（天皇がまだ皇子だった）その昔のことを思い出したので、（定房《さだふさ》の涙は）すばらしいうれし涙であるだろうよ。

入試 ★★★ **1** も **2** も大切です。

280

いそぎ【急ぎ】［名詞］

AR

KEY いそいそ準備

1 準備。用意。

関連語 関 いそぐ［動四］準備する。用意する。

POINT ただ急いでいるのではなく、**本番に向けてせっせと準備すること**を言います。

1 公事《くじ》どもしげく、春のいそぎにとり重ねて催し行はるるさまぞ、いみじき[22]や。（徒然）

訳（十二月は）朝廷の諸行事が頻繁で、新春の準備と重ねて執り行われる様子は、実によいものだよ。

◉「や」は間投助詞です。「詠嘆」（〜よ）の意味を表します。

入試 ★動詞「いそぐ」も大切です。

281

を《オ》りふし【折節】［副詞］

KEY 「ふし」も「折」

1 ちょうどその時。折も折。

2 〔名詞として〕その時々。折々。季節。

POINT 「ふし」も「折」の意味です。「をりふし」で**「折も折」という意味**です。

1 ころは正月《むつき》二十日あまりのことなれば、比良《ひら》の高嶺《たかね》、志賀の山、昔ながらの雪も消え、谷々の氷うち解けて、水はをりふし増さりたり。（平家）

訳 時節は陰暦一月二十日すぎのことなので、比良の高嶺、志賀の山、昔のままの長等《ながら》山の雪も消え、谷々の氷も解けて、（宇治川の）水かさはちょうどその時増していた。

◉「昔ながら」の「ながら」に「長等（山）」が掛けられています。

関連語

関 **をりしもあれ** ［連語］ ほかに折もあろうに、ちょうどその時。

関 **をりから** ［副］ ちょうどその時。

2 **折節**の移り変はるこそ、ものごとにあはれなれ[26]。（徒然）

訳 季節が移り変わる様子は、何事につけても趣深く感じる。

入試 ★★ **1** も **2** も大切です。

282 はやく ［早く］ ［副詞］

KEY **今よりも早い時に**

1 **以前**。昔。

2 **すでに**。とっくに。

3 ［「はやく～けり」の形で］ **なんとまあ**。実は。

関連語

類 127 **とく** ［副］

類 129 **いつしか** ［副］

POINT **形容詞「早し」の連用形が副詞化した語**です。**3** は詠嘆の助動詞「けり」を伴います。

1 わが知る人にてある人の、**はやう**見し女のことほめ言ひ出《い》でなどするも、ほど[37]経たることなれど、なほにくし[44]。（枕）

訳 私の知る人である男が、以前付き合った女のことをほめたりなどするのも、時を経たことであっても、やはり憎らしい。

2 **はやう**御髪《みぐし》おろし給《たま》うてき。（大和）

訳 （女の人は）すでに出家なさってしまった。

3 いかなる船なるといふことを知らざるに、**はやく**、賊船なりけり。（今昔）

訳 どういう船であるかということもわからずいると、なんとまあ、海賊船だったのだ。

入試 ★★ **1**～**3** のどの意味も大切です。とりわけ **3** が問われて得点できると優位に立てます。

283

つくづくと

AR

KEY 心静かに

1 しんみりと。しみじみと。

関連語

関 **こころづくし**［名］もの思いに心を使い果たすこと。

POINT

漢字で記すと「尽く尽くと」で、**アクティブな力が尽きてしまって、心が内側を向いているさま**を言い表します。

1 曇りたる空を、**つくづくと**ながめ[6]暮らしたるは、いみ[22]じうこそあはれ[26]なれ。（枕）

訳（梅雨《つゆ》のころ）曇っている空を、しんみりともの思いに沈んで眺め過ごしているのは、とてもしみじみしたものがある。

入試 ★現代語のように「思う・嫌になる」ことを修飾するだけでなく、古語は広く使われます。

284

せめて

KEY ぐいぐい迫って

1 無理やり。しいて。

2 非常に。きわめて。

POINT

「せめ」は「迫め」です。**ぐいぐいとつめ寄る様**（1）**や程度のすごさ**（2）を言います。

1 いと[41]しもおぼえ[5]ぬ人の、おし起こして、**せめて**もの言ふこそ、いみじう[22]すさまじ[92]けれ。（枕）

訳 それほど親しく思われない人が、（眠そうにしている人を）揺り起こして、無理やり話しかけるのは、とても興ざめだ。

関連語
関 **よに**［副］
1 実に。非常に。
2 決して。断じて。
類 211 **あながちなり**［形動］

2 **せめて**恐ろしきもの。夜鳴る神。近き隣に盗人《ぬすびと》の入《い》りたる。（枕）
訳 非常に恐ろしいもの。夜鳴る雷。近隣に泥棒が入ったとき。

入試 ★1も2も大切です。1なのか2なのかは、訳してみると、容易にわかります。

285 かまへ《エ》て

KEY **十分に心を配って**

POINT
「心構えをして」、つまり十分に心を働かせて事に当たることを言います。2は意志や願望の文中、3は禁止の文中の意味です。

1 **注意して。**
気をつけて。
2 **ぜひとも。**
3 **決して。**

関連語
関 **かまふ**［動下二］
1 準備する。
2 計画する。

1 **かまへて**よくよく宮仕へ、御心《おんこころ》に違《たが》ふな。（平家）
訳 注意してしっかりと奉公し、（成親卿《なりちかきょう》の）お心に背くな。
2 （コノ馬ヲ）**かまへて**盗まむ。（今昔）
訳 この馬をぜひとも盗もう。
3 （狐《きつね》ハ）**かまへて**調《てう》ずまじきなり。（宇治）
訳 狐は決して懲らしめてはいけないのである。

入試 ★どの意味も大切です。

286 おほ《オ》かた～打消

AR

KEY 全部否定

1 まったく～ない。
少しも～ない。

関連語
同 48 さらに～打消［副］
同 138 つゆ～打消［副］

POINT
「だいたい～ない」という意味ではなく、「おほかた～打消」で**全部否定**を表します。

1 この殿は、おほかた歌のありさま知り給《たま》はぬにこそ。（宇治）

訳 この殿は、まったく和歌の有り様をご存じでないことである。

◉『後拾遺和歌集』の撰者《せんじゃ》である藤原通俊《ふじわらのみちとし》に対して秦兼久《はたのかねひさ》という歌人が言った悪口です。

◉「にこそ」の後に「あれ」が省略されています。省略することで余韻をもたせた表現になっています。

入試 ★★

287 さりとも

KEY いくらなんでも「副詞」です

1 いくらなんでも。
それにしても。

POINT
「**たとえそうだとしても**」が原義です。それが熟して副詞となりました。副詞が大切です。

1 さりとも、この北陸道《ほくろくだう》にて、羽黒《はぐろ》の讃岐阿闍梨《さぬきのあじゃり》見知らぬ者やあるべき。（義経）

訳 いくらなんでも、この北陸道で、羽黒の讃岐阿闍梨のことを見知らぬ者がいるだろうか、いやいるはずがない。

288 さて

○×大学入試問題
問1 あなたの名前を書きなさい
問2 1+1=
終わり
エッ?

関連語

関 **さり**（**然り**）［動ラ変］
そのようだ。

関 **さりとて**［接］
だからといって。

KEY 同じ状態のままで

1 **そのまま。**
そのような状態で。

2 ［「さての」の形で］
そのほかの。
それ以外の。

関連語

関 **さてありぬべし**［連語］
そのままで通用するだろう。

関 **さてしもあるべきことならねば**［連語］
いつまでもそのままではいられないので。

入試 ★★入試で問われたら、副詞だと見なしましょう。

◉「阿闍梨」は「あざり」または「あじゃり」と読みます。
師範格の僧のことです。

POINT

接続詞もありますが、副詞の「さて」が大切です。
物事がそのままの状態にあることを言います。

1 すべて、何も皆、事のととのほりたるは、悪《あ》しきことなり。し残したるを**さて**打ち置きたるは、おもしろく、生き延ぶるわざなり。（徒然）

訳 総じて、何でも皆、事がすべてそろっているのは、悪いことである。やり残したものをそのまま放《ほう》って置いているのは、おもしろく、寿命が延びる（気持ちがする）行いである。

2 **さての**人々は皆臆《おく》しがちに鼻白《はなじろ》める多かり。（源氏・花宴）

訳 そのほかの人々は皆気後れしがちでとまどっている者が多くいる。

入試 ★**1**が大切です。関連語もよく問われます。

289 させる

［連体詞］

AR

KEY ドンマイ！「させる」ことない

1 たいした。これといった。

関連語
類 292 **いとしもなし** ［連語］

POINT
これで一語の連体詞です。**下に打消の語を伴って使われます。**

1 夢もうつつ[114]も、「これはよきこと[15]」と人申せど、させることなくてやむやう侍《はべ》り。（大鏡）

訳 夢も現実も、「これはよいこと（の前ぶれだ）」と人は申しても、たいしたこともなくて終わることがあります。

入試 ★★入試では品詞も問われます。連体詞です。

290 さは《ワ》れ

［感動詞］

KEY 成り行きのままよ

1 どうにでもなれ。ままよ。

POINT
「さはあれ」（＝**そうあってもかまわない**）が変化して、熟して一語になった語です。

1 「さはれ、このついで[118]にも死なばや」と思《おぼ》す。（源氏・柏木）

訳（女三の宮は）「どうにでもなれ、この機会にも死にたい」とお思いになる。

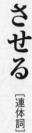

291

されば よ
されば こそ

KEY 予想的中！

1 思ったとおりだ。案の定。

◉「ばや」は「～たい・～たいものだ」という意味の終助詞です。

入試★★★「ままよ」は古風な表現ですが、選択肢ではしばしば用いられる訳語です。

POINT

「然《さ》れば思ひつることよ」（＝だから予想したことよ）、「然ればこそ思ひつれ」（＝だから予想したのだ）の省略形です。**予想が的中**したのです。

1 **されば よ**。思し疑ふことこそありけれ。（落窪）

訳 思ったとおりだ。（わたしを）お疑いになることがあったのだ。

1 **されば こそ**。異物《こともの》の皮なりけり。（竹取）

訳 案の定。違う物の皮であったよ。

入試★★★現代語訳だけでなく、入試では内容・心情説明でも問われます。

292

いとしもなし

AR

KEY それほど・でも・ない

1 たいしたことはない。

関連語
関 41 いと［副］
類 81 いたし［形］

POINT

副詞「いと」＋助詞「しも」＋形容詞「なし」。**「いと」は打消表現と呼応すると「それほど」の意**になります。

1 才[125]はきはめてめでた[21]けれど、みめはいとしもなし。（古本）

訳（大江匡衡《おおえのまさひら》は）漢学の素養は非常にすばらしいけれども、外見はたいしたことはない。

◉ 匡衡の妻は赤染衛門《あかぞめえもん》です。赤染は夫が嫌いでしたが、匡衡が尾張《おわり》の守《かみ》になると一緒に任国へ下ります。

入試 ★★★問題文中にあると、入試ではよく問われます。

293

かずならず

【数ならず】

KEY カウントに値しない

1 取るに足りない。
物の数ではない。

POINT

「かず（数）」は「数えあげる価値のあるもの」という意味です。その否定です。

1 おのれが身かずならずして権門の傍らに居《を》る者は、深く喜ぶことあれども、大きに楽しむに能《あた》はず。（方丈）

訳 自分の身分が取るに足りなくて権勢のある家の隣に暮らしている者は、心から喜ぶことがあっても、盛大に楽しむことができない。

入試 ★★訳語の「物の数ではない」は古風な表現ですが、選択肢ではしばしば用いられます。

294

ただならず

KEY 何かある

1 様子が普通ではない。
2 心が平静ではない。
3 〔「ただならずなる」の形で〕妊娠する。懐妊する。

関連語
類 **ことやうなり**［形動］変わっている。普通とは違っている。

POINT
「特別なことが何かある」ことを言います。1は外見、2は内面の意味です。

1 「これ、結ばばや」と言へば、実方《さねかた》の中将、寄りてつくろふに、**ただならず**。（枕）

訳（女房が）「これ（＝解けたひも）を、結びたい」と言ったところ、実方の中将が、近寄って結び直すのだが、様子が普通ではない。

2 かくて閉ぢめてむと思ふものから、**ただならず**ながめがちなり。（源氏・空蟬）

訳（女は源氏との交際を）このまま終わらせてしまおうと思うけれども、心が平静ではなくもの思いに沈みがちである。

3 男夜《よ》な夜《よ》な通ふ[37]ほどに、年月も重なるほどに、（女ノ）身も**ただならずなり**ぬ。（平家）

訳男が毎晩通ううちに、年月も重なったので、女の身も妊娠してしまった。

入試 ★★★1〜3のどの意味も大切です。とりわけ3はよく問われます。

295 いかにぞや

【如何にぞや】

AR

KEY いかがなものか

1 あまり感心しない。どんなものか。

POINT

あまり感心しない気持ちを「どんなものか」と婉《えん》曲《きょく》的に表した言葉です。

1 男《をのこ》だに才《ざえ》がりぬる人は、**いかにぞや**、はなやかならずのみはべるめるよ。（紫式部）

訳 男でさえも漢学の素養をひけらかしてしまう人は、あまり感心しません、ただもう華やかでなくあるように思われますよ。

◉「だに」（副助詞）は「類推」の意味です。言外に「まして漢学の素養をひけらかしてしまう女は」ということを暗示しています。

入試 ★★入試では内容説明でよく問われます。「あまり感心しない」と解釈して説明します。

296 ものもおぼえず

【物も覚えず】

KEY 頭真っ白！

1 呆然《ぼうぜん》としている。われを失っている。

POINT

直訳すると「**何も考えられない**」。正気を失っている状態（**1**）、分別《ふんべつ》を失っている状態（**2**）を言います。

1 人の泣き騒ぐ音の聞こゆる[61]に、いと[41] ゆゆしく[78]、**ものもおぼえず**。（紫式部）

訳 人の泣き騒ぐ声が聞こえるので、（私は）とても怖くて、呆然としている。

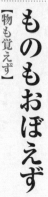

297

ひとやりならず
【人遣りならず】

KEY
自分のせい

2 道理をわきまえない。

関連語
▽P298・呆然自失

対 ものおぼゆ［動下二］
1 正気である。2 道理をわきまえている。

1 他のせいではなく、自分の心からする。

関連語
▽P297・心

類 心と（して）［連語］
自分の心から。自分から進んで。

対 心ならず［連語］
1 自分の心からではなく。2 思わず。

2 ものもおぼえぬ官人どもが申しやうかな。（平家）

訳 道理をわきまえない役人たちの言い草だなぁ。

入試 ★★★ 入試では**1**の意味がよく問われます。

POINT
「人遣り」は「人から遣らされる」ことを言います。その打消で、**「自分の意志ですること」**です。

1 ひとやりならぬ道なれば、行き憂し[24]とてとどまるべきにもあらで、何となく急ぎ立ちぬ。（十六夜）

訳 他のせいではなく、自分の心からする旅なので、行くのがいやだと言って（都に）とどまることができるわけでもないので、これということもなく急ぎ出発した。

◉『十六夜《いざよい》日記』には、遺産相続をめぐる訴訟のため、京から鎌倉へ下る旅が記されています。作者は阿仏尼《あぶつに》です。

入試 ★★★

298 よのつねなり

【世の常なり】

AR

KEY 月並《な》み

1 ありきたりだ。普通だ。

2 月並みな表現だ。

関連語 ▽P296・言葉では言い尽くせない

類 214 なのめなり［形動］

○×子さん
あなたは
ぼくの太陽だ
君のことを思うと
ぼくは
夜も眠れない……
月並みだなぁ…

POINT
「この世にありがちなこと」ではありません。**ありきたりで月並みなものの様子**を表します。

1 歌など詠むは**世の常なり**。かく[132]折にあひたること（＝漢詩句）なん言ひがたき。（枕）

訳（こんな時に）歌などを詠むのは**ありきたりだ**。このようにその時の状況に合った漢詩句は口にしがたいことだ。

2 めでたし[21]などは言ふも**世の常なり**。（大鏡）

訳 すばらしいなどという言葉は口にするのも**月並みな表現**だ。

入試 ★★ 1も2も大切です。特に、表現が陳腐で言い尽くせていないという意味の2はよく問われます。

299 またのひ

【又の日】

KEY 「また」＝「next」

1 翌日。次の日。

POINT
「後日《ごじつ》」という意味ではありません。「**またの**」は「**次の**」という意味です。

1 野分《のわき》の**またの日**こそ、いみじう[22] あはれに[26] をかしけれ[14]。（枕）

訳 台風の**翌日**は、とても しみじみとした 風情がある。

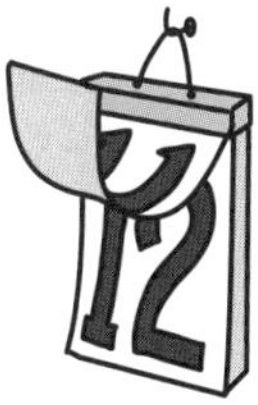

300

〜あへ《エ》ず

KEY 頑張りきれない

関連語
関 またの年［連語］翌年。
関 またの朝《あした》［連語］翌朝。

入試 ★ 関連語も大切です。やはり「またの」は「次の」の意味です。

POINT 動詞の連用形に付いて、**最後までそのことをしきれなかったこと**を言います。

1 正月《むつき》一日、言忌《ことい》みもし**あへず**。（紫式部）

訳 陰暦正月一日、言忌みも**最後までしきれない**。

◉「言忌み」とは、不吉な言葉を口にするのを慎むことを言います（→P321「言霊《ことだま》」）。

1 **最後まで〜しきれない。**

関連語
▽P298・補助動詞
関 **〜あへなむ**［連語］〜はよいだろう。〜はかまわないだろう。

クローズアップ

「あへず」「206 あへなし」「あへなむ」は動詞「敢《あ》ふ」からできた語。「敢ふ」は「大丈夫！」ということで、「あへず」「あへなし」は「大丈夫でない」、「あへなむ」は「大丈夫だろう」と言っているのです。

敢ふ ＝ 大丈夫

＋なむ ＝○大丈夫 → 〜はよいだろう
＋なし ＝×大丈夫 → あっけない
＋ず ＝×大丈夫 → こらえきれない

入試 ★★ 入試では関連語もよく問われます。

Column

古語の世界へ④

すき人・まめ人・あだ人

すきずきし／まめやかなり／あだなり

一般に「すき人」は好色な人、「まめ人」は誠実な人、と対立的に考えられていますが、このとらえ方は少し修正を要するようです。

「すき」は180「**すきずきし**」で説明されているように、好色めいているという訳語のほかに、風流だという意味もあります。つまり「すき人」は色好みだけではなく、風流で情趣もよくわかる人ということです。一方、「まめ人」は217「**まめやかなり**」の説明にもあるように、まじめだという意味もあります。つまり「まめ人」は、生活的な面まで気配りのできる誠実な人ということです。

それでは、平安貴族の理想像といわれる『源氏物語』の光源氏は「すき人」「まめ人」のどちらでしょうか。多くの女性との恋の道に熱心で、和歌や音楽、絵画などにも堪《たん》能《のう》な光源氏は、まさに「すき人」の典型と言えるでしょう。しかも関係した女性は決して捨てたりはせず、実生活面のさまざまな世話までよくしていますので、十分に「まめ人」とも言えるのです。そうすると、「すき人」と「まめ人」は、実は相対するものではないのでしょう。平安貴紳（＝身分が高く品格のある男性）の理想像は、「すき人」と「まめ人」の双方の性格を持っていることが大切な条件なのです。

この理想的な「すき人」＋「まめ人」に対するのが「あだ人」です。「あだ人」は105「**あだなり**」の説明にあるように、実がなく不誠実なことで、恋愛の上では浮気者です。漢字では「仇人」「徒人」と書きますが、女性に害を及ぼす人、むだで不誠実な人という意味でしょうか。

現代でもむだなことばかりする子どもは「いたずら（徒《いたずら》）坊主」。ただし「生徒」は生長する仲間のことで、決してむだに生きている、という意味ではありませんから念のため。

（中野幸一）

△ すき人 ←→ まめ人

○ すき人＋まめ人 ←→ あだ人

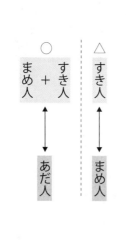

最重要敬語 30

敬語

＊古文を正しく読解するために敬語の知識は欠かせませんが、覚えなければならない語数は多くはありません。入試のレベルを問わず、この章に収録した30語で十分です。

＊第1章から第4章までの300語に加え、この章の敬語30語をマスターすれば、古文の単語力は完成します。

＊この章でも、復習を行います。例文に----が付いている語が第1章～第4章の見出し語（数字は見出し語番号）です。

＊最後には、「敬語のまとめ」を設けました。学習内容の整理に活用してください。

301

のたま《(モ)》ふ《ウ》
のたまは《ワ》す

［ハ行四段／サ行下二段］

【宣ふ／宣はす】

AR

KEY 「言う」

1 〔「言ふ」の尊敬語〕

おっしゃる。

POINT

「告《の》る」（＝告げる）に、尊敬の補助動詞が付いた「のりたまふ」が一語化した語で、**「おっしゃる」**の意を表します。

1 かぐや姫の**のたまふ**やうに違《たが》はず作り出《い》でつ。（竹取）

訳 かぐや姫がおっしゃるとおりに違わないで作り上げた。

1 御鷹《たか》の失せ[72]たるよし[121]奏したまふ時に、帝、ものも**のたまはせ**ず。（大和）

訳 御鷹がいなくなったことを奏上なさるときに、帝は、ものもおっしゃらない。

◉「のたまはす」の敬意は高く、平安時代の作品の地の文では、天皇をはじめとする皇族が主語になります。

入試 ★★訳語「おっしゃる」を覚えておけば大丈夫です。「のたまはす」は「のたまふ」より高い敬意を表します。

302

おほ《オ》す

［サ行下二段］

【仰す】

KEY 「言う」

POINT

本来の意は「命令なさる」。**「言ふ」の尊敬語**の場合、平安時代には多く「仰せ＋らる（たまふ）」の形をとりました。

1 など[143]かく[132]は**仰せ**らるる。（落窪）

訳 なぜこのようにおっしゃるのか。

1 〔「言ふ」の尊敬語〕
おっしゃる。

1 官《つかさ》も賜《たま》はむと仰せ給《たま》ひき。（竹取）

訳 官職も下さろうとおっしゃった。

◉「仰せらる」「仰せたまふ」全体で「おっしゃる」と訳します。

1 「天人の五衰《ごすい》の悲しみは、人間にも候《さうら》ひけるものかな」とぞ仰せける。（平家）

訳 「天人の五衰の悲しみは、人間にもあったのですねえ」とおっしゃった。

◉「天人の五衰」は仏教の言葉で、天人の臨終の際に現れるという五種の衰相（死相）のことです。

入試 ★最も多く目にするのは「おほせらる」の形です。入試では助動詞「る」「らる」の意味の判別でも問われます。

303 きこしめす【聞こし召す】［サ行四段］

KEY 「聞く」「飲食する」

1 〔「聞く」の尊敬語〕
お聞きになる。

2 〔「食ふ」「飲む」の尊敬語〕
召し上がる。

POINT 平安時代の最高敬語の一つです。1と2の意味は、**話を聞く場面か、飲食の場面か、文脈から判断**しましょう。

1 きこしめす人、涙を流し給はぬなし。（宇津保）

訳 お聞きになる人で、涙をお流しにならない人はいない。

2 物も聞こし召さず、御遊びなどもなかりけり。（竹取）

訳 何も召し上がらず、管絃《かんげん》の遊びなどもなさらなかった。

入試 ★★主語をきかれているときは、最高敬語であることに注意しましょう。現代語訳では2の意味が問われます。

304 ごらんず 【御覧ず】 ［サ行変格］ AR

KEY 「見る」

POINT
「御覧ず」全体で一語のサ変動詞で、**「ご覧になる」**の意味です。「ず」は打消の助動詞ではありません。

1〔「見る」の尊敬語〕ご覧になる。

1 早う御文[36]も**御覧ぜよ**。（落窪）

訳 早くお手紙をご覧になってください。

◉「御覧ぜよ」は「見給《たま》へ」よりも敬意の高い表現です。

クローズアップ

「御覧ぜさす」と「御覧ぜらる」

□**御覧ぜさす**→「さす」は**使役**＝ご覧に入れる。お見せする。お目にかける。

□**御覧ぜらる**→「らる」が**尊敬**＝ご覧になられる。
「らる」が**受身**＝ご覧いただく。お見せする。お目にかける。

入試 ★入試では「ごらんぜさす」「ごらんぜらる」がよく問われます。意味だけでなく、主語や、「さす」「らる」の文法的意味もきかれます。

305 きこゆ きこえさす ［ヤ行下二段／サ行下二段］【聞こゆ／聞こえさす】

KEY 「言う」／謙の補

POINT
一般動詞「聞こゆ」の、音が自然に耳に入る意から、**貴人のお耳に入るようにする**意の謙譲語の用法が生じました。

1 御文[36]も**聞こえ**たまはず。（源氏・賢木）

訳 お手紙も差し上げなさらない。

まう《モ》す

【申す】

〔サ行四段〕

1 〔「言ふ」の謙譲語〕

申し上げる。（手紙などを）差し上げる。

2 〔謙譲の補助動詞〕

（お）～申し上げる。お～する。

KEY 「言う」／謙の補

1 〔「言ふ」の謙譲語〕

申し上げる。

2 〔謙譲の補助動詞〕

（お）～申し上げる。お～する。

1 いと[41] 切に[218] **聞こえさす**べきことありて、殿《との》より人なむ参りたると、**聞こえ**給へ。（大和）

訳 本当に ぜひ申し上げなければならないことがあって、御殿から人が参ったと、申し上げてください。

2 ここには、かく[132] 久しく遊び**きこえ**て、慣らひ[54] たてまつれり。（竹取）

訳 ここ（人間世界）では、このように長い間楽しく過ごし申し上げて、（あなた方にも）なれ親しみ申し上げました。

入試 ★★★ 1も2も大切です。一般動詞もよく問われます。「きこえさす」は「きこゆ」より相手を強く敬う語です。申し上げる相手は高貴な人になります。

POINT

平安時代、**「言ふ」の謙譲語**は、和文で「聞こゆ」「聞こえさす」が、漢文訓読調の文章で「申す」が多く用いられました。

1 供の者どもに問ひ給《たま》へば、「知らず」と**申す**。（平家）

訳 供の者たちに尋ねなさったところ、「知らない」と申し上げる。

2 刀どもを抜きかけてぞ守り**申し**ける。（大鏡）

訳 刀などを抜きかけてお守り申し上げた。

入試 ★ 1の意味が問われます。記述式の現代語訳のときは「申し上げる」と訳しましょう。

307

おはす《ワ》
おはしま《ワ》す

〔サ行変格／サ行四段〕 AR

POINT

存在や行き来を表す最も重要な尊敬語です。❶～❸の用法がありますが、どの場合も**訳語は「いらっしゃる」**になります。「おはします」は「おはす」よりも高い敬意を表します。

KEY「いる」「行く」「来る」／尊の補

❶〔「あり」「をり」の尊敬語〕
いらっしゃる。

❷〔「行く」「来」の尊敬語〕
いらっしゃる。

❸〔尊敬の補助動詞〕
～ていらっしゃる。

関連語

同 **います**〔動四・サ変〕
いらっしゃる。～ていらっしゃる。

❶竹の中に**おはする**にて知りぬ。（竹取）
訳竹の中にいらっしゃるのでわかった。

❶今日しも端《はし》に**おはしまし**けるかな。（源氏・若紫）
訳今日にかぎって端近《はしぢか》なところにいらっしゃいましたね。

❷「くらもちの皇子《みこ》**おはしたり**」と告ぐ。（竹取）
訳「くらもちの皇子がいらっしゃった」と告げる。

❷惟喬《これたか》の親王《みこ》、例[146]の狩りしに**おはします**供に、馬の頭《かみ》なる翁《おきな》つかうまつれり。（伊勢）
訳惟喬の親王が、いつものように狩りをしにいらっしゃる供に、右馬頭《うまのかみ》である翁がお仕えしている。

❸聞きしにも過ぎて、尊くこそ**おはしけれ**。（徒然）
訳聞いていた以上に、尊いご様子でいらっしゃった。

❸上《うへ》もきこしめして、興[164]ぜさせ**おはしましつ**。（枕）
訳天皇もお聞きになって、おもしろがっていらっしゃった。

入試★★★現代語訳や主語判定の問題のほか、入試では意味の判別が問われます。「行く」「来」のときによくきかれ、敬語をはずして判別します。

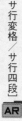

308

おぼす おぼしめす

〔サ行四段〕

【思す/思し召す】

KEY 「思う」

POINT

「思す」を「おぼす」と読めるようにし、似た形の一般動詞「思《おぼ》ゆ」と区別しましょう。動詞「思《おも》ふ」に奈良時代の尊敬の助動詞「す」が付いた「思《おも》はす」が「思《おも》ほす」→「思《おぼ》す」と変化して生まれた語です。

1 〔「思ふ」の尊敬語〕 お思いになる。

関連語 同 おもほす・おもほしめす 〔動四〕

1 もの馴《な》れのさまや、と君は**思す**。 (源氏・葵)

訳 もの馴れたものだ、と君はお思いになる。

1 帝、なほ[14] めでたく[21]**思しめさ**るること、せき止めがたし。 (竹取)

訳 帝は、やはりすばらしい(女性だ)とお思いになることは、止めることができない。

◉「おぼしめす」は「おぼす」よりも高い敬意を表します。

1 あはれ、死ぬとも**おぼし出《い》づ**べきことのなきなむ、いと[41]悲しかりける。 (蜻蛉)

訳 ああ、(私が)死んだとしてもお思い出しになるだろうことがないのが、ひどく悲しいことだ。

◉「思し出づ」のように他の動詞と複合した例に「思し嘆く」「思し惑ふ」「思し寄る」などがあります。

入試 ★★ 「おぼしめす」は最高敬語です。地の文では天皇をはじめとする皇族が主語となります。入試では「思す」の漢字の読みも問われます。

309

たま《モ》ふ《ウ》

【賜ふ・給ふ】

〔ハ行四段〕

AR

KEY 「与える」／尊の補

1 〔「与ふ」の尊敬語〕
お与えになる。
くださる。

2 〔尊敬の補助動詞〕
お～になる。
～なさる。～てくださる。

関連語
関 150 いざたまへ〔連語〕
同 たぶ・たうぶ〔動四〕

POINT

四段活用「たまふ」は尊敬語です。本動詞は、**身分の上位者が下位者に「物をお与えになる」**の意です。

1 使ひに禄《ろく》**たまへ**りけり。（伊勢）
訳 使いにごほうびを**お与えになっ**た。

2 かぐや姫、いと[41] いたく[81]泣き**たまふ**。（竹取）
訳 かぐや姫は、たいそう ひどくお泣き**になる**。

同 娘を我に**たべ**。（竹取）
訳 娘を私に**ください**。

同 深き山に捨て**たうび**てよ。（大和）
訳 深い山奥に捨ててしまって**ください**。

◉「てよ」は完了の助動詞「つ」の命令形です。

入試 ★2の意味が大切です。補助動詞「たまふ」は敬語中で最もよく使われます。

310

たま《モ》ふ《ウ》

【賜ふ・給ふ】

〔ハ行下二段〕

KEY 謙の補

POINT

下二段活用「たまふ」は謙譲語です。会話・手紙文で、「思ふ」「見る」「聞く」「知る」に付き、終止形・命令形はまれです。

1 中納言も、「まだこそ見**たまへ**ね」とて見たまふ。（宇津保）
訳 中納言も、「（私も）まだ見て**おりません**」と言ってご覧になる。

くりかえし声に出して読んで、覚えよう。

	尊敬・四段	謙譲・下二
未	たまはず	たまへず
用	たまひて	たまへて
止	たまふ。	○
体	たまふ時	たまふる時
已	たまへど	たまふれど
命	たまへ！	○

1〔謙譲の補助動詞〕
～ております。
～させていただく。

◉「たまへね」は下二段活用の未然形＋打消の助動詞「ず」の已然形（係助詞「こそ」の結び）です。

1 これをなむ、身にとりては面歌《おもてうた》と思ひ**たまふる**。（無名抄）
訳 これを、私としては代表歌だと思っております。
◉「たまふる」は下二段活用の連体形で、係助詞「なむ」の結びです。

入試★★★問題文中にあると、必ず問われるほどの重要語です。尊敬の「たまふ」との識別・主語判定（＝私）・訳語・敬意の対象（＝会話の聞き手）などが問われます。

311 たまは《ワ》す【賜はす】

〔サ行下二段〕

KEY「与える」

1〔「与ふ」の尊敬語〕
お与えになる。

POINT
尊敬語「たまふ」と同じ意味を表し、「たまふ」よりも高い敬意を表します。補助動詞の用法はありません。

1 後涼殿《こうりやうでん》にもとよりさぶらひ給《たま》ふ更衣《かうい》の曹司《ざうし》を、ほかに移させ給ひて、上局《うへつぼね》に**賜はす**。（源氏・桐壺）
訳 後涼殿に以前からお仕えなさっている更衣の部屋を、他の場所へお移しになって、（桐壺《きりつぼ》の更衣に）控えの部屋としてお与えになる。
◉光源氏の母親である桐壺の更衣に対する帝の過度の寵愛《ちょうあい》ぶりを述べた一節です。

入試★謙譲語「たまはる」と混同しやすい語です。出題者はそこを突いてきます。「す」には「使役」の意味はありません。これも要注意です。

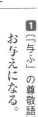

312

たてまつる

【奉る】

〔ラ行四段〕

AR

POINT

謙譲と尊敬の二つの用法を持つ敬語です。敬語が「奉る」だけで主語が高貴な人のとき、3の尊敬の意となります。

KEY「与える」／謙の補／「着る」など

1 〔「与ふ」の謙譲語〕
差し上げる。

2 〔謙譲の補助動詞〕
（お）〜申し上げる。
お〜する。

3 〔「着る」「乗る」「食ふ・飲む」の尊敬語〕
お召しになる。
お乗りになる。
召し上がる。

1 簾《すだれ》少し上げて、花**奉る**めり。（源氏・若紫）
訳 簾を少し巻き上げて、（仏前に）花を差し上げるようだ。

2 かぐや姫をやしなひ**たてまつる**こと二十余年になりぬ。（竹取）
訳 かぐや姫を養育し申し上げることは二十余年になった。

3 帝は赤色の御衣《ぞ》**奉れり**。（源氏・少女）
訳 帝は赤色の御衣をお召しになっている。

◉ 高貴な方の「着用する」「乗る」「飲食する」という動作を表す場合は尊敬語、それ以外の「たてまつる」は謙譲語です。

入試 ★★★ 1も2も大切ですが、入試では3の意味が最もよく問われます。現代語訳のほかに、敬語の種類の識別でもきかれます。

313

たまは《ワ》る

【賜はる・給はる】

〔ラ行四段〕

POINT

「たまはる」は**物を「いただく」の意の謙譲語**です。形が似ていて、漢字も同じ尊敬語「たまふ」と区別しましょう。

KEY

「もらう」

1〔「受く」「もらふ」の謙譲語〕
いただく。
頂戴《ちょうだい》する。

関連語
対 309 たまふ〔動四〕

1 忠岑《ただみね》も禄《ろく》**たまはり**などしけり。（大和）
訳 忠岑もほうびの品をいただきなどした。

入試★★「与ふ」の尊敬語「たまふ」と同義と勘違いしがちです。注意しましょう。

314

うけたまは《ワ》る

【承る】〔ラ行四段〕

KEY

「受ける」「聞く」

1〔「受く」の謙譲語〕
お受けする。
承諾し申し上げる。

2〔「聞く」の謙譲語〕
お聞きする。

POINT
高貴な方の言葉を「お受けする」が基本の意です。平安時代では多く「言葉をお受けする」＝「聞く」の謙譲語です。

1 かしこき[79]仰《おほ》せ言《ごと》をたびたび**うけたまはり**ながら、みづからはえ[47]なん思ひ給《たま》へ立つまじき。（源氏・桐壺）
訳（帝の）おそれ多いお言葉をたびたび**お受けし**ながら、私自身は（参内《さんだい》を）思い立つことができませんでした。

2 定めて習ひあることに侍《はべ》らむ。ちと**承ら**ばや。（徒然）
訳 きっといわれがあることでございましょう。少し**お聞きし**たい。

入試★今でもよく使うため、敬語であることを忘れがちです。出題者はそこを突いてきます。謙譲語です。

315 はべり【侍り】［ラ行変格］

AR

KEY 「いる」／丁の補

1〔「あり」「をり」の謙譲語〕（高貴な方のおそばに）お仕えする。伺候《しこう》する。

2〔「あり」「をり」の丁寧語〕あります。おります。ございます。

3〔丁寧の補助動詞〕～（ござい）ます。～です。

POINT

高貴な方のおそばに「お仕えする」の意の場合は謙譲語、それ以外は丁寧語で、丁寧語の用法が圧倒的に重要です。

1 宿直人《とのゐびと》にて侍らむ。（源氏・若紫）

訳（私が）宿直の番人としてお仕えしよう。

2 おのがもとにめでたき[21]琴《きん》侍り。（枕）

訳 私の手もとにすばらしい七絃《しちげん》の琴があります。

3 御気色[38]悪《あ》しくはべりき。（源氏・夕顔）

訳 ご機嫌が悪うございました。

◉丁寧の補助動詞の場合、動詞だけではなく、形容詞や形容動詞にも接続します。

入試★★入試では敬語の種類の識別も問われます。謙譲語か丁寧語か、判別法は文脈です。補助動詞ならば丁寧語です。

316 さぶら《（ロ）》ふ《ウ》【候ふ】［ハ行四段］

KEY 「いる」／丁の補

POINT

「はべり」と同じ意味で、判別法も同じです。丁寧語は平安時代は「はべり」、鎌倉時代以降は「さぶらふ」が中心です。

1 故宮《こみや》にさぶらひし小舎人童《こどねりわらは》なりけり。（和泉式部）

訳 亡き宮様にお仕えしていた小舎人童（＝貴族に使われている少年）であった。

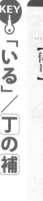

1〔「あり」「をり」の謙譲語〕
（高貴な方のおそばに）お仕えする。伺候《しこう》する。

2〔「あり」「をり」の丁寧語〕
あります。おります。ございます。

3〔丁寧の補助動詞〕
～（ござい）ます。～です。

関連語
同 さうらふ［動四］

2 「さること**候ひき**」と申す。（宇治）
訳「そういうことがありました」と申し上げる。

3 大原山のおく、寂光院《じやくくわうゐん》と申す所こそ閑《しづか》に**さぶらへ**。（平家）
訳 大原山の奥、寂光院と申します所は静かでございます。

入試 ★★入試では謙譲語か丁寧語かの識別が問われます。丁寧語は会話や手紙文で用いられると覚えておきましょう。

317 おほ《オ》とのごもる【大殿籠る】［ラ行四段］

KEY「寝る」

1〔「寝《ぬ》」「寝《い》ぬ」の尊敬語〕
おやすみになる。

POINT
大殿《おほとの》は「御寝所《ごしんじょ》」の意で、身分の高い人がその中にお入りになることから、**「おやすみになる」**の意を表します。

1 親王《みこ》、**大殿ごもら**で明かしたまうてけり。（伊勢）
訳 親王は、おやすみにならないで夜を明かしておしまいになった。

入試 ★★★入試で最もよく問われる敬語の一つです。現代語訳だけでなく、主語判定でもきかれます。主語は天皇・皇后・皇族の人々です。

318

めす【召す】

［サ行四段］

AR

POINT さまざまな意を表す多義語です。**いずれの場合も尊敬語**であることに注意しましょう。

KEY **「呼び寄せる」「飲食する」「着る」「乗る」**

1〔「呼び寄す」「取り寄す」の尊敬語〕
（人をそばに）お呼び寄せになる。
（物をそばに）お取り寄せになる。

2〔「食ふ」「飲む」の尊敬語〕
召し上がる。

3〔「着る」の尊敬語〕
お召しになる。

4〔「乗る」の尊敬語〕
お乗りになる。

1 その郎等《らうどう》を**召す**に、跡《あと》をくらみて失せぬ。（十訓）
訳 その家来をお呼び寄せになると、（その家来は）行方をくらませて消えてしまった。

2 箸《はし》とつて**召す**よししけり。（平家）
訳 箸を取って召し上がるふりをした。

3 帝ばかりは御衣《ぎよい》を**召す**。残りは皆裸なり。（沙石）
訳 天皇だけがお着物をお召しになる。残りの者は皆裸である。

4 主上《しゆしやう》をはじめ奉りて、人々皆御舟《おふね》に**召す**。（平家）
訳 天皇をはじめといたして、人々はみなお舟にお乗りになる。

入試 ★今でもよく使うため、敬語であることを忘れがちです。出題者はそこを突いてきます。尊敬語です。3・4の意味もきかれます。

319

しろしめす

［サ行四段］

POINT **「しる」**（＝**理解する・領有する**）の二つの意に対応する尊敬語です。

KEY「知る」「治める」

1 〔「知る」の尊敬語〕ご存じである。知っていらっしゃる。

2 〔「領《し》る」の尊敬語〕お治めになる。領有なさる。

関連語
関 153 しる［動四］

1 御心《みこころ》あきらかに、よく人をしろしめせり。（大鏡）

訳（文徳天皇《もんとく》は）ご聡明《そうめい》で、よく人をご存じであった（＝よく人を見る目がおありだった）。

2 天皇《すべらぎ》の、天《あめ》の下《した》しろしめすこと、四《よ》つの時、九《ここの》返りになむなりぬる。（古今・仮名序）

訳（醍醐《だいご》）天皇が、天下をお治めになることは、四季が、九回（＝九年）になった。

入試 ★★主語が問われます。最高敬語です。2 の意味もきかれます。

320 まう《モ》づ《ズ》

【詣づ】［ダ行下二段］

KEY「行く」

1 〔「行く」の謙譲語〕参上する。うかがう。

2 〔寺社に「行く」の謙譲語〕参詣《さんけい》する。お参りする。

POINT

高貴な方の所へ行くのが「まゐる」「まうづ」で、逆に、高貴な方の所から別の所へ行くのが「まかる」「まかづ」です。

1 ここに侍《はべ》りながら、御とぶらひにもまうでざりける。（源氏・若紫）

訳ここにおりながら、（光源氏の所へ）お見舞いにも参上しなかった。

2 その秋、住吉《すみよし》に詣で給《たま》ふ。（源氏・澪標）

訳（光源氏は）その秋、住吉大社にご参詣になる。

◉住吉大社は航海安全の神として信仰されていました。和歌の神でもあります。

入試 ★敬語であることを忘れがちな語です。出題者はそこを突いてきます。謙譲語です。

まゐ《イ》る

【参る】〔ラ行四段〕 AR

KEY 「行く」「与える」「する」／「飲食する」

POINT 謙譲と尊敬の二つの用法を持つ敬語です。**「召し上がる」の意ならば尊敬語、それ以外は謙譲語**と判別します。

1〔「行く」「来」の謙譲語〕
参上する。

2〔「与ふ」の謙譲語〕
差し上げる。

3〔「す」の謙譲語〕
（高貴な方に何かを）**し申し上げる。して差し上げる。**

4〔「食ふ」「飲む」の尊敬語〕
召し上がる。

関連語

関 **御格子《みかうし》参る**〔連語〕
格子をお上げ（お下げ）する。

関 **大殿油《おほとなぶら》参る**〔連語〕
明かりをおつけする。

---

1 四月《うづき》に内裏[225]へ**参り**給ふ。（源氏・紅葉賀）
訳 四月に宮中に参上しなさる。
◉ 宮中に参上することを「参内《さんだい》する」、后《きさき》として宮中に入ることを「入内《じゅだい》する」と言います（↓P307）。

2 親王《みこ》に、馬の頭《かみ》、大御酒《おほみき》**参る**。（伊勢）
訳 親王に、右馬頭《うまのかみ》が、お酒を差し上げる。

3 加持《かぢ》など**まゐる**[37]ほど、日高くさしあがりぬ。（源氏・若紫）
訳（病気の光源氏に）祈禱《きとう》などし申し上げるうちに、日も高く昇った。

4 大御酒**まゐり**、御遊びなどし給ふ。（源氏・藤裏葉）
訳 お酒を召し上がり、管絃《かんげん》の遊びなどをなさる。

入試 ★★★ 4の意がよく問われます。

まゐ《イ》らす

【参らす】 〔サ行下二段〕

KEY 「与える」／謙の補

1 〔「与ふ」の謙譲語〕
差し上げる。

2 〔謙譲の補助動詞〕
（お）～申し上げる。
お～する。

POINT

謙譲語「まゐる」の敬意を強めた語で、**「まゐる」の意の一つ「差し上げる」を、より高い敬意**を込めて表します。

1 薬の壺《つぼ》に御文[36]添へて**参らす**。（竹取）

訳 薬が入った壺にお手紙を添えて（帝に）差し上げる。

◉「御文」は月に帰ったかぐや姫が帝にあてたお手紙で、「薬」は月の国の人々が持ってきた不死の薬です。

2 「かかる人こそは世におはしましけれ」と、驚か[1]るるまでぞ、まもり[59]**参らする**。（枕）

訳 「このような方が世にいらっしゃったのだ」と、自然とはっとした気持ちになるまで、お見つめ申し上げる。

入試 ★★ 「す」が使役の助動詞ならば「参上させる」という意味、「まゐらす」で一語ならば「与ふ」の謙譲語で「差し上げる」という意味です。

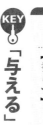

323 まかづ《ズ》 【罷づ】

〔ダ行下二段〕 AR

KEY 「出る」／「行く」

1 〔「出《い》づ」の謙譲語〕 退出する。おいとまする。

2 〔「行く」の丁寧語〕 出かけます。参ります。

POINT 「まかりいづ」（謙譲語「まかる」＋「出づ」）からできた語です。**高貴な方の所から「退出する」**が基本の意です。

1 藤壺《ふぢつぼ》の宮、なやみ給《たま》ふ[173]ことありて、**まかで**給へり。（源氏・若紫）

訳 藤壺の宮は、ご病気になることがあって、（宮中から）退出しなさった。

1 それより大殿《おほとの》に**まかで**給へり。（源氏・葵）

訳 そこから退出して大臣家に行きなさった。

◉ この例文のように、「高貴な方の所から退出して」を前提として、「別の所に行く」の意まで表す場合があります。

2 老いかがまりて室《むろ》の外《と》にも**まかでず**。（源氏・若紫）

訳 年老いて腰も屈《かが》みまして庵室《あんしつ》の外にも出かけません。

入試 ★1の意味が大切です。天皇の后《きさき》などが宮中を出て里（＝実家）に下がることも「まかづ」と言います。

324 まかる 【罷る】

〔ラ行四段〕

KEY 「出る」／「行く」／「まかり＋動詞」

1 〔「出《い》づ」の謙譲語〕

POINT 平安時代には、1の謙譲表現は「まかづ」が受け持ち、「まかる」は**多く2の丁寧語**として用いられました。

1 憶良《おくら》らは今は**まから**む子泣くらむ（万葉）

訳 憶良め（＝私）はもう（宴席を）退出しよう。（家では）子どもが泣いているだろう。

退出する。おいとまする。

2〔「行く」の丁寧語〕

参ります。出かけます。

3〔他の動詞の上に付き、謙譲・丁寧の意を表す〕

～申す。～ます。

関連語

対 321 まゐる〔動四〕

対 まうでく〔動カ変〕

1〔謙譲語〕参上する。

2〔丁寧語〕参ります。

2 ◉この用法の対義語は「まゐる」です。

「追ひてなむまかるべき」とをものせよ。[67]（蜻蛉）

訳「（私も母の）後を追って参りますつもりだ」と言いなさい。

◉この用法の対義語は「まうで来《く》」（「来」の丁寧語）です。

3 今井の四郎兼平《かねひら》生年《しやうねん》三十三にまかりなる。（平家）

訳今井の四郎兼平は年齢は三十三になり申す。

入試★都から地方へ「まかる」ときは「下る・下向《げこう》する」と訳されます。

325 あそばす【遊ばす】〔サ行四段〕

KEY **「詩歌管絃《かんげん》の遊びをする」「する」**

1〔音楽の〕演奏をなさる。（詩歌を）お詠みになる。

2〔身分の高い人の行為一般に敬意を表して〕～（を）なさる。

POINT 四段動詞「遊ぶ」に奈良時代の尊敬の助動詞「す」が付いてできた語で、**「詩歌管絃の遊びをなさる」**が基本の意です。

1 帝、箏《さう》の御琴をぞいみじう[22]**あそばし**ける。（栄花）

訳帝は、お琴をたいそう上手に演奏なさった。

2 御硯《おんすずり》召し寄せて、みづから御返事《おんへんじ》**あそばさ**れけり。（平家）

訳お硯を取り寄せなさって、ご自身でお返事をなさった。

入試★**1**の意味が大切です。古語「遊ぶ」の尊敬語ですが、「す」を使役と間違えて、つい「～させる」と誤訳します。出題者はそこを突いてきます。

326

つか《コ》うまつる

【仕うまつる】

〔ラ行四段〕 AR

KEY 「仕える」「する」／謙の補

1 〔「仕ふ」の謙譲語〕
お仕え申し上げる。

2 〔「す」の謙譲語〕
（高貴な方に何かを）し申し上げる。いたす。
（＊文脈に応じて具体的に口語訳する。）

3 〔謙譲の補助動詞〕
（お）～申し上げる。お～する。

関連語
同 つかまつる〔動四〕

POINT

1が本来の意です。2は文脈から何をするかを補って訳します。多く「歌を詠む」「楽器を奏でる」「物を作る」意です。

1 昔、二条の后《きさき》に仕うまつる男ありけり。（伊勢）

訳 昔、二条の后にお仕え申し上げる男がいた。

2 このはたおりをば聞くや。一首つかうまつれ。（古今著）

訳 このきりぎりすの声を聞いたか。一首詠み申し上げよ。

3 はや、この皇子《みこ》にあひつかうまつり給《たま》へ。（竹取）

訳 早く、この皇子に結婚し申し上げなさい。

同 矢七つ八つ候《さうら》へば、しばらく防ぎ矢つかまつらん。（平家）

訳 矢が七、八本ありますので、しばらく防ぎ矢をいたそう。

◉ 木曽義仲《きそよしなか》に仕える今井四郎の言葉です。雑兵《ぞうひょう》に討たれるような不覚は武士として永久の不名誉になるからと、自分が防戦している間に自害するよう主君にうながしたのです。

入試 ★★入試で問われるのは2の意味です。「つかまつる」も「つかうまつる」と同程度の頻度で出題されています。

327

つかは《ワ》す

【遣はす】

［サ行四段］

KEY 「やる」「与える」「贈る」

1 〔「遣《や》る」の尊敬語〕（使者として）おやりになる。おつかわしになる。

2 〔「与ふ」「贈る」の尊敬語〕お与えになる。お贈りになる。

3 〔敬意を含まない〕贈る。行かせる。やる。

POINT

「遣はす」には、**尊敬語の用法**と、敬意を含まないで「やる」の意を表す**一般動詞の用法**があります。

1 二千人の人を、竹取が家に**つかはす**。（竹取）

訳（帝は）二千人の人を、竹取の翁《おきな》の家におやりになる。

2 御身に馴《な》れたるどもを**つかはす**。（源氏・明石）

訳（光源氏は）着慣れた何着かの衣服を（明石《あかし》の君に）お与えになる。

◉着慣れた衣服を贈るのは、親愛の情を伝える行為です。

3 藤袴《ふぢばかま》を詠みて人に**つかはし**ける（古今・詞書）

訳 ふじばかまの花を詠んで人に贈った（歌）

◉3の一般動詞の「つかはす」は、和歌の詞書《ことばがき》のほか、会話文・手紙文で多く用いられます。

入試★敬語であることをつい忘れます。出題者はそこを突いてきます。尊敬語です。

328

行幸《ぎやうがう》《ギョウゴウ》・行啓《ぎやうけい》《ギョウケイ》・御幸《ごかう》《コウ》

AR

KEY **皇族の「外出」**

1 〔行幸〕天皇のお出かけ。

2 〔行啓〕皇后・皇太子などのお出かけ。

3 〔御幸〕上皇・法皇・女院のお出かけ。

関連語

類 **みゆき**［名］（天皇や皇族の）お出かけ。おなり。

POINT

皇族のお出かけは、和語では「みゆき」、漢語ではこの三種類です。

1 おほやけも**行幸**せしめたまふ。（大鏡）

訳 天皇も**お出かけ**なさいます。

2 中宮は御車《おんくるま》にたてまつて**行啓**あり。（平家）

訳 中宮はお車にお乗りになって**お出かけ**になる。

3 法皇夜《よ》を籠《こ》めて大原の奥へぞ**御幸**なる。（平家）

訳 法皇は夜が明けきらぬうちに大原の奥へ**お出かけ**なさる。

入試 ★★★ 行為の主体判定で問われます。

329

そうす

【奏す】［サ行変格］

KEY **天皇・上皇に「言う」**

POINT

天皇・上皇に申し上げる場合にのみ用いられる絶対敬語です。

1 かぐや姫をえ[47]戦ひ止めずなりぬること、こまごまと**奏**

1 〔「言ふ」の謙譲語〕（天皇・上皇に）申し上げる。奏上する。

す。（竹取）

訳 かぐや姫を（天人と）戦って止めることができなくなったことを、細かく（天皇に）申し上げる。

入試 ★★★記述式の現代語訳では、「天皇に申し上げる」と訳しましょう。

330 けいす【啓す】〔サ行変格〕

POINT **皇后や皇太子に申し上げる**場合にのみ用いられる絶対敬語です。

KEY 天皇・上皇以外の皇族に「言う」

1 〔「言ふ」の謙譲語〕（皇后や皇太子に）申し上げる。

1 よきに奏し給《たま》へ、啓し給へ。（枕）

訳 よろしく天皇に申し上げてください、（皇后にも）申し上げてください。

入試 ★★★同じ絶対敬語の「そうす」と混同しないようにしましょう。

敬語のまとめ

1 敬語の種類

	敬意の主体（だれから）		敬意の対象（だれへ）	
①尊敬語	話し手（書き手）	から	話題の中の動作をする人	への敬意
②謙譲語	話し手（書き手）	から	話題の中の動作を受ける人	への敬意
③丁寧語	話し手（書き手）	から	聞き手（読み手）	への敬意

★敬語動詞——まずこれだけは覚えよう！

①尊敬語	一般動詞	②謙譲語	③丁寧語
おはす おはします （いらっしゃる）	あり をり	侍《はべ》り・候《さぶら》ふ （お仕えする）	侍り・候ふ （ございます）
	行く 出づ	参る（参上する） まかづ（退出する）	
思《おぼ》す 思しめす （お思いになる）	思ふ		
のたまふ 仰《おほ》す （おっしゃる）	言ふ	申す 聞こゆ （申し上げる）	
聞こしめす （お聞きになる）	聞く	承る（お聞きする）	
（召し上がる） 召す・参る 奉《たてまつ》る （召し上がる）	食ふ 飲む		
たまふ・たぶ （くださる）	与ふ	参る・参らす 奉る（差し上げる）	
	受く	たまはる（いただく）	

2 敬語の訳し方

①尊敬語	～なさる・お～になる
②謙譲語	（お）～申し上げる・～して差し上げる
③丁寧語	～です・～ます・～（で）ございます

3 敬語の補助動詞

次の三つの条件を満たすものが敬語の補助動詞です。

条件Ⅰ…敬語動詞が本来の意味を失い、

条件Ⅱ…他の動詞などの下に助動詞のように付いて、

条件Ⅲ…敬意のみを表すもの。

★敬語補助動詞——まずこれだけは覚えよう！

①尊敬語	たまふ（四段）・おはします
②謙譲語	たまふ（下二段）・きこゆ・たてまつる
③丁寧語	はべり・さぶらふ（さうらふ）

4 二方面への敬語

一つの動作を表すのに謙譲語と尊敬語の両方を用いて、話題の中の動作を受ける人と動作をする人の両方に敬意を表す敬語法です。

《働き》

謙譲語 ← 話し手（書き手）から動作を受ける人への敬意
＋
尊敬語 ← 話し手（書き手）から動作をする人への敬意

（例）(1)謙譲の本動詞＋尊敬の補助動詞

↓まかでたまふ・奏したまふ・（文《ふみ》）奉りたまふ

(2)謙譲の補助動詞＋尊敬の補助動詞

↓（思ひ）きこえたまふ・（拝み）奉りたまふ

5 最高敬語

天皇や中宮など、特に身分の高い人に高い敬意を表すための敬語法です。

(1)二重敬語（尊敬の助動詞＋尊敬の補助動詞）

す／さす／しむ ＋ たまふ／おはします

(2)敬語を重ねて一語化したもの

おはします・思しめす・聞こしめす・たまはす・のたまはす、など。

6 セットで覚える敬語

(1)「行く」「来」の謙譲語

(2)「受け渡し」の敬語

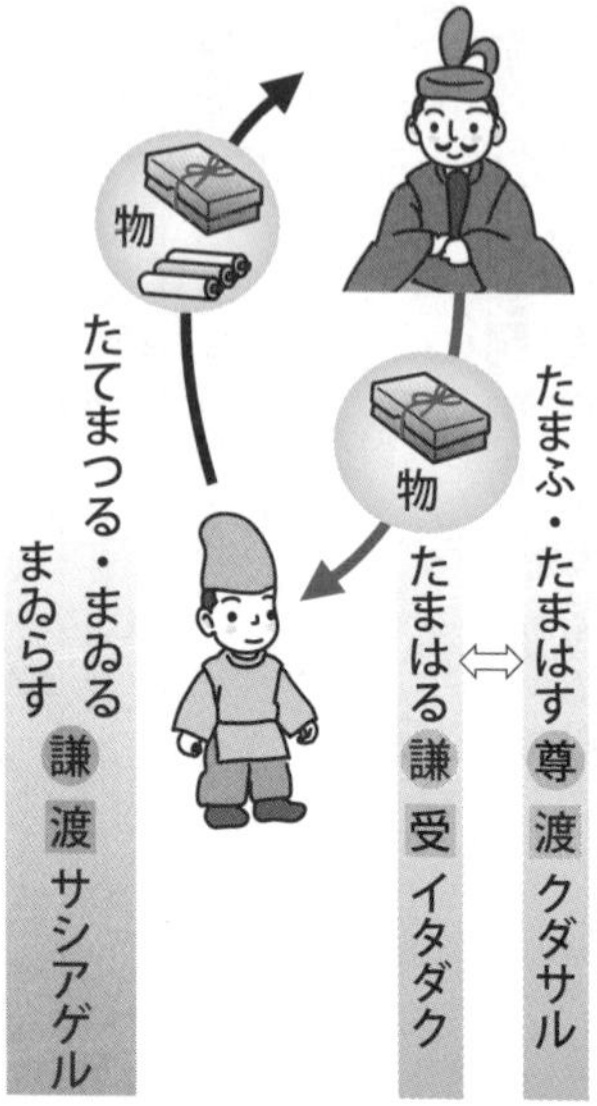

7 二種類の用法を持つ敬語の見分け方

(1)「給《たま》ふ」…尊敬語が多いが謙譲語もある。

- 給ふ
  - 本動詞 ― 尊 くださる
  - 補助動詞
    - 四段 ― 尊 お…になる
    - 下二段 ― 謙 …ております

(2)「参る」「奉る」…謙譲語が多いが尊敬語もある。

- 参る
  - 身分の高い人が「食ふ」「飲む」の意味の場合 ― 尊 召し上がる
  - 右以外の場合 ― 謙 参上する・差し上げる
- 奉る
  - 本動詞
    - 身分の高い人が「着る」「乗る」「食ふ」「飲む」 ― 尊 お召しになる／お乗りになる／召し上がる
    - 右以外の場合 ― 謙 差し上げる
  - 補助動詞 ― 謙 （お）…申し上げる

(3)「侍《はべ》り」「候《さぶら》ふ」…丁寧語が多いが謙譲語もある。

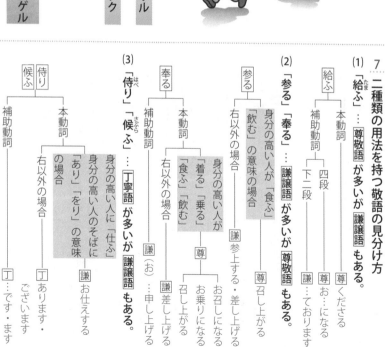

- 侍り 候ふ
  - 本動詞
    - 身分の高い人に「仕ふ」身分の高い人のそばに「あり」「をり」の意味の場合 ― 謙 お仕えする
    - 右以外の場合 ― 丁 あります・ございます
  - 補助動詞 ― 丁 …です・ます

合格への＋α

付録

＊古文を正しく読み取り、入試の設問に答えるためには、単語以外にもさまざまな知識が必要です。ここでは、四つのジャンルについて、重要な知識を学習します。

＊古文に関する知識は膨大で、どれだけ覚えてもきりがないものです。しかし、入試の設問を解くためという目的に限定すれば、思いきって絞り込むことが可能です。

1 出家する

出家は俗世間を離れ、仏道に入ることです。その際、髪を剃《そ》り、僧形に姿を変えます。

□発心《ほっしん》す

拙《つたな》き強盗だにも、この教へを聞きて、発心して、過《とが》を悔いき。（沙石）

訳 下劣な強盗さえも、この（＝仏の）教えを聞いて、悟りを得ようという心を起こして出家して、過ちを悔いた。

□かたち〔さま〕（を）変ふ〔やつす〕→32・157

かやうにさまをかへて参りたれば、日ごろの科《とが》をば許し給《たま》へ。（平家）

訳 このように髪を切って尼の姿になって参上したので、日ごろの罪を許してください。

かたちをやつしたれど、ものやゆかしかりけむ、賀茂《かも》の祭見に出でたりけるを、男、歌よみてやる。（伊勢）

訳 出家していたけれど、見物をしたかったのだろうか、賀茂の祭を見に出かけていたところ、男が、歌を詠んで贈る。

□御髪《みぐし》〔かしら・かざり〕おろす

思ひのほかに、御髪おろし給うてけり。（伊勢）

訳 思いがけなく、髪を剃って出家なさってしまった。

□世を背《そむ》く〔捨つ・遁《のが》る・離《はな》る〕

五十《いそぢ》の春を迎へて、家を出《い》で、世を背けり。（方丈）

訳 五十歳の春を迎えて、出家し、遁世《とんせい》し（＝俗世間を離れ）た。

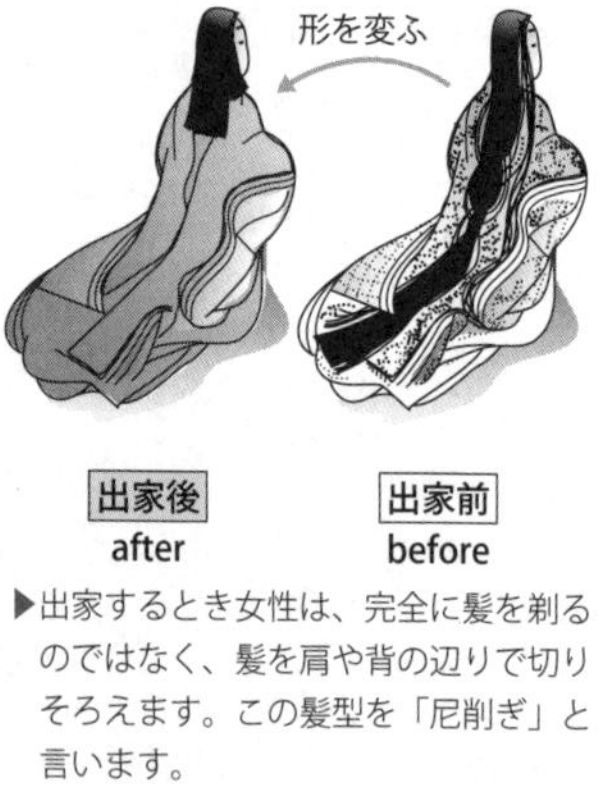

▶出家するとき女性は、完全に髪を剃るのではなく、髪を肩や背の辺りで切りそろえます。この髪型を「尼削ぎ」と言います。

2 死ぬ（亡くなる）

「死」をあからさまには言わず、婉曲《えんきょく》（＝遠回し）に表現するのは現代でも同じです。

□いたづらになる→30

そこに**いたづらになり**にけり。（伊勢）

訳（女は）そこで死んでしまった。

□むなしくなる→30

待ちわびし君は**むなしくなり**ぞしにける（大和）

訳（お帰りを）待ちわびていましたあなたは死んでしまっていたのでした。

□失す《う》〔隠る・消ゆ・身まかる〕→72

皇子御年四歳にて遂《つひ》に**かくれ**させ給ひぬ。（平家）

訳皇子は御年四歳でとうとうお亡くなりになってしまった。

あひ知れりける人の**身まかり**にければ詠める（古今・詞書）

訳親しかった人が亡くなったので詠んだ歌。

□はかなくなる→82

天に仰《あふ》ぎて、叫びて、みづから**はかなくなり**にけり。（十訓）

訳天を仰いで、泣き叫んで、自分から亡くなってしまった。

□いふかひなくなる→98

「かの君は、**いふかひなくなり**たまひぬるものを」と聞こゆ。（宇津保）

訳「あの君は、お亡くなりになったのに」と申し上げる。

□あさましくなる

三月二十日、つひにいと**あさましくなら**せ給ひぬ。（増鏡）

訳（東宮は）三月二十日、ついに本当にお亡くなりになった。

□いかにもなる

いかにもならんまで念仏申して、極楽へ参れよ。（平家）

訳亡くなるようなときまで念仏を申して、極楽に参りなさい。

＊「消え入る」「絶え入る」も「死ぬ」の意を表しますが、「気絶する」の意の場合もあります。

＊「さらぬ別れ」（避けられぬ別れ＝死別）、238「かぎりある道」「つひにゆく道」（死出の旅路＝死）も重要です。

3 涙・泣く

古文には、親しい人との別れや思うように進まぬ恋愛など、つらい人生における様々な涙が、様々な表現で描かれています。

□袖の露《つゆ》〔雫《しづく》〕

暮れかかるむなしき空の秋を見ておぼえずたまる**袖の露**かな　（新古今）

訳 日の暮れかかる何もない秋の空を見ていて、いつの間にかたまる袖の上の涙であるよ。

□袖に余る

さもこそと覚えて、言葉《ことのは》ごとに置く露の、御**袖に余る**ばかりなり。（太平記）

訳 さぞかしと思われて、（手紙に書かれた）一語ごとにこぼれる涙が、お袖にあふれるほどである。

□袖を濡《ぬ》らす〔絞る〕

思ひ知りたる人は、**袖を濡らさ**ぬといふたぐひなし。（蜻蛉）

訳 人情をわきまえ知っている人は、涙で袖を濡らさない人は誰一人としてない。

□音《ね》を泣く

笛竹《ふえたけ》のひと夜も君と寝ぬ時はちぐさの声に**音こそ泣か**れ　（大和）

訳 （笛竹の一節《ひとよ》ではないが）一夜でもあなたと寝ないときは、笛の音《ね》のように、様々な声を上げて泣けてくる。

□涙に沈む〔暗《く》る・曇る〕

中宮は**涙に沈み**たまへるを、見たてまつらせたまふも、さまざま御心乱れて思しめさる。（源氏・賢木）

訳 中宮が涙にくれていらっしゃるのを、拝見なさるにつけても、あれこれお心も千々に乱れてお思いになる。

あるじの入道**涙に暗れ**て、月も立ちぬ。（源氏・明石）

訳 主人の入道が涙で目の前が暗くなって（いるうちに）、（その）月も過ぎた。

□涙川（涙河）

涙河うき名をながす身なりともいま一《ひと》たびのあふせともがな　（平家）

訳 悲しくあふれ出る涙が流れて、よくない評判を立てるわが身であっても、今一度逢《あ》う機会があればなあ。

＊「雫」「露」「露けし」「濡る」などは涙につながる表現です。

4 天皇・皇太子

古文には庶民も出てきますが、特に中古の作品では宮中が重要な舞台です。その中心たる天皇には様々な呼称がありました。

◆天皇

□おほきみ（大君・大王）・すべらぎ（天皇）

今すべらぎの天《あめ》の下しろしめすこと、四つのとき、九《ここ》のかへりになむなりぬる。（古今・仮名序）

訳 今上《きんじょう》天皇が国をお治めになること、四季が、九回巡るのを数えることになった。

□みかど（御門・帝）

むかし、帝、住吉に行幸したまひけり。（伊勢）

訳 昔、天皇が、住吉神社にお出かけなさった。

□内・内の上 →225

内には、さらに御心《みこころ》も行かざりけるなれば、何とも御耳留らせたまはざりけり。（狭衣）

訳 天皇にとっては、少しもお気持ちの進まない件だったので、どうともお耳を傾けなさることはなかった。

□うへ（上・主上）・しゆじやう（主上） →226

源氏の君は、上の常に召しまつはせば、心やすく里住みもえしたまはず。（源氏・桐壺）

訳 源氏の君は、天皇が常にお呼び寄せになりおそばをお離しにならないので、気楽に自邸で過ごすこともおできにならない。

主上御歎《おんなげき》なのめならず。（平家）

訳 天皇のお嘆きは並々ではない。

◆皇太子

□とうぐう（東宮・春宮）

寛平《くわんぴやう》五年四月十四日、東宮にたたせたまふ。（大鏡）

訳 寛平五（八九三）年四月十四日、皇太子におなりになる。

かかるほどに、にはかに、帝、御心地、悩み重くて、おりたまひて、春宮位につかせたまひぬ。（落窪）

訳 こうしているうちに、急に、帝は、ご病気が、重くなって、ご譲位になり、皇太子がご即位になった。

□まうけの君

われそだて参らせて、まうけの君にし奉らむ。（平家）

訳 私がお育て申し上げて、皇太子にして差し上げよう。

5 いまさら言うまでもない

改めて言うまでもないほど「当然だ」ということです。

□**いへば〔いふも〕さらなり** →101

軸、表紙、箱のさまなど**いへばさらなり**かし。（源氏・鈴虫）

訳 軸や、表紙、経箱の（立派な）ありさまなど（いまさら）言うまでもないよ。

□**いふべきに（も）あらず** →101

日入りはてて、風のおと、虫のねなど、はた**いふべきにあらず**。（枕）

訳 夕日がすっかり沈んで、（耳に入ってくる）風の音や、虫の鳴き声などは、また言うまでもない。

□**さらにもいはず〔あらず〕**

女は**さらにもいはず**思ひ沈みたり。（源氏・明石）

訳 女は言うまでもなく（悲しみに）思い沈んでいる。

供養の日の有様のめでたさは、**さらにもあらず**や。（大鏡）

訳 供養当日の様子のすばらしさは、いまさら言うまでもないことよ。

6 言葉では言い尽くせない

どう表現しても不十分な気がするほど「すごい」ということです。

□**いへば〔いふも〕おろかなり** →27

御湯殿《ゆどの》の儀式**言へばおろかに**めでたし。（栄花）

訳 御湯殿の儀式は言葉では言い尽くせないほどすばらしい。

□**〜とは〔〜なども〕おろかなり** →27

母北の方、泣く**とはおろかなり**。（落窪）

訳 母北の方は、泣くと言ったのでは十分ではない（ほど激しく泣く）。

□**〜とは〔〜といふも・〜といへば〕よのつねなり** →298

かなしうし給《たま》ふ**とは世の常なり**や。（落窪）

訳 かわいがりなさるというのは月並みな表現だよ。

□**いはむかたなし**

土御門《つちみかど》殿の有様、**言はむかたなく**をかし。（紫式部）

訳 土御門のお邸《やしき》のたたずまいは、言いようもなく風情がある。

7「心」の慣用表現

今も昔も人の心には表現せずにはいられない思いがいっぱい詰まっています。

□心あり

1 思慮分別がある。
2 思いやりがある。
3 情趣を解する。

心あらむ友もがなと、都恋しう覚ゆれ。（徒然）

訳 **情趣を解する**ような友がいればなあと、（友のいる）都が恋しく思われる。

□心（を）置く

1 気にかける。執着する。
2 打ち解けず、隔てを置く。遠慮する。
3 用心する。

人に**心をおかれ**、隔てらるる、口をしかるべし。（十訓）

訳 人に**用心され**、間を置かれるのは、残念だろう。

□心ゆく

1 満足する。心が満たされる。

心ゆかぬなめり、といとほしく思《おぼ》しめす。（源氏・紅葉賀）

訳 **満足し**ないようだ、とかわいそうにお思いになる。

□心（を）やる

1 心を慰める。気晴らしをする。
2 自分の思うままにする。得意がる。

われしも、分きてしのばるべきことと**心やり**たる。（建礼門院）

訳 自分だけが、特に懐かしく思われるのであろうと**得意がっ**ているよ。

□心と（して）

1 自分の心から。自分から進んで。→297

つくづくと思へば安き世の中を**こころと**嘆くわが身なりけり（新古今）

訳 よくよく考えてみると安らかな世の中なのに、**自分の心（の持ちよう）から**嘆いているわが身であることよ。

□心ならず

1 自分の心からではなく。→297
2 思わず。

悲しくのみある。されどおのが**心ならず**、まかりなむとする。（竹取）

訳 悲しい思いでいっぱいだ。けれども**自分の心からではなく**、行ってしまおうとする。

□人やりならず

1 他のせいではなく、自分の心からする。→297

人やりならず悲しう思さる。（源氏・幻）

訳 **他のせいではなく、自分の心からすることだが**、と悲しくお思いになる。

8 呆然自失《ぼうぜんじしつ》している

心が動転してものも考えられず、自分なのか他人なのかも判然としない状態です。

□**ものもおぼえず** →296

うちも臥《ふ》されず、**ものもおぼえず**起きゐたり。（源氏・若紫）

訳 横にもなれず、呆然としてずっと起きていた。

□**われ〔あれ〕かひとか（にもあらず）**

おとど心まどひて、われか人かにもあらでのたまふ。（宇津保）

訳 大臣《おとど》は心が乱れ迷って、呆然自失しておっしゃる。

□**われ〔あれ〕にもあらず**

われにもあらぬ気色《けしき》にて、肝《きも》消えゐ給《たま》へり。（竹取）

訳 呆然自失した様子で、肝をつぶして座っていらっしゃる。

□**われかのけしき**

汗もしとどになりて、**われかのけしき**なり。（源氏・夕顔）

訳 汗もびっしょりになって、呆然自失している様子だ。

9 補助動詞を用いる表現

補助動詞は、動詞が独立性を失って他の動詞の下に付き、本来の意味から転じた意味を添えます。

□**〜あへず・〜やらず** ①最後まで〜しきれない。→300

涙にくれつつ、何事も聞こえ**あへず**。（松浦宮）

訳 涙に目がくらんで、何事も最後まで申し上げきれない。

「こはいかなることぞ」とも言ひ**やらず**笑ふ。（落窪）

訳「これはどうしたことだ」とも最後まで言いきれず笑う。

□**〜ありく** ①〜（して）まわる。〜（し）続ける。→10

（蚊ガ）顔のほどに飛び**ありく**。（枕）

訳（蚊が）顔の辺りを飛びまわるの（がにくらしい）。

□**〜すさぶ** ①気の向くままに（〜する）。興に乗って（〜する）。

箏《さう》の琴を忍びやかに弾き**すさび**たまふなり。（とりかへばや）

訳 箏の琴をひっそりと気の向くままに弾きなさるようだ。

□**〜すます** ①一心に（〜する）。②上手に（〜する）。

あはれにうらやましくも行ひ**すまさ**せたまふかな。（夜の寝覚）

訳 しみじみとうらやましいほど一心に勤行なさるなあ。

心もおよばず舞ひ**すまし**たりければ、入道相国舞にめで給ひて、仏に心をうつされけり。（平家）

訳 思いも及ばないほど上手に舞ったので、入道相国は舞に感心なさって、仏御前に心を移された。

□**～そむ** ①～しはじめる。

いかがしたりけむ、花園の大臣《おとど》に申し**そめ**てけり。（十訓）

訳 どういうきっかけがあったのだろうか、花園の大臣と言葉を交わしお付き合いをしはじめた。

□**～なす** ①ことさらに（～する）。

夢見騒がしかりつと言ひ**なす**なりけり。（源氏・浮舟）

訳 夢見が悪かったとことさらに言うのだった。

□**～なる** ①自然と～なる。

責められわびて、さしてむと思ひ**なり**ぬ。（大和）

訳 責め立てられて困って、そのようにしてしまおうと自然と思うようになった。

□**～はつ** ①完全に（～する）。

夜の明け**はて**ぬさきに御舟に奉れ。（源氏・明石）

訳 夜が完全に明けない前にお舟にお乗りください。

□**～まどふ** ①ひどく（～する）。→70

濡《ぬ》れ**まどふ**人多かり。（蜻蛉）

訳 ひどく濡れる（＝ずぶ濡れになる）供人《ともびと》が大勢いる。

□**～わたる** ①ずっと（～する）。→63　②一面に（～する）。

なほ絶えずなやみ**わたり**たまふ。（源氏・若菜下）

訳 やはり絶えず病気でずっと苦しみなさる。

あてやかに住みなしたまへるけはひ見え**わたる**。（源氏・初音）

訳 上品にお暮らしになっている様子が一面にうかがえる。

□**～わづらふ**
～わぶ ①～するのに困る。～しかねる。→69・25

呼び**わづらひ**て、笛をいとをかしく吹きすまして、過ぎぬなり。（更級）

訳 呼びかねて、笛をたいそうみごとに吹き澄まして、通り過ぎてしまうようだ。

かくてはいかでか過ぐしたまはむと慰め**わび**て、乳母《めのと》も泣きあへり。（源氏・若紫）

訳 このままではどうやってお過ごしになれようかと慰めかねて、乳母も一緒に泣いている。

2 古文常識

1 一日《いちにち》と一月《ひとつき》

江戸時代以前の日本では、時刻と方角を「十二支」を用いて表していました。次の図で覚えておきましょう。

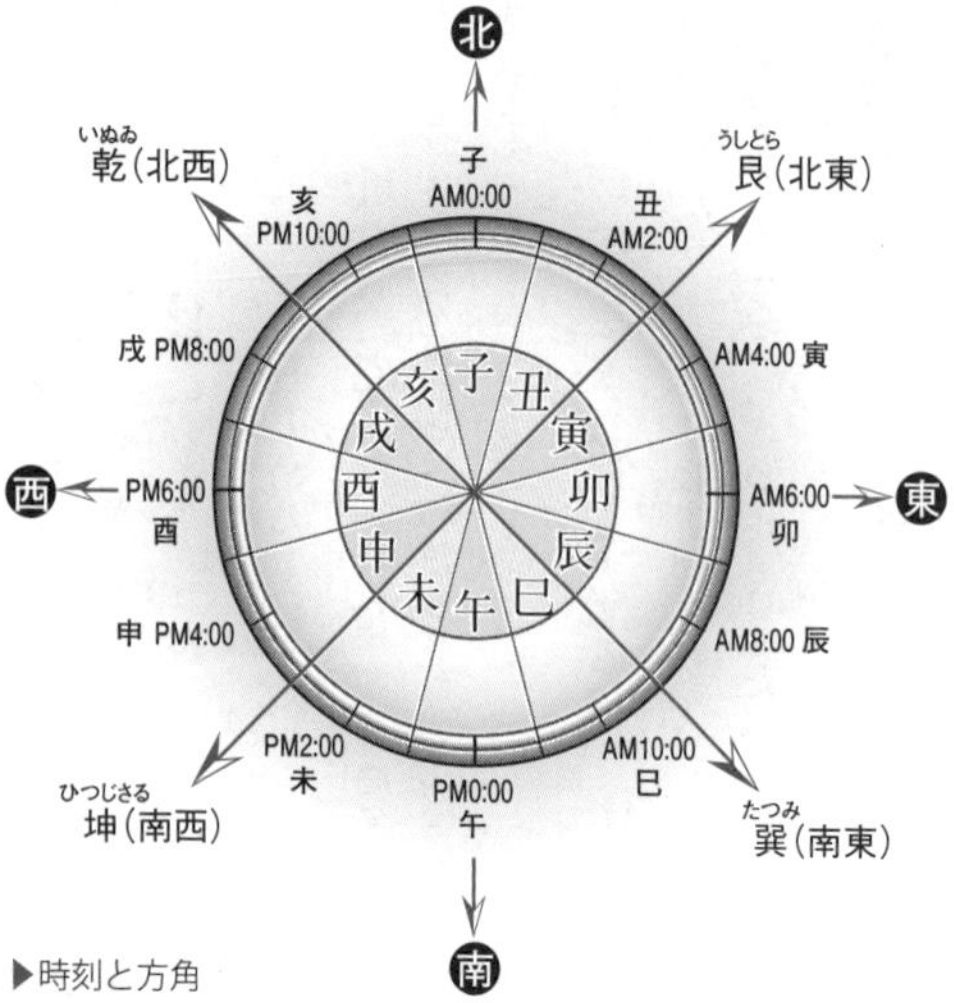

▶時刻と方角

▼今は午前0時を過ぎると日付が変わりますが、昔は違います。夜明け近くの丑《うし》の時を過ぎると「明日《あす》」になります。

▼宮中では季節や昼夜を問わず一日を等分して定めた時刻法（定時法）、つまり今と同じ時刻法が用いられていましたが、民間では昼と夜とを六等分した時刻法（不定時法）が用いられていました。したがって、**季節によって昼夜《ちゅうや》の長さが違う**ので、昼と夜の一時《いっとき》の長さも違います。

覚えておこう

□**あかつき**　一番鶏《いちばんどり》の鳴く時刻です。未明の、辺りがまだ暗い時分です。古文では、デートをしていた男女の別れ、あるいは遠くに旅立つときの時刻です。

□**手洗《てあら》ひ**　一日の初めに、今日の平安を神仏に祈るため朝起きるとまず手を洗って身を清めます。

□**日記《にっき》**　男性貴族は仕事に行く前に昨日の出来事を漢文で日記に記します。昨日のうちに記さないのは、一晩寝て冷静になってから、記す事柄を取捨しようと思うからです。

□**艮《うしとら》**　北東の方角です。陰陽道《おんようどう》では「鬼門《きもん》」と言って、不吉な方角と見なします。鬼が出入りする方角なのです。

旧暦（陰暦）では、朔日《ついたち》（月初め）から次第に月が満ちていき、十五日ころに満月となり、その後しだいに出が遅くなって晦日《つごもり》（月末）ころにすっかり欠けてしまいます。

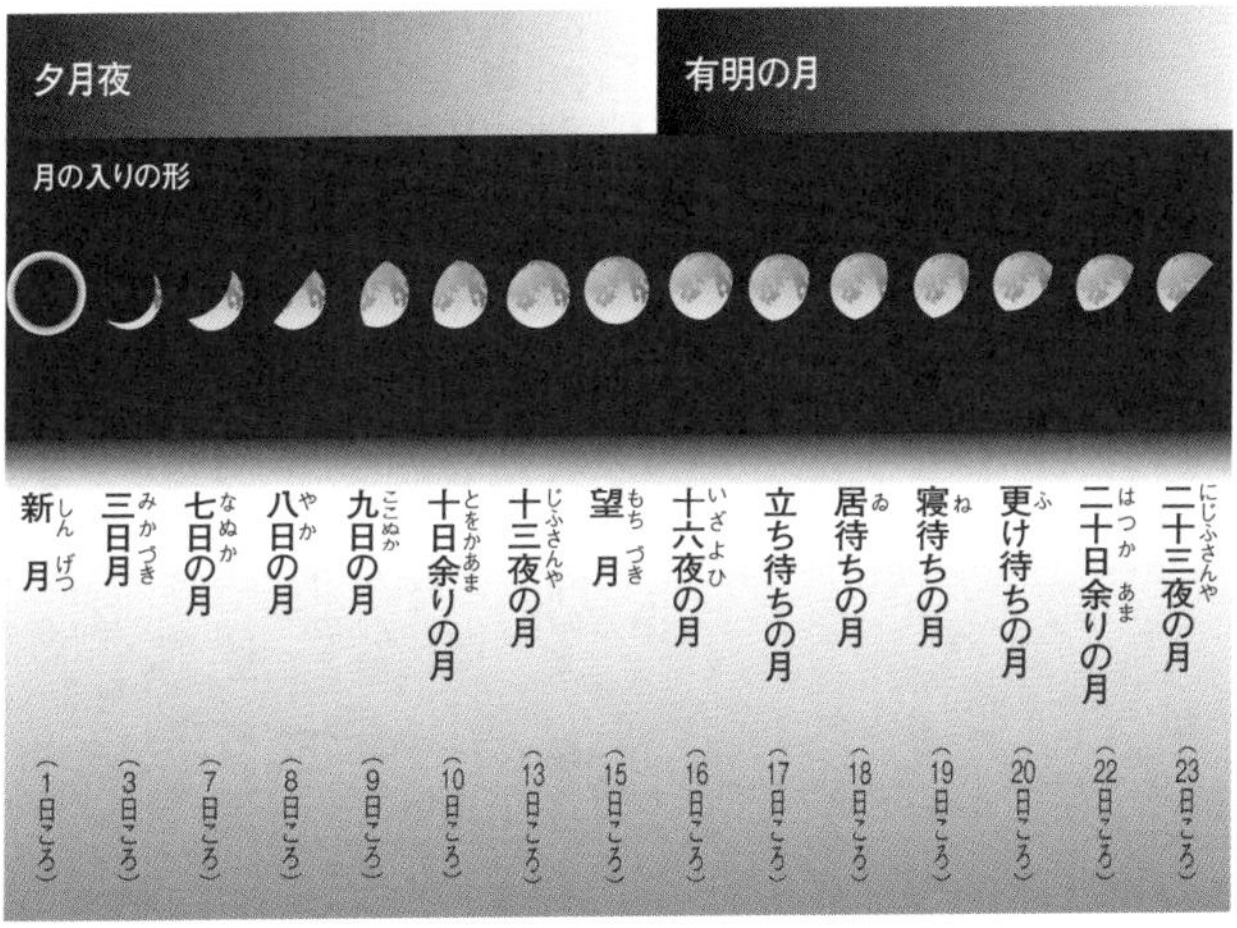

▶月齢

▼一月《ひとつき》は29日か30日で、31日はありません。一年354（5）日です。そのため同じ月を繰り返すことがあります。二度目の月を「**閏月《うるうづき》**」と言います。

覚えておこう

□**夕月夜《ゆふづくよ》**　夕方にはすでに出ている月のことです。

□**望月《もちづき》**　十五日ころの月で、満月です。「望月」の中で最も美しいと見なされる「八月十五夜の月」を「**中秋の名月**」と言います。

□**有明《ありあけ》の月《つき》**　夜が明けても空に残っている月のことです。陰暦で十六日以後、特に二十日過ぎについて言います。

入試

□時刻については、「**『巳《み》の時』の意味として最も適当なものを選べ**」といった形で出題されます。

□方角については、「**艮《うしとら》（北東）**」「**巽《たつみ》（南東）**」「**未申《ひつじさる》（南西）**」「**乾《いぬゐ》（北西）**」がよく問われます。意味も読みも問われます。

□入試では、本文が一月《ひとつき》のうちのいつごろのことを記しているのか問われることがあります。**明け方に月がまだ空にかかっていたら「二十日あまりの出来事」**ということです。

2 季節の景物と行事

昔の暦《こよみ》は今の暦と違います。昔の暦のことを「旧暦（陰暦）」と言いますが、今の暦と比べて一月あまりのズレがあります。

春　**睦月《むつき》（一月）**　**如月《きさらぎ》（二月）**　**弥生《やよい》（三月）**

旧暦の一月は今の二月に相当します。まだ寒さは残っていますが、春のいぶきも感じられます。昔の暦の元日はまさに「新春」なのです。

景物…その季節の情趣ある風物

□**霞《かすみ》**　春とともに「立つ」（かかる）景物です。「霧《きり》」は秋の景物です（↓P304）。

古文で確認しよう

見渡せば山もと霞む水無瀬川《みなせがは》夕べは秋となに思ひけむ（新古今）

訳 見渡すと山のふもとに霞がたなびき、水無瀬川が流れている。夕暮れの情趣は秋にかぎるとどうして思ってきたのだろう。

▼『枕草子』の「秋は夕暮れ」をふまえて、秋ばかりか春の夕暮れもすばらしいではないかと言っているのです。

□**梅《うめ》**　香りを楽しみます。白梅の花は「雪」や「白波」に見立てられます。鶯《うぐいす》の宿《やど》です。

□**柳《やなぎ》**　「糸」に見立てられます。

□**桜《さくら》**　単に**「花」と言えば「桜」のことです。**満開から散るまでの様子を楽しみます。「雪」や「白雲」に見立てられます。

□**山吹《やまぶき》**　晩春の景物です。水辺に咲くことから、水に映った花の影を楽しみます。花の色が梔子《くちなし》色（＝黄色）であるところから、和歌では「梔子」に「口無し」を掛けて詠みます。

□**藤《ふぢ》**　晩春から初夏にかけての景物です。花房が風に揺れる様子は「波」に見立てられます。和歌で「淵《ふち》」を掛けて詠みます。

□**蓬《よもぎ》**　蓬は手入れをしないと生い茂ります。「蓬生《よもぎふ》」と言います。荒廃した家の様子です。物語では、男の訪れの絶えた女の家を表します。

行事

□**節会《せちゑ》**　天皇が臣下を集めて催す宴《うたげ》のことです。正月にかぎらず宮中では様々な「節会」が催されましたが、新春には「元日の節会」や「白馬《あをうま》の節会」が催されました。↑読み重要語

□**子《ね》の日《ひ》の遊《あそ》び**　正月最初の子の日に、末長い繁栄にあやかるために野に出て「若菜」や「小松」を引く行事です。

□**七種《ななくさ》の粥《かゆ》**　旧暦正月七日を「人日《じんじつ》」と言います。この日は「七種の粥」を食べて、むこう一年間の健康を願いました。七種とは「せり・なずな・御形《ごぎやう》・はこべら・仏《ほとけ》の座《ざ》・すずな・すずしろ」（＝春の七草）のことです。

□**除目《ぢもく》**　大臣以外の役人の任命式です。春の地方官の任命式を「**春の県召《あがためし》の除目**」、秋の中央官の任命式を「**秋の司召《つかさめし》の除目**」と呼びます。↑読み重要語

夏　卯月《うづき》（四月）皐月《さつき》（五月）水無月《みなづき》（六月）

梅雨は旧暦では五月に降ったので「五月雨《さみだれ》」ですが、今は六月に降る雨です。

景物

□**なでしこ**　漢字を当てれば「撫子」。送り仮名を添えると「撫でし子」。そこから和歌では「幼いいとしい子」の意味を掛けて詠みます。

□**卯《う》の花《はな》**　卯月の景物です。花の色が白であるところから、他の「白いもの」に見立てられます。郭公《ほととぎす》の宿《やど》です。

□**郭公《ほととぎす》**　夏の鳥として、その初音《はつね》を楽しみます。卯の花や橘《たちばな》に訪れます。「**時鳥**」と漢字を当てることもあります。

□**橘《たちばな》**　香りを楽しみ、昔をなつかしみます。郭公の宿です。

▶橘

古文で確認しよう

五月《さつき》待つ花橘《はなたちばな》の香《か》をかげば昔の人の袖の香ぞする　（古今）

訳 五月になるのを待って咲き始めた橘の花の香りをかぐと、昔親しくしていた人の袖の香りがすることだ。

▼昔親しくしていた人が、着ていた衣に橘の香りをたきしめていたのです。

□**菖蒲《あやめ》**　今の「菖蒲《しょうぶ》」です。五月五日（端午《たんご》の節句）、香りで邪気を払うため、いたるところに飾られます。菖蒲の根の長さを競う「根合はせ」が催されます。和歌では「文目《あやめ》（＝物の道理）」を掛けて詠みます。

□**五月雨《さみだれ》**　今の「梅雨」です。和歌では「長雨《ながめ》」に「眺め（＝もの思いに沈むこと）」を掛けて詠みます。↑読み重要語

□**蛍《ほたる》**　蛍の光は、燃える思いになぞらえられます。蛍の「火」を「思ひ」の「火」と見るのです。

□**短夜《みじかよ》**　あっというまに明けてしまう夏の短い夜のことを言います。恋する男女は夜に逢《あ》って夜明け前には別れました。夏は早く夜が明けてしまうので、まだ逢っていたいのに別れなければなりません。

行事

□**更衣《ころもがへ》**　旧暦四月一日と十月一日に季節に合わせて衣替えをしました。衣替えのときは、衣服ばかりでなく、室内の調度も改めます。

□**賀茂《かも》の祭《まつり》**　四月中酉《なかのとり》の日に行われる上賀茂《かみがも》・下鴨《しもがも》両社の祭りです。「**葵《あふひ》祭**」とも言います。都中が葵《あおい》で飾られます。「葵」は昔は「あふひ」と言ったため、和歌では「逢ふ日」を掛けて詠みます。

▼古文で単に「**祭**」**と言えばこの祭のこと**です。

秋

文月《ふ(み)づき》**（七月）**
葉月《はづき》**（八月）**
長月《ながつき》**（九月）**

秋と春は、情趣を比較されることがよくあります。秋の歌には、はかなさやしみじみとした感慨が多く詠み込まれました。

景物

□**名月**《めいげつ》 八月十五夜の月のことです。「**中秋の名月**」と言われます。九月十三夜の月も賞美されます。

古文で確認しよう

木の間《ま》**より漏**《も》**り来る月の影見れば心づくしの秋は来にけり** （古今）

訳 木の間から漏れてくる月の光を見ると、もの思いに心を使い果たす秋の季節がやって来ていたのだなあ。

▼月は眺める人をもの思いに誘います。心はすり減っていきます。「秋」の「心」と書いて「愁」《うれい》と読みます。秋は悲しい季節です。

□**霧**《きり》 秋の景物です。春の「霞」《かすみ》と区別されます。

□**雁**《かり》 月や霧と取り合わせられます。鳴き声（「雁《かり》が音《ね》」）に耳をすまします。手紙を運ぶ鳥とも見なされます。

□**鹿**《しか》 牡鹿《おじか》の鳴き声を、妻を求めて泣く声と聞きます。

□**女郎花**《をみなへし》 秋の七草の一つです。「をみな（女）」からの連想で、和歌では女性にたとえられます。

□**萩**《はぎ》 秋の七草の一つです。「露」《つゆ》のおりる場所です。萩の露ははかなさの象徴です。露が「おりる」ことを古語では「置く」と言います。

▶萩

□**露**《つゆ》 「はかない命」や「涙」の比喩になります。「**袖**《そで》**の露**」とは袖を濡《ぬ》らす涙のことです。

□**荻**《をぎ》 「**尾花**《をばな》（＝薄《すすき》）」とともに風に揺れるさまが手招きしているように見えるところから、人の訪れを待つ姿に見立てられます。「をぎ」は「招《を》き」にも通じます。

▶荻

□**菊**《きく》 菊の花の露は飲むと長生きするとされ、九月九日「**重陽**《ちょうやう》**の節句**《せっく》」に菊の花の浮く酒を飲みます。この日以降も「残菊」《ざんぎく》として枯れるまで花の色の移ろいを楽しみます。菊はその年の最後に咲く花だからです。

□**野分**《のわき》 野の草を分けて吹く秋の強い風です。今の台風に当たります。

行事

□**七夕**《たなばた》　七月七日の夜、牽牛《けんぎゅう》と織女《しょくじょ》が天の川のほとりで年に一度のデートをします。そこから、この日は男女の間で恋文がやりとりされます。牽牛・織女にちなんで逢《あ》おうというわけです。

冬　神無月《かんなづき》（十月）　霜月《しもつき》（十一月）　師走《しはす》（十二月）

冬と言えば、雪の降る季節です。人々は一面に降り積もった雪の美しさを愛《め》でました。

景物

□**時雨**《しぐれ》　晩秋から初冬にかけて降る雨です。一雨ごとに紅葉が深まり、落葉を促します。雨の音を楽しみます。

□**松**《まつ》　常緑樹であるところから長寿の象徴と見なされます。新春の賀《が》の景物でもあります。池の中島《なかじま》（→P314「寝殿造り」図）などに植えられます。

□**霜**《しも》　霜が「おりる」ことを古語では「置く」と言います。霜は「白髪」に見立てられます。ちなみに「皺《しわ》」は「波」に見立てられます。寄る年波に「皺」も寄るのです。

□**雪**《ゆき》　「梅の花」や「桜の花」に見立てられます。辺り一面に降った「雪」を降り注ぐ「月の光」に、降り注ぐ「月の光」をむらなく積もった「雪」に見立てることもあります。

行事

□**五節**《ごせち》**の舞**《まひ》　毎年、旧暦十一月に行われる宮中の祭礼で催される舞です。舞姫には貴族の未婚の子女が五人選ばれます。美しい少女は、天皇をはじめ高貴な男の目にとまります。

▶五節の舞

□**追儺**《ついな》　大晦日《おおみそか》の夜、宮中で行われた悪鬼を追い払う行事です。鬼に扮《ふん》した男を桃の弓と葦《あし》の矢で追い払います。これがのちに民間にも伝わり、節分の豆まきの行事になりました。

入試

□「如月」「卯月」など、旧暦の月の異名は必ず覚えておきましょう。入試では読みと意味のいずれも問われます。

3 恋愛～結婚

古文の場合、「恋愛」と「結婚」は多くの作品で中心的な話題となります。物語では、男が女を「垣《かい》間《ま》見《み》る」ところから恋のかけひきが始まります。

箏《そう》の琴《こと》・琵琶《びわ》
「琴《こと》」は弦楽器の総称で、「箏の琴」が現代の琴に当たります。「琵琶」は撥《ばち》を使って弾く弦楽器です（→P319「管絃」）。

透垣《すいがい》
透き間のある垣根です。
↑読み重要語

古文で確認しよう

あなたに通ふべかめる透垣《すいがい》の戸を少し押し開《あ》けて見給《たま》へば、月をかしきほどに霧《き》りわたれるをながめて、簾《すだれ》を短く巻き上げて人々ゐたり。（源氏・橋姫）

訳 向こう（の部屋）に通じているにちがいないような透垣の戸を（薫《かおる》が）少し押し開けてご覧になると、月の趣があるくらいに一面霧におおわれているのを眺めて、簾を少し巻き上げて女たちが座っている。

▼薫は、有明の月（↓P301）のもと、宇治《うじ》に住む八の宮を訪れます。そこで、箏《そう》の琴《こと》と琵琶《びわ》を合奏する姫君たちを垣間見て、彼女たちの優雅な姿に心ひかれていきます。

覚えておこう

□**琴《こと》の音《ね》** 物語では、琴の音に導かれて男が美しい女を発見する場面が多く描かれます。女はひとり琴を弾いています。「ひとり琴《ごと》」と言います。

□**垣間見《かいまみ》** 男が女をのぞき見ることです。

□**よばふ** 漢字で記すと「呼ばふ」。「夜這ふ」ではありません。男が女に求愛することです。和歌の詠まれた求愛の手紙を贈ります（↓8あふ関）。

□**薄様《うすやう》** 薄く漉《す》いた紙です。二枚重ねで用います。配色に心を配ります。「**懸想文**《けさうぶみ》（＝恋文）」に使われます。

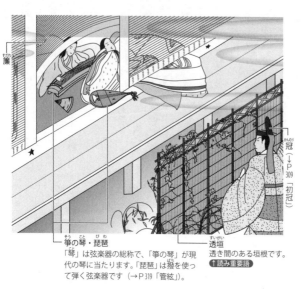

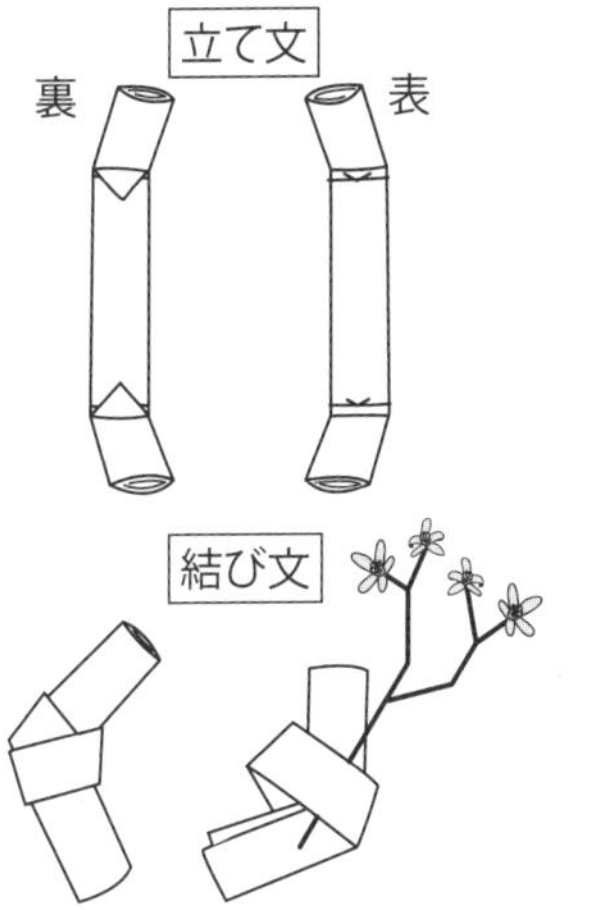

▶正式の手紙は立て文として送られます。

□**結び文**《むすぶみ》 紙を細く巻いて蝶《ちょう》ネクタイのように結んだ手紙です。恋文の多くはこの形です。季節の植物を添えて贈ることもあります。

□**暁**《あかつき》 夜明け前です。逢《あ》っていた男女が別れるときです。一番鶏《いちばんどり》の鳴き声がその時の到来を知らせます。男は、まだ暗い中、未練を残しながら帰っていくのです。

□**後朝**《きぬぎぬ》 「衣衣」とも記します。一つに重ねられていた男女の衣《ころも》が「衣衣《きぬぎぬ》」つまり二つの衣に分かれることです。そこから、男女が共寝をした翌朝に別れること、またその朝を言います。別れる際、お互いの衣の一つを交換することもありました。

□**後朝**《きぬぎぬ》**の文**《ふみ》 「後朝の別れ」のあとで男から女に贈る手紙のことです。早く贈るのが礼儀です。女は「後朝の文」を待ち望みます。来なければ女にとって大変な恥です。

□**三**《み》**日**《か》**の夜**《よ》 男は女と初めて契《ちぎ》りを結んだあと、相手のもとに三日続けて通うのが礼儀です。その最後の三日目の夜のことを言います。男の誠意が明かされたことになり、女の家で結婚の祝儀が行われます。

□**所顕**《ところあらは》**し** 今の結婚披露宴です。二人が結ばれたことを親族・知人に公表するのです。

□**婿**《むこ》 結婚してしばらくすると男は生まれ育った実家を出て、妻の家に住み込みます。妻の両親はわが家の婿殿として手厚く男の面倒を見ます。こういう結婚のあり方を「婿《むこ》取《ど》り婚《こん》（婿《むこ》入《い》り婚）」と言います。

□**入内**《じゅだい》 皇后・中宮・女御《にょうご》（↓P310）になる人が正式に内裏に入ることを言います。

4 誕生・成長〜老い・死

今でも七五三《しちごさん》や成人式、還暦など、ある年齢に達するとお祝いをしますが、古文の世界でも同じです。平均寿命が今よりも短かった時代、細かい節目で成長や長寿を祝う儀式を行いました。

▶五十日の祝いの様子

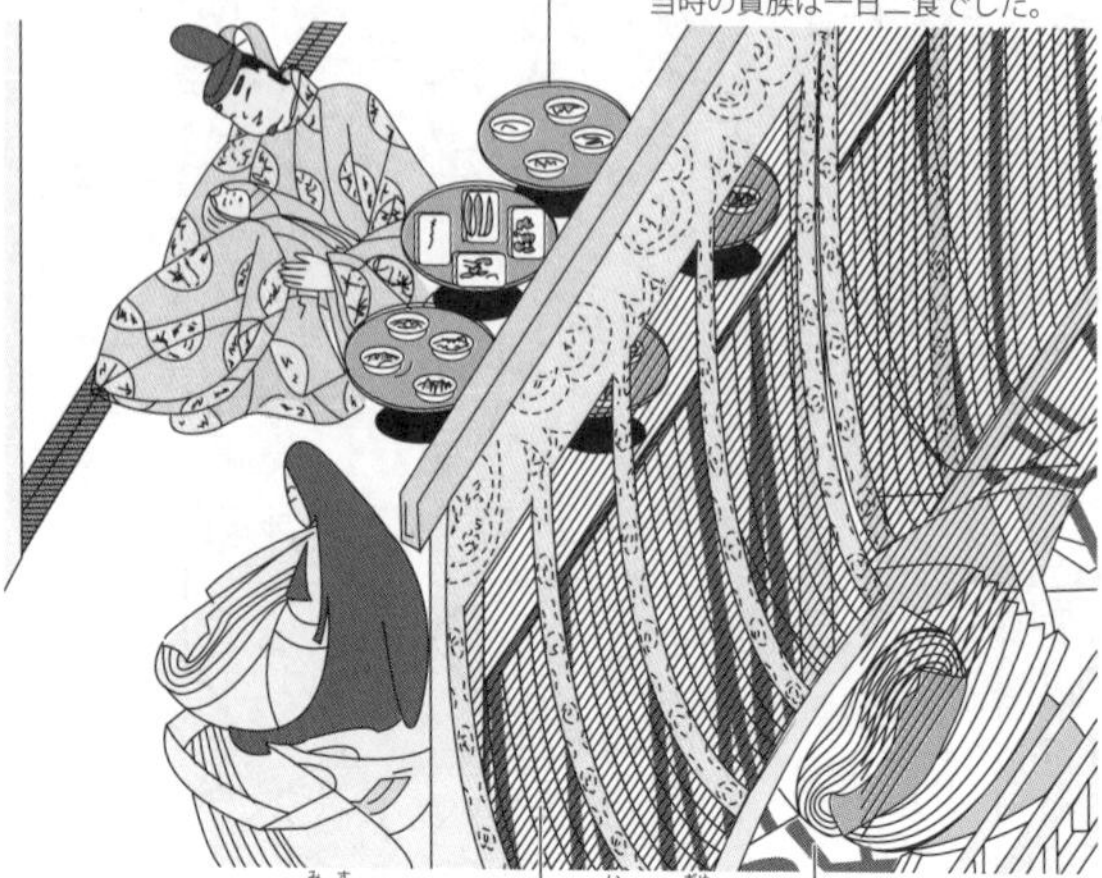
高杯《たかつき》 食べ物を盛る、長い脚の付いた台です。当時の貴族は一日二食でした。
御簾《みす》（→P315）
出だし衣《いだしぎぬ》
「打《う》ち出《い》での衣《きぬ》」とも言います。御簾や几帳、牛車の簾の下から女房の衣の一部を出すことです。装飾のためにするのですが、財力の誇示にもなります。

古文で確認しよう

三月《やよひ》になれば、空のけしきもものうららかにて、この君五十日《いか》のほどになり給《たま》ひて、いと白ううつくしう、ほどよりはおよすけて、物語などし給ふ。（源氏・柏木）

訳 三月になると、空の様子もどこかうららかな感じで、この若君は五十日の祝いをするほどにおなりになって、とても色白でかわいらしく、生後の日数よりも（早く）成長して、（言葉のような）声をお出しになる。

▼光源氏が抱いている男の子は**薫《かおる》**です。かたわらに食膳が並んでいます。なかに餅《もち》があります。この餅を箸《はし》で取り、赤ちゃんの口に含ませます。もちろん赤ちゃんは食べることはできません。食べるまねごとをさせるのです。

覚えておこう

□**産養《うぶやしなひ》** 子どもが生まれてから、三、五、七、九日目の夜に催す祝宴です。

□**五十日《いか》の祝《いは》ひ** 子どもが生まれてから、五十日目を祝う儀式です。同様の儀式は生後百日目にも行われました。「**百日《ももか》の祝ひ**」と言います。

□**袴着《はかまぎ》** 幼児が初めて袴をつけて成長を祝う儀式です。三歳から七歳ころまでに行われます。

□**裳着**《もぎ》　女子の成人式で、初めて裳をつける儀式です。十二、三歳ころに行われます。

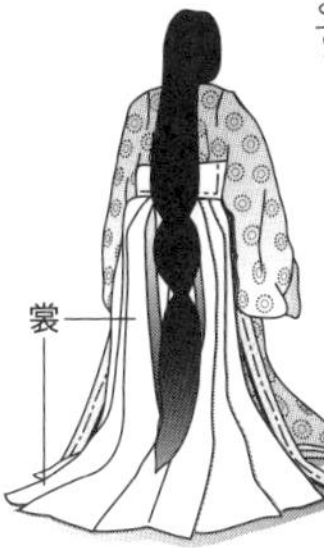

▶裳をつけた女子の後ろ姿

□**初冠**《うひかうぶり》　男子の成人式で、初めて**冠**《かんむり》をつける儀式です。十二歳を過ぎたころに行われます。成人後、男子は人前に出るときは冠や**烏帽子**《えぼし》（↑読み重要語）をかぶります。頭のてっぺんを人に見せることは失礼であり、また恥ずかしいことでもありました。

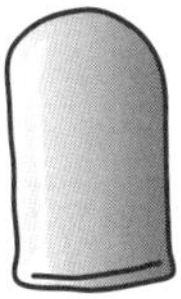

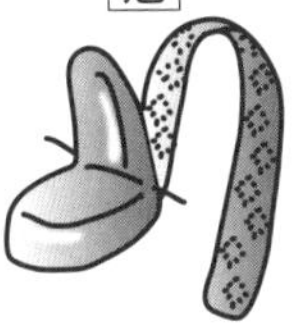

▶冠は正装のときに頭にかぶります。

□**乳母**《めのと》　貴人の子どもを養育する係の女性です。乳母の実子《じっし》を「**乳母子**《めのとご》」と言います。乳母子は貴人の子どもと兄弟のように育ち、成人後は腹心の部下として仕えます。

□**算賀**《さんが》　長寿の祝いのことです。四十歳＝四十《よそぢ》（↑読み重要語）を皮切りに、五十《いそぢ》・六十《むそぢ》・七十《ななそぢ》・八十《やそぢ》・九十《ここのそぢ》と十年ごとに行います。

▼六十歳（還暦）・七十歳（古希《こき》）・七十七歳（喜寿《きじゅ》）・八十八歳（米寿《べいじゅ》）・九十九歳（白寿《はくじゅ》）と祝うようになったのは室町時代の終わりごろからです。

□**無常**《むじやう》**の風**《かぜ》　「無常」は「死」の意味です。花を散らし、草木の露を吹き飛ばす風を、人の命を奪う「死」にたとえた言葉です。

□**野辺**《のべ》**送**《おく》**り**　遺体を埋葬したり火葬したりすることです。貴族は普通火葬され、その煙が歌に詠まれます。「煙」を「霊魂」と見て故人《こじん》を偲《しの》ぶのです。葬送の地は「**鳥辺野**《とりべの》（**鳥辺山**）」「**化野**《あだしの》」が有名です。（↓P312「平安京付近図」）

□**中陰**《ちゅういん》　人が死んだあとの四十九日間のことで、この間に次にどこへ生まれ変わるかが決まります。「**中有**《ちゅうう》」「**七七日**《なななぬか》」とも言います。「七七日」は「七×七＝四十九」のことです。

▼この間に行う仏事を「**のちのわざ**（**こと**）」と言います。

□**服喪**《ふくも》　喪に服することです。灰色に染めた「**墨染めの衣**」を着ます。

▶服喪のときは衣だけでなく、御簾などの調度品も灰色のものを使いました。

5 社会

貴族は基本的に国の役人で、官位の序列が重んじられていました。より高い官位を求め、時には兄弟の間でも競い合いました。

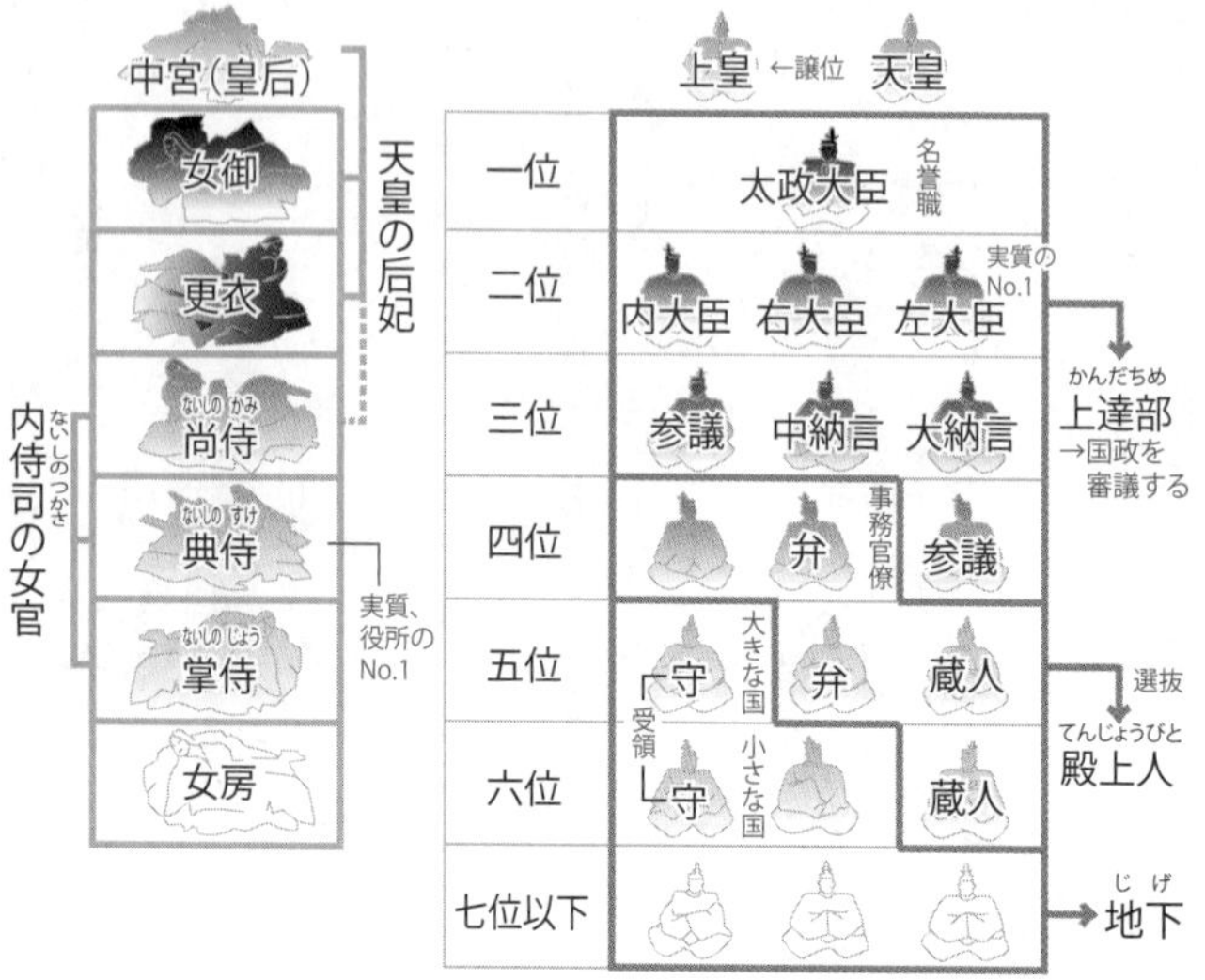

古文で確認しよう

「道長《みちなが》が家より帝《みかど》・后《きさき》立ち給ふべきものならば、この矢当たれ」…「摂政《せつしやう》・関白《くわんぱく》すべきものならば、この矢当たれ」(大鏡)

訳「私（道長）の家から天皇や皇后がお立ちになるはずのものならば、この矢当たれ」…「(自分が）摂政や関白をするはずのものならば、この矢当たれ」

▼弓の競技で的を狙って矢を射るとき、藤原道長が発した言葉です。道長の人生はこの言葉どおりになりました。

覚えておこう

□**帝**《みかど》　天皇のことです。天皇は、その位を譲ることができます。譲位後は、宮中から別の御所に移り住み、「**上皇**」と呼ばれます。出家すると「**法皇**」です。上皇や法皇のことを「**院**」とも言います。

▼天皇を指す語↓108「**おほやけ**」225「**うち**」226「**うへ**」・P295「天皇」

□**中宮**《ちゆうぐう》　「**皇后**《くわうごう》」の別称です。天皇の正妻は「**后**《きさき》」「**皇后**」「中宮」と呼ばれます。天皇には、ほかに「**女御**《にようご》」「**更衣**《かうい》」と呼ばれる妻がいます。「更衣」は「女御」の下の位です。

▼天皇の子どもを産んだ「女御」「更衣」、寵愛を受けた女性、春宮《とうぐう》や親王の后《きさき》を「**御息所**《みやす(ん)どころ》」と言います。

□**春宮**《とうぐう》　「東宮」つまり皇太子のことです。「東」を「春」と記すのは、方角を四季に見立てると、北＝冬、東＝春、南＝夏、

西＝秋だからです（↓Ｐ295「皇太子」）。↑読み重要語

□**親王**《しんわう》　天皇の兄弟・皇子のことです。天皇の姉妹・皇女は「**内親王**《ないしんわう》」と言います。

□**源氏**《げんじ》　日本の皇室は姓を持たず、皇子・皇女を臣籍に降《くだ》すときには姓を与えました。最も多かったのが「源《みなもと》」姓で、そこから皇子・皇女で臣籍に降った人を「源氏」と言いました。

□**摂政**《せつしやう》**・関白**《くわんぱく》　幼い天皇に代わって政治を行う人を「摂政」、天皇の政務全般を補佐する人を「関白」と言います。貴族たちは、娘を入内《じゆだい》（↓Ｐ307）させ、天皇との間に生まれた皇子を帝位につけて摂関《せつかん》になろうとします。

□**一**《いち》**の人**《ひと》　臣下の中で一番権力を持っている人のことを言います。多くは摂政・関白で、左大臣のときもあります。

□**参議**《さんぎ》　「**宰相**《さいしやう》」とも言います。大納言・中納言に次いで国政を審議する重職です。三位・四位の者の中から選ばれます。やがて国の重鎮となるはずの有望な人物です。

▼議題に関して末席《まつせき》の参議から順次意見を述べていきます。述べられた意見を参考に最終的には天皇が判断を下します。

□**殿上人**《てんじやうびと》　「**雲の上人**《うへびと》」「**雲客**《うんかく》」とも言います。清涼殿の殿上の間に昇るのを許された人のことです。四位と五位の人の一部、六位の蔵人がそれに当たります。殿上人は一代限りです。天皇が代わると選抜し直されます。↑読み重要語

□**蔵人**《くらうど》　天皇の側近です。したがって蔵人は六位でも殿上の間に昇ることが許されました。蔵人は天皇の信任を得た男がなり、エリートコースを歩む者のスタート地点とも言えます。↑読み重要語

□**頭**《とう》　「**蔵人頭**」、つまり蔵人所の長官の略称です。原則二名で、弁官と近衛《このゑ》中将から一人ずつ任命され、前者を「**頭の弁**」、後者を「**頭の中将**」と言います。

□**内侍**《ないし》　天皇のそば近くに仕える女性です。蔵人を天皇の私設秘書とするならば、内侍は国家公務員です。働く女性、すなわち女房たちのエリートです。

□**女房**《にようばう》　宮中や院の御所、貴人の邸《やしき》で働く、地位の高い女性を言います。多くは受領《ずりやう》（↓Ｐ312）の娘です。職場では、本名ではなく縁のある男性の官職名や任国名で呼ばれます。

□**地下**《ぢげ》　清涼殿の殿上の間に昇るのを許されていない人のことです。主に蔵人を除く六位以下の官人です。↑読み重要語

□**官位**《くわんゐ》　「官職」と「位階」のことです。「官職」は職務、「位階」は「一位、二位、…」という貴族社会における地位のことです。給与は位階に応じて支払われ、職に就いていると臨時の収入がありました。職によって収入に差があります。

□**申し文**《まうしぶみ》　官人が昇進や任官のために提出する自己推薦書です。希望する官職を記し、自分がいかにその職にふさわしい人間であるかをアピールします。

□**近衛府**《このゑふ》　天皇の側近の武官の役所です。大将・中将は**上達部**《かんだちめ》（＝大臣、大納言、中納言、参議および三位以上の上流貴族）が兼務します。

□**検非違使**《けびゐし》　京の治安維持や訴訟・裁判を担当する役所です。警察と裁判所が一緒になったようなものです。

6 環境

古文で描かれている舞台の多くは平安京です。また、天皇の居所である内裏は、政治の場、女房たちの活躍の場でもありました。

覚えておこう

□**平安京《へいあんきやう》**　皇居のある土地を「京」と言います。京の中で最も重要なのは「平安京」です。天皇が内裏にいて南を向くと、東が左、西が右に当たるところから、京の東半分を「**左京《さきやう》**」、西半分を「**右京《うきやう》**」と言います。

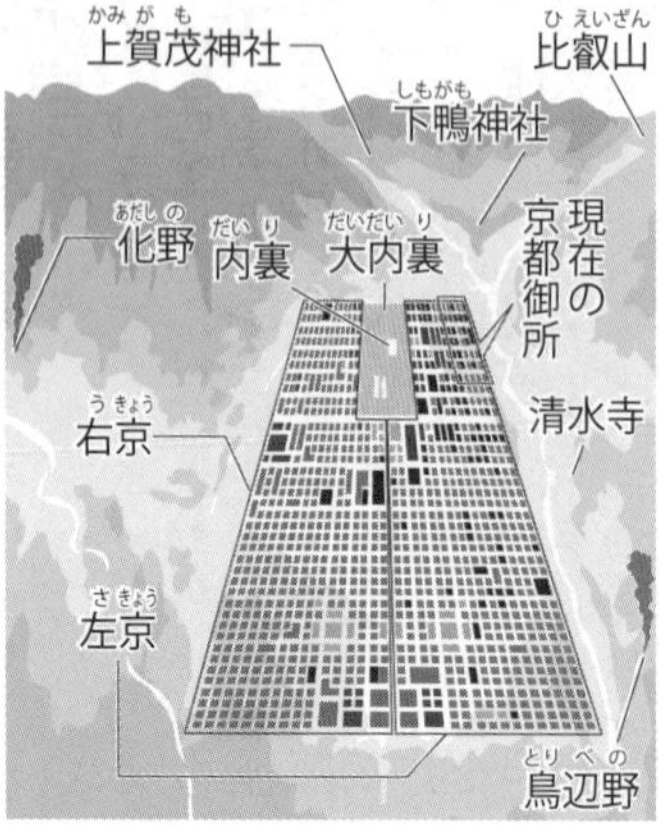

▶平安京付近図
右京よりも左京の方が栄え、高級住宅も多くは左京にありました。

□**山《やま》**　古文で山と言えば「**比叡山《ひえいざん》**」のことです。比叡山にある「延暦寺《えんりやくじ》」のことを言うときもあります。

□**清水寺《きよみづでら》**　本尊《ほんぞん》は観世音菩薩《かんぜおんぼさつ》（観音《かんのん》）です。観音は現世利益の仏なので、この世の願い事をかなえてもらうために多くの人が参詣します。

□**人《ひと》の国《くに》**　「地方」のことを言います。「**県召《あがためし》の除目《ぢもく》**」（↓P302）で任命された者は、任国へ下ります。任期はふつう四年です。長官（「**守《かみ》**」）を「**受領《ずりやう》**」と言います（↓P310図）。

▼受領階級の家からは、平安時代の文学を担った女たちが多く現れました。多感な少女時代に都とは違う「人の国」の自然や人間に触れたことが彼女たちの世界を広げ、やがて文学として結実したのです。

□**あづま**　今の関東地方です。鎌倉幕府のことを指すときもあります。皇居のある都の方が幕府のある鎌倉や江戸よりも上なので、京から鎌倉・江戸に行くことは「**下《くだ》る**」、そこから京に行くことを「**上《のぼ》る**」と言います。荒々しい関東の武士を「**えびす**」と言います。

□**里内裏《さとだいり》**　「**今内裏《いまだいり》**」とも言います。内裏の外に設けられた天皇の臨時の御所で、内裏が火事で焼けたときなどに移り住みます。多くの場合、摂政関白の邸《やしき》があてられました。

▼一条天皇は、内裏だけでなく、里内裏にも長く住みました。後に、この里内裏が天皇の日常の御所になりました。ですから、天皇が代わると、天皇のいる御所も代わってしまいます。今の京都御所もそういう里内裏の一つでした。

□**紫宸殿**《ししんでん》 「**南殿**《なでん》」とも言います。内裏の正殿で、天皇の即位式などの重要な儀式が行われます。「**御階**《みはし》」（正面の中央にある階段）の東側には桜《さくら》が、西側には橘《たちばな》が植えられており、「**左近**《さこん》**の桜・右近**《うこん》**の橘**」と言います。天皇は、正式に臣下と対面するときは、南を向いて会います。天皇が南に面《めん》すると、東が左、西が右に当たります。儀式のあるときは、左近衛府《さこんえふ》の役人は左近の桜から、右近衛府《うこんえふ》の役人は右近の橘から、南に向かって並びました。

□**清涼殿**《せいりやうでん》 内裏にある、天皇が日常住む所です。

□**殿上**《てんじやう》**の間**《ま》 清涼殿の南側にある上達部《かんだちめ》や殿上人《てんじょうびと》（↓P311）の控えの間で、会議も行われました。蔵人《くろうど》（↓P311）はここで働きます。

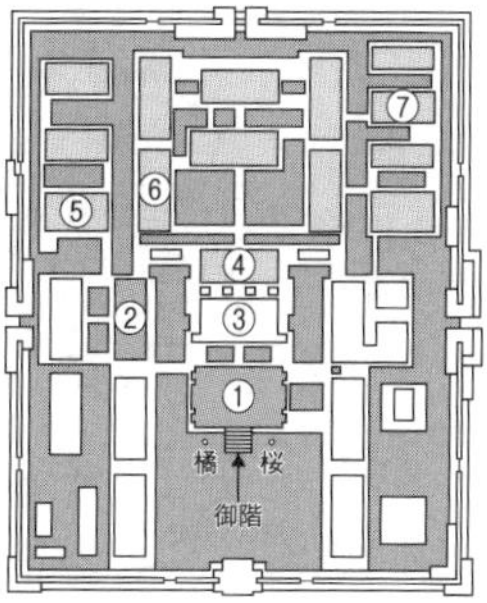

①紫宸《ししん》殿
②清涼《せいりょう》殿
③仁寿《じじゅう》殿
④承香《じょうきょう》殿
⑤飛香《ひぎょう》舎
⑥弘徽《こき》殿
⑦淑景《しげい》舎
■は後宮

▶内裏図

□**後宮**《こうきゆう》 内裏の北側に広がる、天皇の妻たちなどが住む所です。「弘徽殿《こきでん》」など「殿《でん》」と呼ばれるものが七、「飛香舎《ひぎやうしや》」など「舎《しや》」と呼ばれるものが五、あわせて十二の殿舎がありました。ただし、天皇に常時十二人の妻がいたわけではありません。「弘徽殿」や「飛香舎」は「**上の御局**《うへのみつぼね》」に近い所にあり、中宮や女御など、有力な妻が暮らします。

▼「飛香舎」は壺《つぼ》（＝中庭）に藤《ふじ》があることから「藤壺《ふぢつぼ》」、「淑景舎《しげいしや》」は壺に桐《きり》があることから「桐壺《きりつぼ》」とも言われます。「弘徽殿」や「飛香舎」に住む妻は、天皇に召されてもほかの妻たちに知られることはありませんが、「上の御局」から最も遠い所にある「淑景舎」に住む妻は知られてしまいます。『源氏物語』の光源氏の母は「桐壺」に住む更衣（↓P310）でした。ですから、ほかの妻たちの嫉妬を買ってしまったのです。

□**上**《うへ》**の御局**《みつぼね》 清涼殿の北側にある部屋です。「後宮」にある部屋とは別に、后たちに与えられた部屋で、誰の部屋というわけではありません。天皇は妻と会うときはこの部屋で会い、妻は、天皇のお召しを受けると、後宮にある自分の部屋からここに赴きます。

□**局**《つぼね》 主人から与えられた女房の私室です。女房は宮仕え先に住み込みます。局から主人のもとに行くことを「**上る**《のぼ》」、主人のもとから局に下がることを「**下る**《お》」と言います。

↑読み重要語

7 住居

邸宅の庭の手前では、舞や蹴鞠《けまり》などが行われ、男は簀子《すのこ》から、女は御簾《みす》越しに室内から見て楽しみました。四季の移ろいを楽しむためにさまざまな植物も植えられていました。

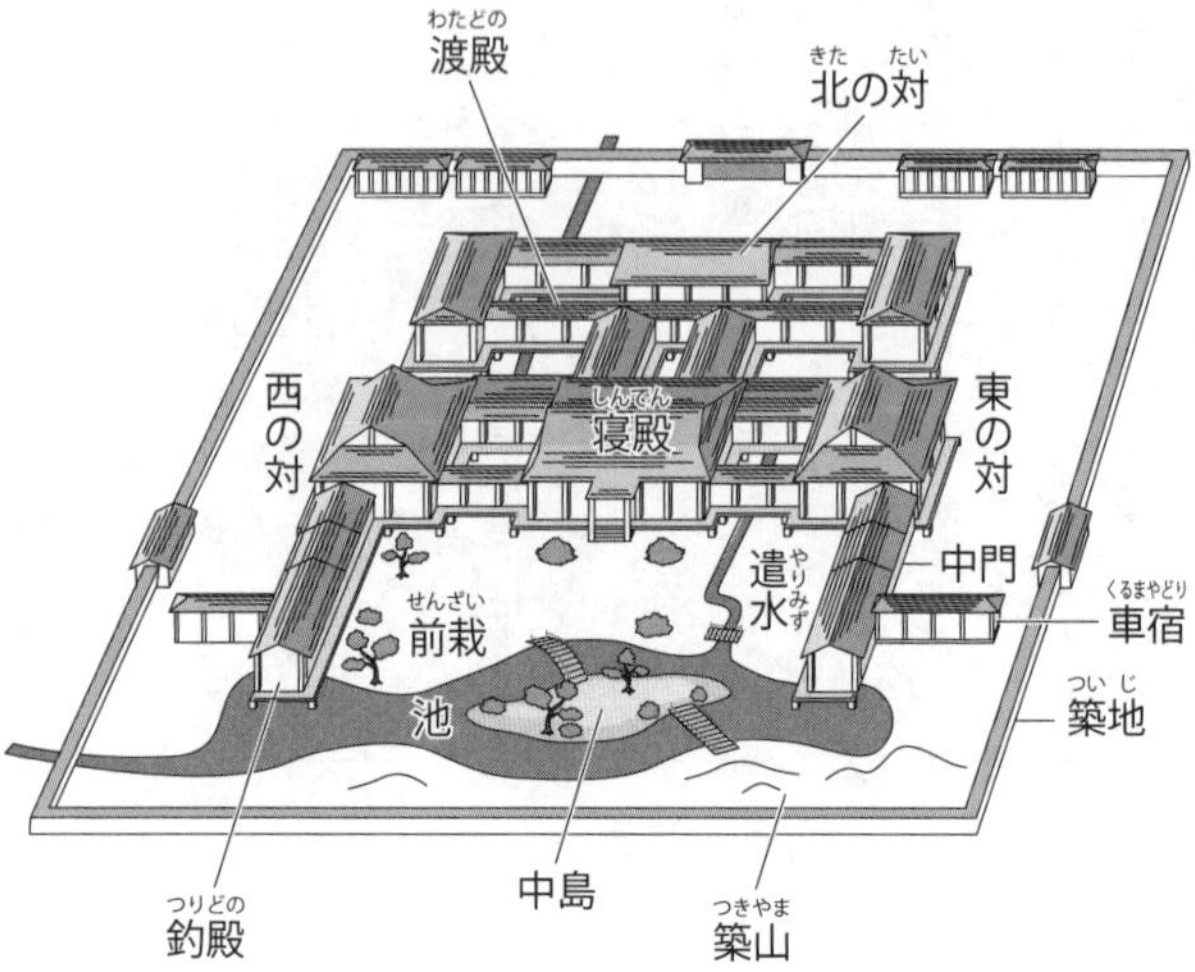

▶寝殿造り。貴族の邸宅は、今のお寺の造りと似ています。

古文で確認しよう

家の作りやうは夏をむねとすべし。冬はいかなる所にも住まる。暑き頃わろき住まひは堪《た》へ難《がた》き事なり。深き水は涼しげなし。浅くて流れたる、はるかに涼し。（徒然）

訳 家の作り方は夏を第一とするのがよい。冬はどのような所でも住むことができる。暑い時分よくない住居は堪え難いことである。（水深の）深い遣水《やりみず》は涼しい感じがしない。浅くて（水が）流れているほうが、はるかに涼しい。

▼兼好法師が望ましい住まいのあり方について述べている文章です。

覚えておこう

□**寝殿造り**《しんでんづくり》 貴族の邸宅の造りを言います。高床式で、建物の周りを、「**簀子**《すのこ》」という濡《ぬ》れ縁がぐるりとめぐっています。庭から屋内に入るときは「**階**《はし》」（＝階段）を上って入ります。寝殿の前には広い庭があり、庭の奥には、池や山が築かれ、「**遣**《やり》**水**《みづ》」という小川が流れています。四季の移ろいを楽しむためにさまざまな植物が植えられています。「**前栽**《せんざい》」と言います。

▼「**簀子**《すのこ》」「**遣水**《やりみづ》」「**前栽**《せんざい》」↑読み重要語

□**対の屋**《たいのや》 寝殿造りの邸《やしき》には、寝殿と呼ばれる邸の主人たちが住む正殿の左右（東西）や後ろ（北）に離れの建物が付属しています。これを「対の屋」と言います。主に、成人した娘や、婿《むこ》として夫を迎えた娘夫婦が暮らします。

□**釣殿**《つりどの》　池に臨んで建てられた建物です。夏の納涼のほか、花見・月見・雪見などをする所です。詩歌管絃《かんげん》の遊び（↓P319）が行われることもあります。

□**築地**《ついぢ》　「ついひぢ」とも言います。土で築いた塀《へい》です。土でできているため、崩れたり、草が生えたりします。手入れもせず、そのままにしている邸には、経済的に余裕のない人が暮らしていたりします。↑読み重要語

□**母屋**《もや》　部屋の中の一段高く造られている中央部分を言います。周りの低い所は「**廂**《ひさし》」と言います。主《あるじ》の女性は普段はこの母屋にいます。

□**御帳台**《みちやうだい》　母屋には御帳台が置かれています。台の上に畳を敷き四隅に柱を立てた箱型のものに帳《とばり》を垂れたものです。

□**御簾**《みす》　今のブラインドです。竹で作られています。用途も今と同じで、日よけと目隠しです。女性は訪ねて来た男性と会話するときは、御簾越しに行いました。↑読み重要語

□**几帳**《きちやう》　目隠しのための移動式のカーテンです。親しい人と会うときも、几帳を隔てて会いました。恋人は、もちろんこのかぎりではありません。↑読み重要語

□**脇息**《けふそく》　肘掛けです。前に置いて寄り掛かったり、うつ伏してうたた寝《ね》をしたりすることもあります。↑読み重要語

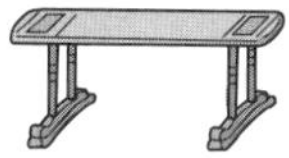

□**塗籠**《ぬりごめ》　寝殿造りの室内は開放的です。時と場合に応じて几帳や屏風《びやうぶ》などを配置し間《ま》を仕切ります。その中で塗籠だけが壁に囲まれています。普段は物置ですが、古文では難を逃れて身を隠す場所として描かれます。霊が住んでいることもあります。

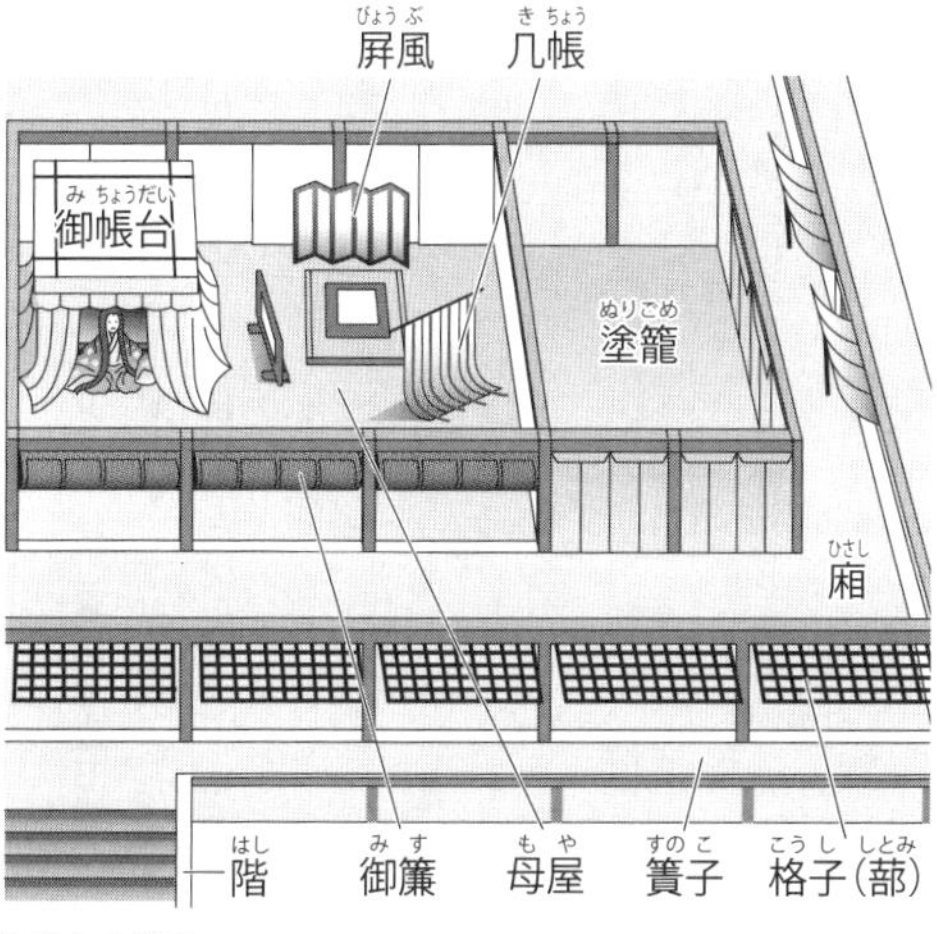

▶室内の様子

8 日常

女性は官人である男性に比べてある程度自由に服を装うことができます。女性にとって衣装は個性の主張です。そこで、美しく装った女性のさまが古文ではよく描かれます。また、貴族は外出の際は、輿《こし》や車、馬などを用いました。歩くのはまれです。

▶柏木《かしわぎ》が、ふと引き開かれた御簾の透き間から女三の宮を垣間見てしまう場面です。

晴れの装束である「唐衣《からぎぬ》」「裳《も》」を身につけない、普段着の姿です。

古文で確認しよう

几帳《きちやう》の際《きは》少し入《い》りたるほどに、袿姿《うちきすがた》にて立ち給《たま》へる人あり。…紅梅にやあらむ、濃き薄きすぎすぎにあまた重なりたるけぢめ華やかに、草子《さうし》のつまのやうに見えて、桜の織物の細長《ほそなが》なるべし。（源氏・若菜上）

訳 几帳の端を少し（奥に）入った所に、袿姿でお立ちになっている人がいる。…紅梅襲《こうばいがさね》であろうか、濃い色薄い色が次々にたくさん重なっている（色の）違いも華やかに、（まるで）綴《と》じ本《ぼん》の端のように見えて、（上に着ているのは）桜襲《さくらがさね》の織物の細長（＝身幅の狭い衣服の一つ）であるにちがいない。

▼女三の宮の装束の美しさが細かく描かれています。

覚えておこう

□**襲**《かさね》　重ね着のことです。衣装に制約の多い男性に比べて女性は自由に着こなすことができます。どんな色目《いろめ》の物を何枚重ねて着るのかは自由です。女性にとって衣装は自己主張の一つでした。配色に気を配り、美的センスを競い合います。

□**お歯黒**《はぐろ》　鉄を酸化させた液である「鉄漿《かね》」で歯を黒く染めることです。女性ばかりではなく、男性も黒く染めました。

□**眉墨**《まゆずみ》　女性は毛抜きで眉毛を全部抜いて、眉墨《まゆずみ》で眉をかくのが普通でした。今でも見かける化粧法です。ただし、当時は実際の眉の位置よりも上の辺りにぼかしながら太くかきます。

□**髪**《かみ》　子どもは男女とも同じ髪形です。「**振**《ふ》**り分**《わ》**け髪**《がみ》」と言い、髪を真ん中で分けて肩の辺りで切りそろえました。成人すると男性は髪を頭上で束ねて糸で結います。「**髻**《もとどり》」と言います。女性は髪を長く伸ばして背中に垂らします。額の髪は左右に分けて肩の下辺りで切りそろえます。「**額髪**《ひたひがみ》」とか「**下がり端**《ば》」と言います。女性の髪は美しさの条件の一つでした。

▼洗髪は、女性の場合、その髪の長さから気軽にはできません。米のとぎ汁で髪を濡《ぬ》らし、櫛《くし》ですくのが普通でした。

□**薫物**《たきもの》　香りのよいお香をたくことです。その香りから人柄がはかられました。自分が着る着物などにもたきしめ、その香りを知っている人は、姿を見なくても誰がいるのかわかります。そういうお香を持ち寄って、香りの優劣を競う遊びを「**薫物合**《たきものあはせ》」と言います。

□**扇**《あふぎ》　あおいで風を起こす以外にもいろいろと使います。男性の場合、音を立てて人の注意を引いたり、音楽の拍子をとったりするときにも使います。女性の場合、顔を隠すときにも使います。ほかにも、メモ用紙として使うこともあります。

□**牛車**《ぎつしや》　出かけるときは牛車に乗ります。男性は、後ろから乗って前から降ります。女性は、乗るときも降りるときも後ろからです。乗り降りする所には簾《すだれ》が二重に垂れています。

▼女性が外出するときに乗る牛車を「**女車**《をんなぐるま》」と言います。女性専用の車があるわけではなく、牛車の簾の下から女性の衣の一部を出します。風流を好む男が、これを見かけると、和歌を詠みかけます。女車は、優先して通ることができ、中をあらためられたりすることもないので、身分を隠したい男が悪用することもあります。

□**牛飼童**《うしかひわらは》　牛車の牛を扱う者のことです。「童」と言っても子どもではなく、子どもの格好をした大人です。

□**随身**《ずいじん》　貴人が外出するときに警備のためにお供する人です。私的なボディーガードではなく、近衛府《このゑふ》の役人です。↑読み重要語

□**警蹕**《けいひつ》　「**けいひち**」とも言います。高貴な人が外出するときなどに、先導の者が「オオ」「シシ」「オシオシ」という声を発することです。殿上人《てんじやうびと》のものは短く、上達部《かんだちめ》のものは音を長くのばして発します。ですから、家の中にいてもどういう身分の人が通っているのかがわかります。

9 教養・遊び

平安時代の女性にとって「和歌」「音楽」「手習い」の三つは身につけるべき重要な教養でした。男性の場合は「漢学」と「音楽」です。この二つの素養を「才《ざえ》」（↓125）と言います。

▶光源氏の一行が、桜が散る中、私的に管絃の遊びをしている場面です。

「篳篥《ひちりき》」「笙《しやう》」「横笛《よこぶえ》」は管楽器の一種です。篳篥は縦笛、笙は立てて吹く楽器です。

古文で確認しよう

頭中将《とうのちゆうじやう》、懐《ふところ》なりける笛を取り出《い》でて吹きすましたり。弁の君、扇《あふぎ》はかなううち鳴らして、「豊浦《とよら》の寺の西なるや」とうたふ。（源氏・若紫）

訳 頭中将は、懐にあった横笛を取り出して上手に吹いている。弁の君は、扇をちょっと打ち鳴らして、「豊浦の寺の西なるや」と（催馬楽《さいばら》を）歌う。

▼光源氏が弾いているのは「琴《きん》」という琴《こと》です。「琴《きん》」は奈良時代に中国から伝来した琴で、琴柱《ことじ》がないため弾くのが大変難しい楽器でした。「聖なる楽器」で、奏法は人から人へと伝授されます。光源氏は父桐壺《きりつぼ》帝から伝授されました。

覚えておこう

□**真名《まな》** 「漢字」のことです。「**男手《をとこで》**」「**男文字《をとこもじ》**」とも言います。

□**文章博士《もんじやうはかせ》** 大学教授です。中国の詩文や歴史を学び、漢詩文を作る学科「文章道」の教授です。文章博士は菅原《すがわら》家や大《おお》江《え》家から任命されました。

□**女手《をんなで》** 「平仮名」のことです。「**女文字《をんなもじ》**」とも言います。仮名にはほかに「片仮名」があります。片仮名は漢文の世界で使われた文字です。

□**手習《てなら》ひ**　「手」は「文字」「筆跡」の意味です（↓124て）。「手習ひ」は文字を書く練習、習字のことです。思い浮かぶまま和歌を書くことを言うときもあります。

□**管絃《くわんげん》**　「管」は「**笛**」、「絃」は「**琴**」と「**琵琶《びは》**」です。男性は「管」も「絃」も演奏できますが、女性は「絃」だけです。管絃の道は、文《ふみ》の道（＝漢学）と並んで、男性貴族の必修科目です。合奏により、和の尊さを学ぶためです。

▼日本の音楽は開放的な場所で演奏されます。室内に限りません。風の音、水の音が聞こえてきます。その自然の音色に合わせて管絃は奏でられます。

□**催馬楽《さいばら》**　歌謡の一種です。宴席や儀式などの場で、楽器を伴奏として歌います。

▶変体仮名。今の平仮名とは形が違います。「小野小町　はなのいろは うつりにけりな　いたづらに」

□**歌合《うたあはせ》**　複数の歌人を「左」「右」の組に分けて和歌の優劣を競い合う遊びです。勝負の数を「番《ばん》」と言います。

□**連歌《れんが》**　一首の和歌を二人で作る遊びです。相談せず、一人が「五・七・五」を詠んだら、もう一人がそれに「七・七」と句を付けます。先に「七・七」が詠まれることもあります。一首の形で終わらず、さらに長々と句を連ねていくこともあります。

□**今様《いまやう》**　平安時代中期におこった、和歌とは違う新しい様式の流行歌謡です。主に「**白拍子《しらびやうし》**」と呼ばれる女が男装して舞いながら歌い、その舞を「**男舞《をとこまひ》**」と言います。

□**蹴鞠《けまり》**　鹿の革でできた鞠を地面に落とさないように蹴る遊びです（↓P316図）。蹴る回数だけでなく、蹴った鞠の高さ、蹴るときの姿勢も問われます。

□**鷹狩《たかが》り**　秋や冬に、調教した鷹を使って野で鳥や小動物を捕《と》る遊びです。

▼野での遊びとして他に、春の「桜狩り」秋の「紅葉狩り」などがあります。桜や紅葉を求めて郊外に出かけることです。「**子《ね》の日の遊び**」（↓P302）も野に出て行う遊びです。

10 信仰

物語や説話などでは、登場人物が世をはかなんで出家を決意するといった場面がよく描かれます。人々の考え方や生き方は、主に仏教思想によって大きく支えられていました。

▶葵《あおい》の上の出産の場面です。僧は護摩《ごま》をたき、験者は物の怪を別の人に移そうと祈ります。

▶験者などが悪霊を乗り移らせるための人を「よりまし」と言います。

古文で確認しよう

いとどしき御祈り数を尽くしてせさせ給へど、例の執念《しふね》き御物《もの》の怪《け》一つさらに動かず。やむごとなき験者《げんざ》ども「めづらかなり」ともて悩む。（源氏・葵）

訳（光源氏は）これまで以上の御加持祈禱《かじきとう》を残ることなくおさせになるけれども、例の執念深い御物の怪だけがまったく（葵の上から）離れない。この上なく尊い験者たちも「めったにない」ともてあます。

▼光源氏の正妻葵の上は出産の際、苦しみます。験者たちは力の限り加持祈禱をするのですが、どうしてもとりついて離れない物の怪がいます。光源氏の恋人の一人、六条御息所《みやすどころ》の生霊《いきりょう》です。

覚えておこう

□**夢**《ゆめ》　夢は未来の予兆です。気になる夢を見たときは、「**夢解**《と》**き**」（＝夢を占う人）に占ってもらいます。夢を占うことを「**夢合**《あ》**はす**」と言います。合わせ方次第で、いい夢もつまらない夢になったりします。

▼願い事があって寺に参籠《さんろう》して祈ると、仏が夢に現れてお告げをします。現れるのは、祈願してからきまって三日目か七日目の夜です。

□**陰陽道《おんやうだう》** 天文や暦、物事の吉凶を占うことを目的とした学問で、これを修めた人が「陰陽師《おんやうじ》」です。人々は、何かを行うとき、陰陽師に相談して行う日を決めました。

□**方違《かたたが》へ** 陰陽道でその日その方角に行ってはならないことを「**方塞《かたふた》がり**」と言います。その方角に当たる所へ行くためには、前夜別の場所に泊まって、方角を変えてから向かいます。これを「方違へ」と言います。あることをしてはいけない日のことを「**凶日《きょうにち》**」と言います。爪を切ってはいけない日まであります。↑読み重要語

□**物忌《ものい》み** 凶事を避けるため、一定期間外出を慎むことです。また、不吉な行為を慎むことを「**こと忌み**」と言います。

□**言霊《ことだま》** ↑読み重要語 言葉に宿っている霊力です。言葉は発せられると、言葉どおりのことを実現しようと活動します。不吉な言葉を口にすることは慎まれます。これも「こと忌み」と言います。

▼物語も悲劇的な話は若い人向きではありません。若い人にはハッピーエンドの物語がよいのです。

□**庚申待《かうしんま》ち** 干支で庚申《かのえさる》に当たる日に徹夜をする習俗です。この日眠ると体の中にいる三尸《さんし》という虫が抜け出して、日ごろの罪科を天帝に密告するのです。起きていると抜け出すことができません。そのため眠気覚ましにさまざまな遊びがこの夜催されました。

□**けがれ** 宗教的に汚《けが》れていることを言います。「死」「出産」「病気」などが当たります。「けがれ」には伝染性があり、当人以外の人にも感染します。「けがれ」た人は、一定期間神事に携わったり、参内したりすることができません。神に祈ったり、水につかって「禊《みそぎ》」をすることで「けがれ」を除きます。「けがれ」た人に接するときは、その人のいる室内に入らず、立ったままで用件をすますと感染しません。

□**社《やしろ》** 氏族が一族の神をまつる所（神社）です。氏族によってまつる神が違うため、崇《あが》める神社も違います。天皇家は伊《い》勢《せ》神宮、藤原氏は春日《かすが》大社、平家は厳島《いつくしま》神社、鎌倉時代を切り開いた武士の源氏は八幡《はちまん》宮を崇めます。

□**斎宮《さいぐう》・斎院《さいゐん》** 天皇家は未婚の皇女を、神に奉仕する巫女《みこ》として伊勢神宮と賀茂《かも》神社に送り出します。伊勢神宮に仕える方を「斎宮」、賀茂神社に仕える方を「斎院」と言います。

□**物《もの》の怪《け》** 人にとりついて重い病気にしたり、死に至らせたりする悪霊です。生霊《いきりょう》と死霊があります。↑読み重要語

□**御霊《ごりやう》** 怨《うら》みをいだいたまま亡くなった人の怨霊《おんりょう》で、神として祭られたものを言います。

▼大宰府に流され、その地で亡くなった菅原道真《すがわらのみちざね》の御霊が有名です。異変が相次ぎ、祟《たた》られた人々は恐れ北野天神として祭りました。

□**加持祈禱**《かぢきとう》　密教僧が真言《しんごん》を唱えて願いがかなうように仏に祈ることです。悪霊を調伏《ちょうぶく》（＝おさえ鎮めること）したり、重い病を治したりするためによく行われます。

□**験者**《げんざ》　加持祈禱をして霊験《れいげん》をあらわす行者《ぎょうじゃ》のことです。験者は険しい山を踏破したり、滝に打たれたり、荒行《あらぎょう》をすることで不思議な力を獲得します。

□**無常**《むじやう》　この世のものは絶えず生滅変化し、常住することはないという考えです。「死」を表しているときもあります。

□**仮**《かり》**の世**《よ》　「この世（現世）」のことです。仏教では、「この世」は「あの世」（古語では「**後**《のち》**の世**」「**後世**《ごせ》」と言います）に行くまでの一時的な生でしかないのです。「仮の宿り」とも言います。

▼「**後世**《ごせ》」←読み重要語

□**出家**《しゅつけ》　俗世を離れて仏道に入ることです。その際、髪を剃《そ》ります。熱心に仏道修行に励んでいても、剃髪《ていはつ》していなければ出家したとは見なされません。

▼→P292「出家する」

□**念仏**《ねんぶつ》　「南無阿弥陀仏《なむあみだぶつ》」と唱えることです。「南無」は古代インド語で「帰依《きえ》する」という意味です。

▼「帰依」とは、神仏や高僧などを深く信じて従い頼ることです。

□**浄土**《じやうど》　仏の住む清浄な世界です。浄土はあちらこちらにたくさんあります。その中で、阿弥陀仏《あみだぶつ》の住む浄土である「極楽《ごくらく》」が多くの人々の信仰の対象となりました。西の方角にあるので「**西方**《さいはう》**浄土**」とも言います。

□**蓮**《はちす》**の上**《うへ》　極楽浄土のことです。「極楽往生」（成仏）すると極楽の池に咲く蓮の上に生まれます。

▼極楽往生できないと、六つの迷いの世界—「地獄」「餓鬼」「畜生」「修羅」「人間」「天上」—のどれかに生まれ変わることになります。これを「輪廻転生《りんねてんしょう》」と言います。悟りを開いた者だけが、この輪の回転から逃れて、極楽往生するのです。

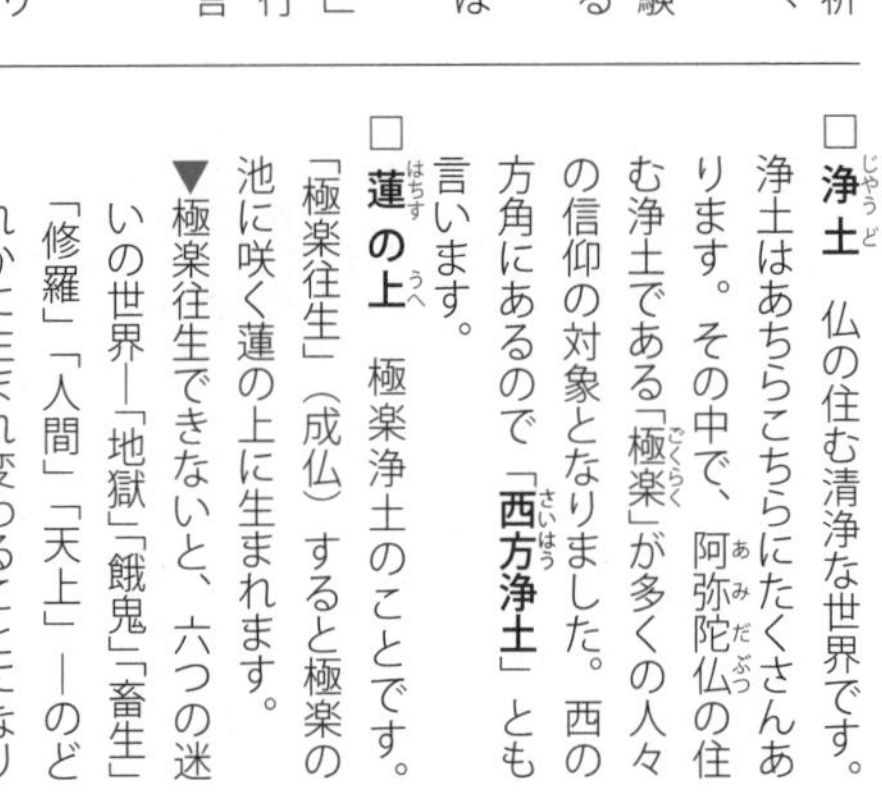

□**罪**《つみ》　極楽往生を妨げる行いを言います。

▼古文の世界では「現世への執着」が「罪」として描かれます。

□**ほだし**　出家して極楽往生しようとする人の思いを妨げて、その人を俗世や現世に引き戻そうとするものを言います。

▼古文の世界では「家族」が「ほだし」として描かれます。

3 文学史

教科書等の文学史年表には、膨大な数の作品（作者）が挙げられていますが、それらをすべて覚える必要はありません。入試の文学史問題には、いくつかの決まった出題パターンがあります。ここでは、そのポイントを、簡潔な年表を用いて時代ごとに解説します。

▼年表中の略号

- 勅 勅撰集
- 漢 漢詩集・漢詩文集
- 私 私家集
- 謡 歌謡集
- 連 連歌集
- 俳 俳諧集
- 歌 歌物語
- 作 作り物語
- 軍 軍記物語
- 歴 歴史物語
- 説 説話
- 仮 仮名草子
- 浮 浮世草子
- 浄 浄瑠璃
- 伎 歌舞伎
- 読 読本
- 滑 滑稽本
- 人 人情本
- 随 随筆
- 日 日記
- 紀 紀行
- 評 評論
- 注 注釈書

1 奈良時代（上代《じょうだい》）

❗奈良時代の文学史は、下の5作品を押さえましょう。

西暦	8世紀
	701　750
詩歌	懐風藻《かいふうそう》 漢 751 万葉集
散文（物語・説話・史書など）	古事記 712 風土記《ふどき》 日本書紀 720

柿本人麻呂など『万葉集』の代表的歌人の名前は覚えておきましょう。

奈良時代＝8世紀であることも問われます。

▼主要作品解説（奈良時代）

古事記　現存する**日本最古の書物**です。稗《ひえ》田阿礼《だのあれ》が記憶した歴史を太安万侶《おおのやすまろ》が記しました。有名な注釈書に、江戸時代の本居《もとおり》宣長《のりなが》が著した『古事記伝』があります。

風土記　それぞれの国の地理・産物・伝承を記す地誌の編纂《へんさん》が諸国に命じられました。

日本書紀　日本最初の**勅撰**《ちょくせん》の歴史書です。「勅撰」とは天皇（上皇）の命令によって書物を編纂することです。

懐風藻　現存する**日本最古の漢詩集**です。

万葉集　現存する**日本最古の和歌集**です。代表的な歌人に、額田王《ぬかたのおおきみ》・柿本人麻呂《かきのもとのひとまろ》・高市黒人《たけちのくろひと》・山上憶良《やまのうえのおくら》・大伴旅人《おおとものたびと》・山部赤人《やまべのあかひと》・大伴家持《やかもち》などがいます。平安時代になって「**梨壺**《なしつぼ》**の五人**」（↓P325「後撰和歌集」）がこの歌集の研究をしています。なお、『万葉集』は勅撰集ではありません。日本最初の勅撰集は平安時代の『古今和歌集』です。

! 平安時代の文学史は、『源氏物語』を中心に、以前の作品／以後の作品と分けて押さえるのが学習のコツです。

		9世紀	10世紀	11世紀
西暦		801	901 / 950	1001 / 1050
詩歌			古今和歌集[勅]（紀貫之《きのつらゆき》ら撰）905？ 後撰《ごせん》和歌集[勅]（源《みなもとの》 順《したごう》ら撰）	拾遺《しゅうい》和歌集[勅]（花山院撰？）1005？ 和漢朗詠集[謡]（藤原公任《ふじわらのきんとう》） 本朝文粋《ほんちょうもんずい》[漢]（藤原明衡《あきひら》） 成尋阿闍梨母集《じょうじんあじゃりのははのしゅう》[私]（成尋阿闍梨母） 後拾遺和歌集[勅]（藤原通俊《みちとし》撰）1086
散文	物語・説話など	日本霊異記《りょういき》[説]（景戒《きょうかい》）	竹取物語[作] 伊勢物語[歌] 大和《やまと》物語[歌] 平中《へいちゅう》物語[歌] 宇津保《うつほ》物語[作] 落窪《おちくぼ》物語[作]	源氏物語（紫式部）1008？ 浜松中納言物語（菅原孝標女《すがわらのたかすえのむすめ》） 堤中納言物語 夜の寝覚《ねざめ》（菅原孝標女？） 狭衣《さごろも》物語 とりかへばや物語 栄花《えいが》物語[歴]（赤染衛門ら）
散文	随筆・日記・評論など		土佐日記（紀貫之《きのつらゆき》） 蜻蛉《かげろう》日記（藤原道綱《ふじわらのみちつな》の母）	枕草子《まくらのそうし》[随]（清少納言《せいしょうなごん》）1001？ 和泉《いずみ》式部日記（和泉式部） 紫式部日記（紫式部） 更級《さらしな》日記（菅原孝標女）

『源氏物語』を中心にして、物語作品の成立順を押さえましょう。

『源氏物語』と同時期（11世紀初め）に成立した作品はまとめて覚えましょう。

12世紀
1101 ～ 1150

金葉和歌集 勅（源俊頼《としより》撰）
詞花《しか》和歌集 勅（藤原顕輔《あきすけ》撰）
梁塵秘抄《りょうじんひしょう》 謡（後白河院撰）
千載《せんざい》和歌集 勅（藤原俊成《としなり》撰）
山家集《さんかしゅう》 私（西行）
1187

今昔《こんじゃく》物語集 説
大鏡 歴
古本《こほん》説話集 説
今鏡 歴
→ 水鏡（鎌倉）
増鏡（室町）

讃岐典侍日記《さぬきのすけにっき》（藤原長子《ちょうし》）
俊頼髄脳《としよりずいのう》 評（源俊頼）

「鏡物」の成立順は、「大《だい》」「今《こん》」「水《みず》」「増《まし》」と覚えましょう。

▼主要作品解説（平安時代）

古今和歌集　日本最初の勅撰和歌集で、紀貫之らによって作られました。貫之が書いた「仮名序」は歌論の初めとして注目されます。この序文ですぐれた歌人とされている在原業平《ありわらのなりひら》・小野小町《おののこまち》など六人の歌人を「六歌仙」と言います。

後撰和歌集　二番目の勅撰和歌集で、源順《みなもとのしたごう》・清原元輔《きよはらのもとすけ》ら「梨壺《なしつぼ》の五人」と呼ばれる人たちが作りました。彼らは『万葉集』の研究もしています。清原元輔は『枕草子』の作者、清少納言の父親です。

和漢朗詠集　朗詠に適した漢詩句や和歌を集めた詩歌集です。

梁塵秘抄　「今様《いまよう》」と呼ばれる歌謡が集められています。

竹取物語　かぐや姫の話です。「物語の祖《おや》」と言われています。「**作り物語**」とは作り話の物語を言います。ただし、『源氏物語』以後の作品はそう呼びません。

伊勢物語　在原業平をモデルにした短編物語集です。『大和物語』『平中物語』とともに「**歌物語**」と呼ばれます。「歌物語」とは、和歌を中心に据え、その和歌が詠まれるまでのいきさつを語った短編を集めた作品のことです。

源氏物語　光源氏を主人公とする**全五十四帖《じょう》の長編物語**ですが、終わりの巻々は光源氏死後の物語で、特に最後の十巻は「**宇《う》治十帖《じじゅうじょう》**」と称されます。作者紫式部が仕えた人は、藤原道長の娘で、一条天皇の后《きさき》である**中宮彰子《しょうし》**です。一条天皇の時代に数々の名作が著されました。清少納言・藤原公任・和泉式部はこの時代を生きた人です。なお、これらの人が活躍したときの勅撰和歌集は『拾遺和歌集』です。

枕草子　作者清少納言が仕えた人は、藤原道隆の娘で、一条天皇の后である**中宮定子《ていし》**です。『枕草子』は機知に富む作品であることから「をかし」の文学と言われます。

大鏡　大宅世継《おおやけのよつぎ》・夏山繁樹《なつやまのしげき》という二人の老人と若侍の対話という形で、**藤原道長の**栄華を中心に歴史が語られています。この作品を初めとして「今鏡《いまかがみ》」「水鏡《みずかがみ》」「増鏡《ますかがみ》」という順で「鏡物《かがみもの》」（「四鏡《しきょう》」とも）と呼ばれる歴史物語が著されました。同じく道長の栄華を描いた歴史物語に、『栄花物語』があります。

❗鎌倉・室町時代の文学史は、説話と軍記、二つのジャンルの主要作品を成立順に押さえましょう。

ジャンル	12世紀	13世紀（1201〜1250〜）
詩歌		新古今和歌集 勅 1205？ 金槐《きんかい》和歌集 私（源実朝《さねとも》） 建礼門院右京大夫集《けんれいもんいんうきょうのだいぶしゅう》 私 小倉百人一首（藤原定家《さだいえ》撰）1235？
散文：物語・説話など	水鏡 歴 松浦宮《まつらのみや》物語	平安（今昔物語集 古本説話集） 発心集《ほっしんしゅう》 説（鴨長明《かものちょうめい》） 古事談 説 保元《ほうげん》物語 軍 平治物語 軍 宇治拾遺物語 説 閑居友《かんきょのとも》 説 住吉《すみよし》物語 平家物語 軍 十訓抄《じっきんしょう》 説 1252 撰集抄《せんじゅうしょう》 説 古今著聞集《ここんちょもんじゅう》 説（橘《たちばなのなりすえ》成季撰） 源平盛衰記《げんぺいじょうすいき》 軍 沙石集《しゃせき》 説（無住《むじゅう》）
散文：随筆・日記・評論など		古来風躰抄《こらいふうていしょう》 評（藤原俊成） 無名草子《むみょうぞうし》 評 近代秀歌 評（藤原定家）1209 無名抄《むみょうしょう》 評（鴨長明） 方丈記 随（鴨長明）1212 毎月抄 評（藤原定家） 海道記 紀 明月記 日（藤原定家） 後鳥羽院御口伝《ごとばいんごくでん》 評（後鳥羽院） 東関《とうかん》紀行 弁内侍《べんのないし》日記 十六夜《いざよい》日記（阿仏尼《あぶつに》）

八代集の成立順は、「古《こ》今・後《ご》撰・拾《し》遺・後《ご》拾遺《は》・金《きん》葉・詞《し》花・千《せ》載・新《し》古今」と語呂合わせで覚えましょう。

説話文学は、平安時代の作品なのか鎌倉時代の作品なのかを区別して覚えることが学習のコツです。

『落窪物語』と同じ主題の作品であることが問われます。

徒然草は14世紀（鎌倉時代末期）の作品です。同じ14世紀の作品に『太平記』『増鏡』があることを押さえておきましょう。

世紀	年	和歌・連歌	物語・軍記	日記・随筆・評論
14世紀	1301			とはずがたり 日 （後深草院二条） 徒然草《つれづれぐさ》 随 （吉田兼好） 1331?
	1350	菟玖波集《つくばしゅう》 連 （二条良基《よしもと》ら） 1356	太平記 軍 ? 1375 増鏡 歴	
15世紀	1401		義経記 軍 曽我《そが》物語 軍	風姿花伝《ふうしかでん》 評 （世阿弥《ぜあみ》） 申楽《さるがく》談儀 評 （世阿弥） 正徹《しょうてつ》物語 評 （正徹）
	1450	新撰《しんせん》菟玖波集 連 （飯尾宗祇《いいおそうぎ》ら） 1495	※御伽草子《おとぎぞうし》の流行	
16世紀	1501	閑吟集《かんぎんしゅう》 謡 1518 犬筑波集《いぬつくばしゅう》 連 （山崎宗鑑）		

鎌倉時代 ←→ 室町時代

▼主要作品解説（鎌倉・室町時代）

新古今和歌集　後鳥羽上皇の命令で編集された八番目の勅撰和歌集です。最初の勅撰和歌集『古今和歌集』からこの『新古今和歌集』までの勅撰和歌集を「**八代集**《はちだい》」と言います。撰者の一人、藤原定家の父親は七番目の勅撰和歌集『千載和歌集』の撰者藤原俊成です。

金槐和歌集　作者の源実朝は鎌倉幕府の三代将軍です。右大臣でもあります。書名の「金槐」は「金」は「鎌」の偏の「金」、「槐」は「大臣」という意味です。「鎌倉右大臣和歌集」という書名の**私家集**です。

無名草子　物語評論の初めです。老女と若い女房の対話という形で記されています。鴨長明の歌論『無名抄』と混同しないように注意しましょう。

発心集　随筆『方丈記』・歌論『無名抄』を著した鴨長明の仏教説話集です。

松浦宮物語　平安時代の「作り物語」をまねて作った鎌倉・室町時代の貴族の恋愛物語を「**擬古物語**」と言います。

住吉物語　平安時代の作品『落窪物語』と同じ**継子**《ままこ》**いじめ**をテーマとした話です。

平家物語　平家の栄華と没落を仏教的無常観を基調に**和漢混交文**で描いています。琵《び》琶《わ》法師が、平曲という語りで諸国に広めました。

十六夜日記　作者が遺産相続の訴訟のため、京から鎌倉へ下る旅日記です。阿仏尼の夫は藤原定家の息子です。

徒然草　鎌倉時代末期の作品です。『枕草子』『方丈記』とともに、我が国の**三大随筆**と呼ばれます。随筆というジャンルで、『枕草子』→『方丈記』→『徒然草』の成立順も問われます。

❗江戸時代の文学史は、17 世紀／ 18 世紀／ 19 世紀に分けて覚えるのが学習のコツです。

西暦	17 世紀（1601〜1650〜）	18 世紀（1701〜1750〜）	1801〜
詩歌	猿蓑《さるみの》 俳 1691 炭俵《すみだわら》 俳	新花摘《しんはなつみ》 俳 （与謝蕪村《よさぶそん》） 1777	
散文：小説・戯曲など	醒睡笑《せいすいしょう》 仮 （安楽庵策伝《あんらくあんさくでん》） 浮世物語《うきよものがたり》 仮 （浅井了意） 1660 御伽婢子《おとぎぼうこ》 仮 （了意） 好色一代男 浮 （井原西鶴《いはらさいかく》） 1682 日本永代蔵《にっぽんえいたいぐら》 浮 （西鶴） 1688 世間胸算用《せけんむねさんよう》 浮 （西鶴）	曽根崎《そねざき》心中 浄 （近松門左衛門《もんざえもん》） 1703 冥途《めいど》の飛脚 浄 （近松） 国性爺合戦《こくせんやかっせん》 浄 （近松） 心中天の網島 浄 （近松） 女殺油地獄《おんなごろしあぶらのじごく》 浄 （近松） 雨月《うげつ》物語 読 （上田秋成《あきなり》） 1776	東海道中膝栗毛《とうかいどうちゅうひざくりげ》 滑 （十返舎一九《じっぺんしゃいっく》）
散文：随筆・日記・評論など	枕草子春曙抄《しゅんしょしょう》 注 （北村季吟《きぎん》） 野ざらし紀行 （松尾芭蕉《ばしょう》） 笈《おい》の小文《こぶみ》 紀 （芭蕉） 更科《さらしな》紀行 （芭蕉） 万葉代匠記《だいしょうき》 注 （契沖《けいちゅう》） 奥の細道 紀 （芭蕉） 1694	三冊子《さんぞうし》 評 （服部土芳《はっとりどほう》） 1702 去来抄 評 （向井去来） 折《おり》たく柴《しば》の記 随 （新井白石） 万葉考 注 （賀茂真淵《かものまぶち》） 鶉衣《うずらごろも》 評 （横井也有《やゆう》） 玉勝間 随 （本居宣長《もとおりのりなが》） 源氏物語玉の小櫛《おぐし》 注 （宣長） 古事記伝 注 （宣長）	

俳諧は、
17 世紀＝芭蕉
18 世紀＝蕪村
19 世紀＝一茶
と覚えましょう。

蕪村・秋成・宣長がほぼ同時代の人物であることを押さえておきましょう。

元禄年間（1688 ～ 1704）の文化を「元禄文化」と言います。西鶴・芭蕉・近松の代表作が著されています。

19世紀
琴後集《ことじりしゅう》（村田春海《はるみ》） おらが春 俳（小林一茶《いっさ》） 1819
椿説弓張月《ちんせつゆみはりづき》 読（曲亭馬琴《きょくていばきん》） 春雨物語《はるさめ》 読（秋成） 浮世風呂《うきよぶろ》 滑（式亭三馬《しきていさんば》） 南総里見八犬伝 読（馬琴） 東海道四谷怪談 伎（鶴屋南北《つるやなんぼく》） 春色梅児誉美《しゅんしょくうめごよみ》 人（為永春水《ためながしゅんすい》） 1825
花月草紙《かげつそうし》 随（松平定信） 1818

この三作品は「随筆」というジャンルが問われます。

▼主要作品解説（江戸時代）

◆十七世紀

醒睡笑　笑話集です。笑話集のことを「咄本《はなしぼん》」と言います。

浮世物語　浮世房と名乗る男の一代記の形式で、江戸時代初期の風俗を描いています。

御伽婢子　中国明代の怪異小説を翻案した短編集です。

好色一代男　井原西鶴以前の近世小説を「仮名草子《かなぞうし》」と言うのに対して、西鶴の小説は「浮世草子《うきよぞうし》」と言います。

日本永代蔵　お金をめぐる人間の姿がリアルに描かれています。

世間胸算用　大晦日《おおみそか》の町人の生活が描かれています。

猿蓑　「蕉風《しょうふう》」を代表する俳諧集の一つです。「蕉風」とは松尾芭蕉とその一門の俳風のことです。なお、芭蕉一門のことを「蕉門《しょうもん》」と言います。「蕉門」では俳諧を「風雅」と呼びます。

炭俵　「蕉風」を代表する俳諧集の一つです。

奥の細道　東北・北陸地方を旅した紀行文です。今でも読みつがれている名作です。

万葉代匠記　契沖や賀茂真淵・本居宣長らによってなされた学問を「国学《こくがく》」と言います。日本の古典を研究することで日本固有の文化や精神を明らかにしようとした学問です。

◆十八世紀

曽根崎心中　この作品のように、町人の世界に題材をとり、義理と人情との葛藤《かっとう》を描いた浄瑠璃を「**世話物**」と言います。「冥途の飛脚」「国性爺合戦」「心中天の網島」「女殺油地獄」も世話物です。

雨月物語　上田秋成の小説を「**読本《よみほん》**」と言います。歴史や伝説を題材とした怪異小説です。

源氏物語玉の小櫛　『源氏物語』の本質を「もののあはれ」にあるとしました。

◆十九世紀

東海道中膝栗毛　江戸の町人の伊勢から京・大坂に至る滑稽《こっけい》な道中を記した小説です。「滑稽本」の初めです。

浮世風呂　銭湯を舞台にした滑稽小説です。

南総里見八犬伝　「曲亭馬琴」は「滝沢馬琴」とも言います。馬琴の小説も「読本」です。この作品は里見家再興の話ですが、「勧善《かんぜん》懲悪《ちょうあく》（善をすすめ、悪をこらしめること）」の観点から描かれています。

春色梅児誉美　町人社会の恋愛を描いた小説です。「人情本」と言われます。

4 和歌の修辞

枕詞《まくらことば》

ある語を導くための五音節（平仮名で書くと五文字）の言葉です。「あをによし奈良」「たらちねの母」とあれば、「あをによし」「たらちねの」がそれぞれ「奈良」「母」を導く「枕詞」です。それなりの働きはあるのですが、意味はなく、訳す必要はありません。「枕詞」は新しく作ることはできません。また、導く語を勝手に変えることもできません。ですから**学習法は暗記です。**

◆暗記したい「枕詞」◆

- □あしひきの↓山
- □あらたまの↓年・月
- □あをによし↓奈良
- □いそのかみ↓ふる
- □うつせみの↓世・命

- □くさまくら↓旅
- □くれたけの↓よ・ふし
- □しきしまの↓大和
- □たまづさの↓使ひ
- □たまほこの↓道・里

- □たらちねの↓母
- □ちはやぶる↓神
- □とりがなく↓あづま
- □ぬばたまの↓黒・髪・夜
- □ひさかたの↓あめ

序詞《じょことば》

働きは「枕詞」と同じです。ただし、**七音節以上（平仮名で書くと七文字以上）が基本です。**「枕詞」とは違って、歌人が自由に創作できます。つまり、ある語を導くため歌人は自由に「序詞」を作るのです。したがって**暗記は無理です。学習法は「序詞」を正しく理解することです。**

「序詞」は、次の三つの方法で作られます。

1「〜ように」と訳す助詞「の」を用いて作る。
2同じ音を繰り返すことで作る。
3「掛詞」を用いて作る。

▼「枕詞」は、次のように空欄補充の形で、「暗記」しているかどうか問われることがあります。

例 空白部[I]には、枕詞が入ります。最も適当なものを一つ選びなさい。

『あしひきのやま』『[I]とし』などいふやうに、…

①あらたまの　②ひさかたの
③うつせみの　④あかねさす

（龍谷大・正解は①）

1 例 **あしひきの山鳥の尾のしだり尾のながながし夜をひとりかも寝む**（拾遺）

▼「あしひきの山鳥の尾のしだり尾の」が「ながながし」を導く「序詞」です。

訳 山鳥の尾、あの垂れ下がった尾のように長い長い夜を私はひとり寂しく寝るのだろうか。

＊「あしひきの」は「山（鳥）」の「枕詞」です。

2 例 **みかの原わきて流るるいづみ川いつ見きとてか恋しかるらむ**（新古今）

▼「みかの原わきて流るるいづみ川」が「いつ見」を導く「序詞」です。「いづみ」「いつみ」と**同じ音を繰り返しています**。なお、和歌の技法では清音・濁音の違いは問題になりません。

訳 みかの原に湧《わ》いて、みかの原を二つに分けて流れるいづみ川のいづみではないが、いつ見たというので、あの人がこんなにも恋しいのだろうか。

＊序詞部分の「わきて」が「湧きて」と「分きて」の「掛詞《かけことば》」になっています。

3 例 **難波江《なにはえ》の蘆《あし》のかりねのひとよゆゑみをつくしてや恋ひわたるべき**（千載）

▼「難波江の蘆の」が「かりねのひとよ」を導く「序詞」です。「かりねのひとよ」が「刈り根の一節《ひとよ》」と「仮寝の一夜」の「掛詞」になっています。

訳 難波江に生えている蘆の刈り根の一節のように、かりそめの一夜の契りを結んだことで、難波江の澪標《みをつくし》ではないが、私はわが身を尽くしてあなたのことを恋し続けるのだろうか。

＊「節《よ》」は、蘆や竹などの茎の節《ふし》と節《ふし》の間の部分を言います。

＊「みをつくし」に「澪標」（＝船に水路を示す杭《くい》）と「身を尽くし」の意味が掛けられています。

＊「蘆」「刈り根」「一節《ひとよ》」や「難波江」「澪標」「わたる」の語を「縁語」と言います。

▼**3**の歌の「難波」のように、和歌の中で詠まれる名所を「**歌枕**《うたまくら》」と言い、その名を詠み込むだけで歌が絵画化される働きがあります。「歌枕」はそれだけで十分な働きがあるため、地名であっても「掛詞」にする必要はありません。しかし、多くの「歌枕」はやはり「掛詞」にもなります。以下、よく用いられる「歌枕」の例を挙げておきます。

・白河関《しらかはのせき》→福島。秋風が詠まれる。
・更科《さらしな》→長野。姨捨《をばすて》山がある。月の名所。
・鳴海《なるみ》→愛知。千鳥が詠まれる。「鳴」に「成る」を掛ける。
・逢坂関《あふさかのせき》→滋賀。「逢」に「逢ふ」を掛ける。
・飛鳥《あすか》川→奈良。淵瀬《ふちせ》の定まらない川。無常の象徴。
・明石《あかし》→兵庫。月の名所。「明かし」を掛ける。
・須磨《すま》→兵庫。月の名所。

しかし、「序詞」を用いた和歌の創作は入試で課せられることはありません。入試では「序詞」の発見・指摘が求められるのです。そこでもう一度前ページの和歌を見てみましょう。

「あしひきの山鳥の尾のしだり尾の」（❶）、「みかの原わきて流るるいづみ川」（❷）、「難波江の蘆の」（❸）の「序詞」の部分は「**叙景**」です。

そして、実際相手に伝えたかった部分、「ながながし夜をひとりかも寝む」（❶）、「いつ見きとてか恋しかるらむ」（❷）、「かりねのひとよゆゑみをつくしてや恋ひわたるべき」（❸）は「**叙情**」です。

つまり、「序詞」は叙情歌に現れる技法なのです。**叙情歌の叙景部分、それが「序詞」です。**

❸の歌は「難波江の蘆の刈り根の一節」まで叙景部分と言えますが、「掛詞」を用いて作られた「序詞」は「掛詞」の前までと見なします。

掛詞《かけことば》

一つの言葉、あるいは言葉の一部に二つの意味を持たせる技法です。和歌の修辞の中で、入試で最も出題されるのは、この「掛詞」です。

❶**秋の野に人まつ虫の声すなり我《われ》かと行きていざとぶらはむ**　（古今）

▼「まつ」に「待つ」と「松」の意味が掛けてあります。

訳 秋の野に人を待つ松虫の声が聞こえる。私を待っているのかと出かけて行って、さあやさしい言葉をかけよう。

❷**人知れぬ思ひをつねにするがなる富士の山こそわが身なりけれ**　（古今）

▼「思ひ」の「ひ」に「火」、「する」に「駿河《するが》」の「駿」の意味が掛けてあります。

訳 人に知られない思いをいつもする、火をいつも燃やす駿河にある富士の山こそわが身であったのだ。

▼「叙景」とは、景色を目に映ったとおりに書き記すこと、「叙情（抒《じょ》情《じょう》）」とは、自分の感情を書き記すことです。

◎和歌の言葉遊び1

ある人のいはく「かきつばた、といふ五文字を句のかみにすゑて、旅の心をよめ」といひければ、よめる。

から衣《ころも》　きつつなれにし
つましあれば　はるばるきぬる
たびをしぞ思ふ　（伊勢）

「折句《おりく》」とよばれる和歌の言葉遊びです。次は名古屋大学で出題された

学習の基本は、主な「掛詞」を暗記することです。

◆暗記したい「掛詞」◆

□あかし↓「明石」と「明かし」
□あき↓「秋」と「飽き」
□あふ↓「逢坂《あふさか》」と「逢ふ」
□あふみ↓「近江《あふみ》」と「逢ふ身」
□あふひ↓「葵《あふひ》」と「逢ふ日」
□かりね↓「刈り根」と「仮寝」
□かれ↓「枯れ」と「離《か》れ」
□きく↓「菊」と「聞く」
□くちなし↓「梔子《くちなし》」と「口無し」
□すみよし↓「住吉《すみよし》」と「住み良し」
□たび↓「旅」と「度」

□ながめ↓「長雨」と「眺め」
□ながれ↓「流れ」と「泣かれ」
□ひ↓「火」と「思ひ」
□ふし↓「節」と「臥《ふ》し」
□ふみ↓「踏み」と「文《ふみ》」
□ふる↓「降る」と「経る」「古る」
□まつ↓「松」と「待つ」
□みるめ↓「海松布《みるめ》（＝海藻）」と「見る目」
□みをつくし↓「澪標《みをつくし》」と「身を尽くし」
□よ↓「節《よ》」と「夜」

しかし、**暗記した「掛詞」だけが入試で問われるわけではありません。**そのときは次のことを知っておくと有利です。

◆「掛詞」の発見法◆

掛詞の多くは、自然に関する意味（この意味には「地名」も含む）と「人事」に関する意味とが掛けられています。そこで、

①まず、一首の中から「**自然**」を表す語を抜き出します。「地名」は必ず抜き出します。
②次に、抜き出した語の中から「**人事**」の意味も読み取れる語を選びます。
③最後に、その語がほかの語と連携して一つのメッセージを作れるかどうかをチェックします。

以上の三つのハードルを越えられたものが「掛詞」です。

問題です。解けるでしょうか。

内よりかくなん、
　逢坂《あふさか》もはては往来《ゆきき》の関《せき》もゐず
　　尋ねて訪ひこ来なば帰さじ
（中略）広幡の御息所は、薫物《たきもの》をぞ参らせ給ひける。（栄花）

問 傍線部について、「薫物を参らせ」たのは、広幡の御息所が、歌の返事としてである。なぜ、それが返事となるのか。歌の技巧を考えて説明せよ。

和歌の各句の最初と最後の一字を拾ってみましょう。

あふさかも　はてはゆききの
せきもゐず　たづねてとひこ
きなばかへさじ

そしてまず最初の五文字を並べ次に最後の五文字を並べると「あはせたきものすこし」（合はせ薫物少し）となります。こういう歌を「沓冠《くつかぶり》」の歌と言います。

縁語《えんご》

前項で解説した「掛詞」と関連づけながら説明します。「掛詞」には次の二つの種類があります。

1 同じメッセージの中で意味が掛けられているもの。

2 二つのメッセージの中で意味が掛けられているもの。

1 例 **山里は冬ぞ寂しさまさりける人目も草もかれぬと思へば**　（古今）

訳 山里は四季の中で冬が一番寂しいことよ。人の訪れも絶え、草も枯れてしまうと思うと。

2 例 **来ぬ人をまつほの浦の夕なぎに焼くや藻塩《もしほ》の身もこがれつつ**　（新勅撰）

訳 来ない人を待つ、松帆の浦の夕なぎのころに焼く藻塩草が焦げていくように、わが身も恋い焦がれて時を過ごしています。

「縁語」は2のように、二つのメッセージの中で意味が掛けられているものの中で生じます。

2の歌を細かく見ていきましょう。まず、

A　松帆の浦の夕なぎのころに焼く藻塩草が焦げていく。

という意味を発しています。次に、

B　来ない人を待つわが身は恋い焦がれて時を過ごしている。

という意味も発しています。この歌の作者が本当に言いたかったのは、**B**の意味です。「縁語」は、**B**ではなく、**A**のいわば飾りの方で生じます。

来ぬ人を**まつほの浦の夕なぎに焼くや藻塩**の身も**こがれ**つつ

赤字のところが**A**のメッセージを発しています。この歌では、「松帆の浦」「夕なぎ」「藻塩」

▼よく用いられる「縁語」には次のようなものがあります。

□葦《あし》—節《ふし》—節《よ》
□糸—縒《よ》る—繰る—張る—乱る—綻《ほころ》ぶ
□笠《かさ》—雨—さす
□衣—着る—褻《な》る—張る
□鈴—振る—鳴る
□袖—裁つ—結ぶ—解く
□竹—節《ふし》—節《よ》
□露—結ぶ—置く—消ゆ
□波—寄る—返る
□弓—張る—射る

◎**和歌の言葉遊び2**

胡椒《こせう》といふことを詠みいれて、物に書いつけてあたへける。

と「藻塩」「焼く」「焦がれ」が「縁語」です。**「縁語」の「縁」はまさに「言葉の縁」です。つまり、その語を耳にするとつい連想してしまう一連の語です。**つい連想する一連の語には二つあります。一つは「松帆の浦」「夕なぎ」「藻塩」のように仲間と思える語、もう一つは「藻塩」「焼く」「焦がれ」のように表現上のパートナーです。

「縁語」を発見するには、まず「掛詞」を発見することです。その「掛詞」が2の「掛詞」かをチェックします。あとは、その語を軸に、つい連想する語を拾えばいいのです。

句切れ

散文だったら句点（。）を打つ箇所です。和歌は「5・7・5・7・7」と五つの句に分けられます。最初の「5」で句点なら「初句切れ」と言います。出だしの「5・7」で句点なら「二句切れ」と言います。以下「三句切れ」「四句切れ」と言います。最後の「7」で句点なら「五句切れ」ではなく「句切れなし」と言います。複数の箇所で切れることもあります。最初の「5・7」でまず「。」を打ち、次の「5・7」でまた「。」を打つような歌は「二句と四句で切れている歌」と言います。

1 思ひつつ[1] 寝《ぬ》ればや人の[2] 見えつらむ[3]。夢と知りせば[4] 覚めざらましを[5] （古今）

▼三句切れの歌です。

訳 あの人のことを思いながら寝たのであの人が夢に現れたのだろうか。夢だと知っていたならば目を覚まさなかったのに。

2 月やあらぬ[1]。春や昔の[2] 春ならぬ[3]。わが身ひとつは[4] もとの身にして[5] （古今）

▼初句と三句で切れています。

訳 月は（昔の月では）ないというのか。春は昔の春ではないというのか。わが身だけがもとの身のままで。（月も春ももとのままだが、私にはすべてが変わってしまったように思われる。）

からうじて得つる唐《から》の木間使《まづかひ》に
こせうゐませとただにまうさむ （三野《みの》日記）

（注）間使にこせ＝使いの者をよこしてください。

問 傍線部はどういうことをいっているのか説明せよ。

京都大学で出題された問題です。「間使にこせうゐませ」のところに「胡椒」が隠されています。**「隠し題」**とか**「物名《もののな》」**と呼ばれる言葉遊びです。ある言葉を和歌の中に気づかれないように詠み込む遊びです。では、次の歌に何が隠されているかわかりますか。ある植物の名です。

今幾日春しなければうぐひすも
ものはながめて思ふべらなり （古今）

答えは「うぐひすもものはながめて」、「すももの花」です。

初　版第1刷発行　2010年10月１日
第2版第1刷発行　2011年２月１日
第3版第1刷発行　2011年２月25日
第3版第7刷発行　2013年４月１日
第4版第1刷発行　2013年10月１日
第4版第5刷発行　2015年３月10日
改訂版第5版第1刷発行　2015年９月１日
改訂版第5版第9刷発行　2020年９月20日
三訂版初　版第1刷発行　2021年10月10日
三訂版初　版第2刷発行　2022年１月10日

Key&Point
みるみる覚える
古文単語300+ 敬語30
三訂版

監修者・著者紹介

中野幸一（なかの こういち）
1932年神奈川県生まれ。早稲田大学大学院修了。文学博士。早稲田大学名誉教授。『源氏物語』など平安時代の物語文学を中心に研究し、数多くの著作がある。新編日本文学全集（小学館）では、『うつほ物語』『紫式部日記』の校注・訳を担当。

池田修二（いけだ しゅうじ）
1958年青森県生まれ。慶應義塾大学大学院修了。河合塾国語科専任講師。古文講師として30年におよぶ指導経験を持ち、特に共通テスト・センター試験対策、記述論述対策の講義には定評がある。

宮下拓三（みやした たくぞう）
1956年静岡県生まれ。静岡大学卒業。17年にわたり静岡県内の高校で国語科教諭を務めたのち退職。現在は著述業。高校国語教科書の編集委員を務めた経験を持ち、古典文法にも造詣が深い。

監修者　中野 幸一
著　者　池田 修二　宮下 拓三

発行者　前田 道彦

発行所　株式会社 いいずな書店
〒110-0016
東京都台東区台東1-32-8　清鷹ビル4F
TEL　03-5826-4370
振替　00150-4-281286
ホームページ https://www.iizuna-shoten.com

印刷・製本　株式会社　丸井工文社

◆装丁・組版／ケイ・アイ・エス有限会社
◆図版／アート工房
　あべまれこ

ISBN978-4-86460-603-5 C7081

■助動詞の種類・接続・活用・主な意味

接続	種類	語	主な文法的意味［現代語訳］	未然形	連用形	終止形	連体形	已然形	命令形	活用型	注意すべき接続
未然形	自発・可能・受身・尊敬	る	自発［(自然と)〜れる・〜ずにはいられない］ 可能［〜ことができる・〜られる］ 受身［〜れる・〜られる］ 尊敬［〜なさる・お〜になる・〜れる・〜られる］	れ	れ	る	るる	るれ	れよ	下二段型	四段・ナ変・ラ変の未然形
		らる		られ	られ	らる	らるる	らるれ	られよ		その他の動詞の未然形
	使役・尊敬	す	使役［〜せる・〜させる］ 尊敬［〜なさる・お〜になる・〜ていらっしゃる］	せ	せ	す	する	すれ	せよ		四段・ナ変・ラ変の未然形
		さす		させ	させ	さす	さする	さすれ	させよ		その他の動詞の未然形
		しむ		しめ	しめ	しむ	しむる	しむれ	しめよ		用言の未然形
	打消	ず	打消［〜ない・〜ず］	(ず) ざら	ず ざり	ず	ぬ ざる	ね ざれ	ざれ	特殊型	
	推量	む〈ん〉	推量［〜だろう］ 意志［〜う・〜よう・〜つもりだ・〜たい］ 適当・勧誘［〜のがよい］ 仮定・婉曲［〜としたら(それ)・〜ような］	○	○	む〈ん〉	む〈ん〉	め	○	四段型	
		むず〈んず〉		○	○	むず〈んず〉	むずる〈んずる〉	むずれ〈んずれ〉	○	サ変型	
		まし	反実仮想［〜(た)ならば〜(た)だろうに］ 実現不可能な希望［〜ばよかったのに］ ためらいの意志［〜(よ)うかしら・〜たものだろうか］	ましか (ませ)	○	まし	まし	ましか	○	特殊型	
	打消推量	じ	打消推量［〜ないだろう・〜まい］ 打消意志［〜ないつもりだ・〜まい］	○	○	じ	じ	じ	○	無変化型	
	希望	まほし	希望［〜たい・〜てほしい］	(まほしく) まほしから	まほしく まほしかり	まほし	まほしき まほしかる	まほしけれ	○	形容詞型	
連用形	過去	き	過去［〜た］	せ	○	き	し	しか	○	特殊型	カ変・サ変には未然形
		けり	過去［〜た］ 詠嘆［〜たのだなあ・〜なあ・〜ことよ］	(けら)	○	けり	ける	けれ	○	ラ変型	
	完了	つ	完了［〜た・〜てしまった・〜てしまう］ 強意［きっと〜・〜てしまう］ 並列［〜たり〜たりして］	て	て	つ	つる	つれ	てよ	下二段型	
		ぬ		な	に	ぬ	ぬる	ぬれ	ね	ナ変型	
		たり	存続［〜ている・〜てある］ 完了［〜た・〜てしまった］	たら	たり	たり	たる	たれ	たれ	ラ変型	
	推量	けむ〈けん〉	過去推量［〜ただろう］ 過去の原因推量［(どうして)〜たのだろう］ 過去の伝聞・婉曲［〜たとかいう・〜たような］	○	○	けむ〈けん〉	けむ〈けん〉	けめ	○	四段型	

文学史チェックリスト

＊入試でよく問われる作品・作者について、覚えておきたいポイントに絞ってまとめました。

詩歌

□ 古今和歌集　こきんわかしゅう →P324

▼成立：十世紀
▼特徴：日本最初の勅撰和歌集・仮名序の作者➡紀貫之《きのつらゆき》

□ 新古今和歌集　しんこきんわかしゅう →P326

▼撰者：藤原定家《さだいえ》・藤原家隆《いえたか》ら
▼成立：鎌倉時代

□ 八代集の成立順 →P292

古今和歌集→後撰和歌集→拾遺和歌集→後拾遺和歌集→金葉和歌集→詞花和歌集→千載和歌集→新古今和歌集

□ 金槐和歌集　きんかいわかしゅう →P326

▼作者：源実朝《さねとも》
▼ジャンル：私家集

物語・説話など

□ 伊勢物語　いせものがたり →P324

▼ジャンル：歌物語
▼成立：平安時代初期・『源氏物語』より前
▼同時代、同ジャンルの作品：『大和物語』『平中物語』

随筆・日記・評論など

□ 枕草子　まくらのそうし →P324

▼作者：清少納言《せいしょうなごん》
▼成立：十一世紀初め

□ 方丈記　ほうじょうき →P326

▼作者：鴨長明《かものちょうめい》
▼成立：十三世紀初め

□ 徒然草　つれづれぐさ →P327

▼作者：吉田兼好《けんこう》（兼好法師）
▼成立：十四世紀
▼同時期の作品：『太平記』・『増鏡』

□ 三大随筆の成立順 →P327

枕草子→方丈記→徒然草

□ 土佐日記　とさにっき →P324

▼作者：紀貫之《きのつらゆき》
▼特徴：最初の仮名の日記

□ 蜻蛉日記　かげろうにっき →P324

▼作者：藤原道綱《みちつな》母

□ 更級日記　さらしなにっき →P324

▼作者：菅原孝標女《たかすえのむすめ》
▼成立：『源氏物語』より後